教育哲思

Philosophical Thoughts on Education

——明师之路

姜新 著

ZHEJIANG UNIVERSITY PRESS
浙江大学出版社

前　言

哲学的贫乏带来贫乏的教育

我在读研究生的时候曾经听到过一个笑话，说有一个老外到中国来，发现大街小巷的中国人都会说："实事求是"、"一切从实际出发"、"具体问题具体分析"，这个老外不由得发出这样的惊叹："哇！中国人真厉害！个个都是哲学家。"后来，我从教了，对教育多了一些实际的感受，我在想如果这位仁兄现在再到中国来的话，一定会说："哇，中国人如今个个都是教育家，瞧，连路边的小贩们都知道'教育要以人为本'，教育要促进孩子的'全面发展'，中国的校园'一切为了孩子，为了孩子一切，为了一切孩子'，中国的教育真的了不起！"

有些笑话，我们听完之后可以一笑了之，也可以置若罔闻。但是这样的笑话，我们听完、笑完之后无论如何也是不能如此的，甚至还会有一种沉重的感觉——至少对我而言如此。这种笑话之所以让人沉重，那是因为它是对现实的嘲讽，笑完之后，现实的问题还在那里。可是，国人对于这样的笑话表现得出奇的冷漠，并甘心不断重复，乐此不疲，这不能不说是国家与民族的悲哀了。

"实事求是"、"一切从实际出发"、"具体问题具体分析"本身没有错，它们本来就是最普遍的办事原则，错的是我们简单重复一般的哲学原则，使得它们成了空洞到了极点的大话、套话。

为什么有人愿意重复这样的问题呢（重复者本身还不一定认识到这是一个问题）？因为再也没有什么比"一切从实际出发"、"实事求是"、"具体问题具体分析"这样的观点更正确、更万能了，用它来对付别人的任何问题都是没有问题的，而且显得"绰绰有余"。比如，如果你是个领导，下属来向你讨教："领导，您看这件事情怎么办？"你就说："这件事情你就一切从实际出发，具体问题具体分析好了。"你看，这样你就可以把他打发了。如果人家再

1

问你,现在情况与过去已经很不一样了,怎么办?你就说:"你就与时俱进好了。"面对此情此景别人还能说什么呢?这样的回答并没有解决任何问题,在实际面前显得苍白无力,但是帮我们打了圆场。即便如此,这并不说明真正具有什么智慧——如果有,也只能算在狡诈这一边。

哲学原理的简单重复,恰恰体现了智慧的贫乏。哲学原则越抽象就越脱离现实,越脱离现实就越没有价值——真正的智慧应该体现在将哲学原理灵活运用在实际问题的分析和处理的过程中。把哲学原则作为答案,其实质是对现实的逃避,或者说是将实际问题简略到忽略不计的地步,自然无济于事。尽管如此,现实中还是有许多人拿它当法宝,来掩饰其内心的空虚和无能。

有了第一个笑话,第二个笑话的出现自然就毫不为奇了。因为思想的贫乏一旦有了生根的土壤,一定会像瘟疫一样蔓延开来。外在的瘟疫会有自然消失的时候,或因环境的变化,或因生命体免疫力的提升。总的说来只要人类不被瘟疫毁灭,瘟疫反过来会在某种程度上增强人类的免疫能力。思想上的瘟疫比外在的瘟疫更可怕,首先,它存在的时间更久远,当教育一旦感染上思想的贫乏这一瘟疫之后,往往影响一个民族的一代人,甚至几代人、几十代人。比如,中国古代的一些思维缺陷至今依然深深地影响着国人。其次,自然的瘟疫,我们一旦感染,会立马知道它的危害,而思想的瘟疫,我们一旦感染,往往感觉甚好,以此生活,舞之蹈之,乐此不疲。再次,思想的瘟疫绝不会自然消失,更不会提升我们的免疫能力。思想的瘟疫的消除需要众多的外部环境提供产生思想的钻燧,点燃、传递和延续思想的燃料,而这一切要发生作用最终还离不开思想自身的质变。也许有一天我们从思想的瘟疫中解脱出来,我们高喊:这是前人留给我们的宝贵教训——这也许能算作我们的子孙从我们这些先人这里获得的免疫吧——而这必须发生在我们子孙明白之后。

思想的贫乏表现为我们的国家缺少真正意义上的哲学家。可以肯定,我们国家从事哲学工作的人数放在世界上是无与伦比的,但是中国的哲学工作者很多可以归结到这么两类:一类是以玩弄先人古董为乐,显得莫测高深;一类以贩卖外国的东西为趣,显得无比前卫。真正具有自己独立思想的哲学工作者少之又少,即便有些思想的人,他们的思想离人们的生活往往又是非常的遥远。究其思想的根源,我们祖先的哲学思维本来就不像西方那样发达,很多古圣先哲表达思想往往以语录的形式来呈现——语录体显然会挂一漏万,缺乏严密的逻辑,到后来,有人干脆以语录来代替思想,这种简化思想的方式只能有一个结果,那就是葬送思想。究其现实的原因,很多人只是把哲学工作当作一个饭碗,而缺少研究的乐趣。

教育中的思想贫乏则表现为我们的国家缺少真正意义上的教育家。顾明远在给《教育新理念》一书作序时提到,近半个世纪以来先后出版过的教育学著作有 200 多种,大多没有什么新意。因为没有思想,就不可能有什么创新,也就说不出自己的观点。没有思想原本可以不用写作,但是往往由于现实的某些需要,又不得不写。迫于无奈来写作,又没有自己的东西,只好照搬别国或别人的思想。回想一下近几年的文章,当结构主义和元认知理论介绍到中国之后,一时间,国人论文中结构主义和元认知就成了一种时髦的话语。外来词汇的晦涩,似乎显示了作者的专业素养,专家以此作为高深,教师以此显示高明。时髦的东西也许能给人以奢华的感觉,但难以掩饰其内心的空虚。在惊叹国人的接受能力之余,我不由得为国人的创造能力汗颜——我们自己的思想在哪里?

缺乏思想的教育培养出来的一定是没有思想的孩子,造就没有思想的民族! 让我们共同来改变教育的现状吧!

教育存在的核心问题的思考

自我 1998 年从教到现在,虽说才十几年,但是新的教育理念却不断涌现,先是素质教育反对应试教育,接着是在知识经济的大旗下高喊创新教育,倡导能力为本,教育要为孩子的"终身"服务,现在则在"以人为本"的口号下,倡导人性化教育。

曾经我和其他许多老师一样,在听到这些教育新理念的时候也激动过一阵子,但真的想去做的时候,却又发现不知从何入手。我们仔细想来,除了这些新理念、新名词感觉是新的,而内容并没有多少新鲜之处。再看看这些新的名词大多数来源于哲学,照此模式,以后我们是不是也可以翻开东西方哲学,看看有没有好听的名词,然后让其跟教育联系起来,这样,我们不是也可以提出很多新的教育学理念了吗? 我们不就成了新教育的发明者了吗? 如果哲学是用来编造教育学新名词的话,哲学对于教育学又有何实际的意义?

哲学的智慧不应该仅仅给人空洞的名词,而应该给人分析问题的能力,帮助人们对事物的内涵与外延有一个更加清晰而又深刻的认识,从而更好地预测和指导未来。同样,一个人思维的深刻不在于你提出了多少新名词,而在于你给这些名词赋予了什么样的内涵,对世界获得了何种程度的"明白"。

本人正是在激动之后开始冷静地思考。有三个基本问题一直困扰着我的头脑,那就是我作为教师,为什么要教?我应该教些什么?我应该怎样教?这几个问题也可以说是千古以来所有教师共同关注的问题,对于这几个问题的思考推动着教育的进步。

在我开始了我的教育思考之后,结果是产生了越来越多的问题。比如,当我们说知识就是力量的时候,我们说要给孩子以知识;当我们知道社会要创新的时候,我们又说能力本位。可是什么时候知识和能力真正分过家?什么时候说过只要知识不要能力?知识和能力之间到底是什么关系?知识和能力对于人来说到底具有什么不同的价值?还有,今天提出以能力为本,明天会不会再提出什么新的概念?会不会还有更为根本的东西?但是作为教育的对象——人究竟需要的又是什么?教育应不应该有一个终极目标?如果有,又是什么?假如这些观念都是对的,如此翻新的教育目标又如何可能?再比如,课堂教学模式很多,有没有共同的本质?课堂教育的评价标准又是什么?有没有客观化的标准?

不断翻新的教育理念说明了什么?教育理念的不断更新,一方面表明我们的教育目标存在问题,另一方面也体现了我们对教育多了一份思考,但是更多反映出我们对教育欠缺深刻的思考,不然新名词怎么会出现得如此之快?伴随教育理念的不断翻新,就是教育改革层出不穷,考试内容不断变化,这说明了我们的决策层、理论层对学习内容理解上不清晰,操作上不慎重。这已经给教育教学的秩序带来了很多混乱!

一线教师很少有对教育理念进行深刻思考的,很多人认为,教育理念已经很明白了,接下来就是做了。但是,在我看来现实并不是如此。真实的状况是,一线教师将教育理念简化为口号,就像一开始提到的:“一切为了孩子,为了孩子一切,为了一切孩子”,“全面发展、个性发展加特长发展”。这种口号化的教育理念暴露出三大弊端:一是理念缺乏分析,笼统而模糊;二是内容不够具体,任性而随意;三是过程缺乏智慧,茫然而无据。这样的理念只可以用来哗众取宠,但绝对改变不了教育的现实。事实上,缺乏思想的口号听听都是对的,做起来却都是错的,最终对教育起误导作用。

要改变教育的现实,一线教师必须开展自己的教育思考,掌握先进的教育思想,让理念走向分析,让内容走向具体,让过程充满智慧,这是教育现实改变的唯一出路。

总的说来,当前的教育存在三大核心问题,有理念无分析——缺乏分析的理念显得大而无当,误导行动;有理念无内容——没有内容的理念显得空洞无物,不知从何处入手;有过程无智慧——没有智慧的过程显得茫然无绪,盲目而低效。本书主要任务在于破解这三个难题:分析理念,寻找理解中存在的误区;赋予理念以内容,寻找教育教学的把手;赋予过程以智慧,寻找教育教学的恰当方法。只有破解了这三个问题,我们才能明明白白做教育。

也许我的思考没有创造出什么新的名词,但是希望我的讨论赋予我所讨论的概念以新的内涵;也许我所用的哲学知识非常通俗,但是希望借此把问题分析得更加清晰。这样的分析,或许会给人"简单问题复杂化"的感觉,有人会说:"将复杂问题简单化是水平,将简单问题复杂化是庸俗",但我也不得不说,如果对世界只会用一双简单的眼睛去观察,这只能说明思想的简单,可能连庸俗都谈不上了。

不得不说一下的是,我在思考问题时,有一个不是毛病的毛病,那就是做事情喜欢明明白白,思考问题喜欢刨根问底,这可能一方面帮助我在思考问题时避免缺乏根据,另一方面也有可能导致我在论述时面面俱到。因为第一个方面的原因,也许我的思考能够让我给大家提供一点新的东西,如果真能这样,我将感到万分的高兴。为了避免第二个方面的原因所带来的缺陷,别人讲过的地方,讲得好的地方,我尽量少讲或不讲;要讲的话,尽量讲自己的话,尽力增加一些新的内容。最后,希望我的思考能够给大家带来一点启示。

姜　新

目　　录

第一篇

教育理想主义批判

——让理念走向分析

本篇导言

假如你是一个园丁，你面对的是一棵小草，你对它寄予了殷切的厚望，希望通过你的辛勤培育，让它成为一棵参天大树。你每天给它浇水、给它施肥、给它阳光和雨露。小草也很感激你，它努力地成长，但是它最终感觉到它永远也达不到你的期望，小草只能对自己失望，继而会陷于无限的自责之中："我怎么会如此没用？"如果你的态度由失望变成责备："我对你这么好，你怎么会让我如此失望？"小草的自责将会演变成一种强烈的反抗："我就是一棵小草！"

要把小草培养成小树，表面上是为小草好，但实质上是对小草本身的否定。因为小草和大树是异质的存在，各自的本性很不一样。这样的寓言大家一看就能明白，但是，当我们面对人的教育时，就没有那么容易了。究其原因，现实的每一个人都是异质的，但是他们又有一个共同的名字——"人"。在教育的过程中我们很容易把"人"的要求强加到每一个具体的教育对象身上，形成同样的"期待"，这种期待对于受教育者来说可能是一种压迫，一种否定。

对孩子高要求，不管是古代，还是现在，不管是家长还是老师都是普遍存在的，究其原因，就是我们看到的只是"人"，而不是具体的"人"。

中国古代教育向来具有高要求的传统，儒家的道德说教就是一个典型。我在中学阶段第一次接触鲁迅的《狂人日记》，鲁迅先生说传统"仁义道德"的背后隐藏着"吃人"二字，当时我怎么也想不通"仁义道德"如此美丽的名词会与血淋淋的"吃人"挂起钩来。本科毕业之后我开始接触中国哲学，那时还是觉得"仁义道德"的说教好像也没有什么错误，如果人人"仁义礼智"岂不是天下太平？后来随着认识的不断加深和社会阅历的逐渐提高，我似乎开始理解鲁迅的意思了。从孔夫子的"君子喻以义，小人喻以利"，到孟子四端为善，荀子的七情六欲为恶，乃至于后来的"性善情恶"，逻辑上是一致的。既然"性善情恶"，那么"存天理灭人欲"也就再自然不过了。从理论上来说,如果一个人真能做到"内圣"又何尝不是一件好事呢?天底下的人都能做到,那更是天大的美事。但是问题在于,社会中有几人能做到?在儒家传统中,自孔夫子被称为"圣人"之后,再也无人能够达到了——况且孔夫子究竟达到了没有这本身就是一个值得商讨、值得怀疑的问题。由此可见,儒家的"圣人"的标准显然太高了。究其原因,儒家的这种否定个人情感、排斥个人利益的道德理想与人的现实生存和发展构成了强烈的矛盾,对人的道德要求超越了人所能接受的水平,就会显示出对人的现实的否定,从而暴露出"吃人"的一面。

古代的教育由于认识的局限,教育的内容几乎就限制在如何做人这一项上,对人的道德提出了不切实际的要求。现在呢,已经很不一样了,我们的认识水平提高了,眼界不同了,我们现在的教育目标自然就今非昔比了。当前的教育目标,除了保持着对道德的高要求——"大公无私",还喊出了最响亮的口号——"全面发展"。有些学校甚至喊出"全面发展"、"个性发展"还要加上"特长发展"这样的口号。(最理想化的社会莫过于社会成员人人全知全能,大家无私奉献,服从社会需要。)假如要让这些美丽动人的发展要求转变为现实,这需要孩子们付出多少心血啊——且不说这样的要求对绝大多数的孩子来讲是无法企及的奢望。故此,这样的发展要求实际上成了压垮我们孩子的巨大负担。

中国学生累,路人皆知;中国教育有问题那是秃子头上的虱子——明摆着的。一说到教育的问题,绝大多数人会把问题的原因归结到应试教育:都是应试教育惹的祸!于是乎,对应试教育的骂声此起彼伏,应试教育俨然就成了罪魁祸首。应试教育既然有那么多人对它谩骂有加,我就不再踩它一脚。在对应试教育的批判声中,"全面发展"的观点人们对它却依然赞美不断,充满无限向往,自然也就很难看到对"全面发展"的反思与批判了。但是,回头想想,全面发展的教育理念真的没有错吗?一个如此美妙的理想与如此糟糕的实际结果反差如此之大,二者之间究竟有没有关系?这就有待我们一起来研究了。

第一章　传统认识论引导下的
教育存在问题分析

　　[引言]认识论是开展教育教学活动的指导思想之一,对教育教学活动有着重要的影响。

　　传统认识论认为:人类的所作所为概括起来分为认识世界和改造世界两个部分,在这两个活动中,改造世界的活动处于决定地位,认识世界是为了改造世界。改造世界又可以分为改造主观世界和改造客观世界,二者之中改造客观世界处于决定地位。改造客观世界的活动称之为实践,改造客观世界的实践活动决定主观世界的改造,也决定着对世界的认识,所以,实践对人类来说具有至关重要的作用。改造客观世界的活动有很多,主要的是生产实践、改造社会的实践和科学实验,在这三大实践活动中,生产实践又具有决定性作用,它决定着人类的生存和发展,也决定着其他的一切实践形式。

　　以上认识论已经是我们的常识,对教育教学活动自觉不自觉地产生影响,而且影响巨大。从这样的认识论出发,我们的教育教学产生了很多偏差,而这些偏差又不太容易被人们所发现。所以,我们有必要从认识论入手思考教育教学问题。

　　从认识论出发思考教育教学问题,需要思考的问题是,我们理解和运用认识论的过程中是否出了偏差? 究竟有哪些偏差? 这些偏差又是怎样造成的?

一、"独立的生存状态"的发现

　　任何真理性认识都有其适用范围,一旦超出其适用范围,哪怕是往前一点点,就会走向其反面,认识论也不例外。我们首先要寻找认识论不适合的范围，一旦发现，我们就会找到教育教学的盲点。通过分析，我们发现，"独立的生存状态"是认识论的盲点，往往也是我们教育的盲点。

（一）"非活动状态"的发现

认识论把人的活动分为认识世界和改造世界两大类，除此之外就不在认识论讨论范围，所以我们首先要寻找认识论视域之外的"非活动状态"。不难发现，主体意识停止的时候就是"非活动状态"开始的时候，也就是认识论适用终止的时候。"非活动状态"存在的形式还相当的丰富，在人生中占比还很大。

传统认识论研究认识与实践的关系，把人的活动归结为认识世界的活动和改造世界的活动。我们可以发现，首先，认识论的适用范围很明显，那就是"人的活动"；同时，也就意味着明确了认识论不适用的范围，那就是"非活动"。

接下来我们要确认"非活动"是否存在。不管认识活动，还是实践活动都是有主体意识参与的活动，当人类的主体意识停止的时候，不管是认识活动还是实践活动都会停止，这时认识论也就不再适用。

如果我们把人类的一切活动归结为"认识活动"和"实践活动"，那么我们可以把意识停止的状态称为"非活动状态"。根据前面的分析，我们也可以从逻辑上得出这样的结论：主体意识停止的时候就是"非活动状态"开始的时候，也就是认识论适用终止的时候。

前面从逻辑上说明了"非活动状态"存在的可能，接下来我们从事实层面来确定人类的"非活动状态"是否存在，以及存在的形式和意义。在人的生命过程中"非活动"的状态的确存在，而且还占据了相当的比例。比如，闭目养神、睡觉、"发呆"，在这样的状态下，人既没有开动脑筋——认识世界，也没有行动——改造世界。但是这种状态对人的生命来说意义很大：第一，这样的状态在人生中占据的比重不小，估计要占到三分之一——人的一生大约有三分之一的时间在睡眠中度过；第二，就其作用来说——这样的状态使得人体得到休息，生命得到延续，其本身可能不能带来认识的增加和世界的改变，但是使得其他一切活动得以展开——人类只有活着才能从事其他活动。这种状态的重要性不在于对社会的价值，而在于对生命本身的维持或者感悟——"存在就是价值"。

当我们讨论"非活动状态"时,千万不要说,不活动也是一种活动,或者说万物皆动这样的观点,因为这是哲学本体论讨论的观点,而非认识论范畴讨论的对象。从本体论来看万物皆动,运动是物质存在的方式和根本属性。仅就此来看,万物如一。如果从生命的维持来看,不再考虑人的社会属性,这时可以说生命如一。所以,"非活动状态"应该与物质"运动"分开。

(二)"无目的的、非能动的活动"的发现

认识论所关注的活动都带有强烈的目的性,所以我们还要寻找认识论视域之外的"无目的的、非能动的活动"。不难发现,类似静坐、涂鸦这样的活动形式以人的目的和能动性暂时"退却"为前提,是人类的活动的另一种形式。

当我们讨论完"非活动状态"之后,接下来再来讨论人的活动存在。由于认识世界与改造世界都带有强烈的目的性、能动性,这样一来,我们可以把人类的活动进一步细分为两类,一类是"有目的的、能动的活动",另一类是"无目的的、非能动的活动"。第一类是认识论关注的对象,第二类就不是认识论关注的对象。这样一来,问题就转换成人的生命历程中究竟有没有"无目的的、非能动的活动"存在?如果我们能确证第二类活动存在的话,那么认识论把人类的活动简单分为"认识世界"和"改造世界"就显得过于粗糙了。

不难发现,"无目的的、非能动的活动"的确存在。如静坐养身是以一念代万念,最终消除杂念;休闲放松最理想的状态就是自我陶醉,物我两忘;信手涂鸦很多的时候是自我无意识的作品。这些活动显著的特点就是人的意识减弱,人的本能开始发挥作用。随着生活质量的提高,自由时间越来越多,这时,人们享受生活的愿望愈来愈强烈。人们在享受的过程中不是为了认识世界和改造世界,而是为了放松心情,追求暂时与纷扰的世界相隔离。这些活动并不具有认识世界和改造世界的目的——至少主观上已经没有这样的目的。

当然有人说这是为了改造人体这一特殊的"自然",尽管从结果来看的确如此。但是必须注意的是,这是以人的"认识活动"和"改造行动"的暂时"退却"为前提的。事实上,通常我们对这一特殊活动形式在逻辑上是无视的,关注是不够的,到了教育教学实践中更是不作考虑,基本上是无所提及。

(三)无视"独立的生存状态"的后果

独立的生存状态与人的生命存在关系重大,特别是对人的健康、幸福、自由感有着巨大的影响,我们的教育应该高度重视。但是目前的教育已经忘却,以认识论指引教育,会产生对人的本体的忽视,对生命的漠视,最终造成将教育引导到功利目标之中去的恶果。

根据前面的分析,我们可以看到人类的"非活动状态"和"无目的的、非能动的活动"共同的特点在于减弱人的意识,或者人的意识不对人体发挥指挥作用,而人的本能开始发挥较大作用,似乎自我暂时处于与外界隔离的状态,这样的存在状态我们可以称其为人的"独立的生存状态"。这个状态可以简单地分为以下几种:一是,自我意识的暂时中止,与外界也没有直接关系,如睡觉、发呆;二是,暂时地将自我与非我隔离开来,处于完全的自我意识之中,如冥想;三是,将主体与客体融合起来,如陶醉、物我两忘。这个状态对于人类的进步来说"可能"没有直接意义,但对人的生存和生活却有着非常重要的价值——因为在这样的状态中,身体得到了恢复,灵魂感觉到了自在、放松、安宁和惬意,还在这样的状态中我们有了美感,甚至自由感。

认识论为什么不关注这样的存在状态呢?原因在于,认识论更多关注认识发展和社会发展,找寻社会发展的动力,对这样的存在状态不作关注是理论逻辑的需要,是有其道理的。但是,认识论不关注这样的存在状态,并不表示否认"非活动状态"的存在,也不表示否定这种状态的意义,更不表示否认生命的价值。

因此,认识论不关注这样的存在状态不是认识论的错,但是一旦我们要用认识论来指导教育,很容易忽视甚至忘掉这种状态的存在,就会造成这样的一个结果:教育对人的本体的忽视,对生命的漠视,最终将教育引导到功利目标之中去。教育的现实就是如此,对生命存在的关注严重不足,这一点应该引起高度注意。至于认识论是怎样将教育引导到功利目标中去的,这一点容后慢慢分析。

二、认识世界是手段,也可以是目的

第二个问题:认识世界是不是注定就是手段?其本身可不可以就

是目的？按照传统认识论的观点，认识世界为了改造世界，改造世界包括改造主观世界和改造客观世界，改造主观世界最终为了改造客观世界。按照这样的观点，认识世界注定就是手段，在认识世界之前，认识就带有相应的目的。

（一）"根本"目的变换成"唯一"目的

认识世界可能是有目的的，也可能是没有目的的。认识论看重目的，结果忽视了无目的的认识活动，再强化根本目的，当强调"学至于行而后止"时，其他目的已经被忘却，最后把根本目的偷换成唯一目的。

就认识世界的活动与改造主观世界的关系来看，认识世界可以"改变"主观世界，这一点应该是毋庸置疑的——因为随着对世界认识的改变，人的主观世界的内容肯定就会发生改变。但能否因此说，认识世界是为了"改造"主观世界呢？似乎不妥，"改变"与"改造"是两个很不一样的动词，"改造"带有很强的主观目的，改变则不一定了。在现实生活中，我们很多时候是带着目的去认识世界的，但有些时候我们认识世界却是无目的的，改变主观世界仅仅是我们行动的结果，但不是作为"目的"而先于认识活动的。比如，我们走在大街上无意中发现了什么，有时可能是重大发现，人的认识是变了，主观世界也变了，但是在认识之前并无"改造"之目的。尤其是在生活中我们有很多的闲暇时间有待打发，我们可以读书、可以看电视、可以爬山，我们的目的仅在于快乐地度过生命中的这一段时光。注意，这仅仅是为了"打发时间"，而不是为了去"改造主观世界"和"改造客观世界"，尽管客观上可能能够达到这样的结果，但绝不是以此为目的——人不能事事都有目的，更不能把改造世界作为唯一目的。

其次，认识世界与改造客观世界的关系，在传统认识论来看，实践是认识的根本目的。这里的问题很多：认识和实践一定构成手段与目的的关系吗？根本目的是不是唯一目的？如果不是，那么认识世界还有什么目的？如果有，那么其他目的与实践的关系又当如何？为什么其他目的一定没有实践那么重要？对于这些问题，我们下面一一分析。

实践对于人类社会的确重要，可以这么说，人类的生存和发展皆依赖于此，尤其是生产实践是人类社会存在和发展的根本性决定因素，是人类其他一切活动得以开展的前提。所以，我们在认识论上重视实践，给予实践以崇高的地位那是理所当然的。但是,不应该因为实践的重要,就把它变成唯一目的,从而无视其他的目的。

人类的认识是实践取得成功的必要条件之一,原因在于"认识对实践具有反作用,正确的认识将对社会实践起积极的推动作用",人类每一次认识世界所取得的进步都会转化为对实践的巨大推动力。正因如此,为了提高实践的效率,改善实践的效果,人类不断地探索世界,增进对世界的了解。同时人们也发现,如果认识仅仅停留在脑海里,那么认识不能发挥多少"现实的"、"外显的"作用,达不到改造世界的目的,发挥不出认识应有的价值,所以就有了"学至于行而后止"的说法。如果一个人掌握知识而不与实际接触,往往被称为"无用书生"。在这样的过程中,逻辑慢慢地发生了变化,"根本目的"变成了"唯一目的"。传统认识论认为,实践是认识的根本目的,实践是检验认识正确与否的唯一标准。尽管在表述上给其他目的保留了一定的空间,但是在实际的理解和操作过程中,其他目的由于没有提到,很容易被忽略,最后"根本"目的就成了"唯一"目的了。

(二)把"根本性"混同于"目的性"

目的与手段本来是一个相对概念,认识和实践谁是目的,谁是手段,能不能构成手段与目的取决于人的需要。但是由于受到物质第一性的影响,实践具有第一性,与实践有关的都具有根本性,因而实践的目的也带有了根本性。这样,认识世界的价值就降低了,精神世界自身建设的目的性也遭到削弱,把功利需求导向到功利主义方向。

下面我们再次分析一下将实践转化为认识目的的思维历程:认识世界可以促进实践的发展,认识世界是成功改造世界的前提条件之一,因而认识世界即成为改造世界的一个手段。这种逻辑是站不住脚的。认识世界是成功改造世界的条件,我们能否因此说认识世界是改造世界的手段?

手段和条件其实是很不一样的。比如老师可以帮助学生获得成功,是不是老师就成了学生的手段,学生就成了老师的目的? 再比如,植物的生长需要阳光、雨露和空气,我们是不是可以说,阳光、雨露和空气就是植物生长的手段? 其实教师也好,阳光、雨露、空气也好,都有其自身的存在价值,即每一事物本身也可以成为目的。

目的与手段是一对矛盾,从时间看同时产生,但从逻辑上看,目的在先,手段在后。即为了实践而认识，认识是手段。但是如果认识在先，而无实践的需要，这时认识就是认识，无所谓目的与手段。在没有目的和手段的地方讲谁是谁的目的，谁是谁的手段，那是无意义的事情。事实上，在人的一生中有许许多多的知识是没有走向实践的，我们能说这些认识是没有意义的吗？

如果按照手段和目的关系来说，我们说认识世界是改造世界的手段，我们继续追问改造世界的目的又是什么？事实上，人的需要才是一切活动最后的目的。而人的需要却是多种多样、因人而异的。人的需要往往与人的主观选择有关，认识世界就是人的主观选择方向之一，也就是说，认识世界也可以是人的需要之一。如果为了满足认识的需要，这时，实践有可能成为手段。这样一来，实践与认识谁是手段，谁是目的就取决于人的需要了。

既然如此，认识和实践谁是手段，谁是目的，不是绝对的、一成不变的，那为何传统认识论独独把实践看成是认识的根本目的呢？这种选择明显受到传统唯物论的影响。根据传统唯物论的观点，物质第一性，意识（认识）第二性，物质性的东西具有根本性。由于实践具有客观物质性，自然具有根本性，理应具有终极决定作用，因而实践成为认识的"根本目的"——只有把认识运用到实践中去才有意义。实践成为认识的"根本目的"，似乎肯定认识还可以有其他目的，只是其他目的是非"根本的"而已。这样一来，虽然没有彻底否定认识成为其他目的的可能性，但是明显降低了其他目的性的层次。这样，我们看到了唯物论的第一性与第二性的关系被沿用到了目的与手段的关系中来，这样一来，认识世界的价值就被降级了——与此相关的精神世界自身建设的目的性也跟着下降。

必须指出，目的和手段的关系与第一性和第二性的关系是完全不同的两对关系，如果把实践对认识的第一性看成目的对手段关系中的根本性，很容易把唯物主义导向到唯物质主义方向，把功利需求导向到功利主义方向。

（三）把"第一性"当成"重要性"

物质、实践从哲学上来说是第一性的，因为第一性，有人把它当成了重要性。其实，重要性是相对于需要而言的，和第一性不是一回事。

物质性是第一性的，具有根本性，比如物质、实践，这是人们一切活动得以开展的首要的且必要的前提，故此，第一性、根本性是人类不可忽视的，也不应该忽视。的确,物质性的东西是人类生存和发展的基础,足见第一性的东西对于人类来说是多么的重要了。这样一来,第一性、根本性就很容易被演变成为重要性。但是第一性和重要性毕竟是两回事。第一性主要告诉人们世界的本质是什么,或者说,世界是从哪里来的。而重要性是相对于人的需要而言的,离开了人的需要谈重要性就没有意义了。第一性和重要性有时有交叉的地方,比如,实践对于认识来说是第一性的,对于人类的生存和发展也是重要的。第一性和重要性也有不一致的地方。比如宇宙的存在相对于人的意识而言是第一性的,这是人类展开活动的出发点。但是对于生活来说,这本来就存在于那里,再考虑这样的问题就没有太大的意义,在我们处理具体问题的时候甚至可以完全不用考虑。当我们眼光集中于人的时候,人的身体和人的意识也存在着这样的问题,人的身体和意识之间的确有第一性和第二性的问题,或者说生命的存在是思维存在的前提,这就是第一性。但是当二者都存在的时候,这个第一性根本不必考虑,甚至身体与思维二者之间又构成了相互依存、相互作用的关系,完全可以看成是一个系统内部的两个不同的要素。比如,一个人身体不好,危及生命,这时生命的维系既是第一性的,也是重要的;但是如果人的身体没有问题,心理、精神出了问题,当精神问题不解决的时候,身体存在本身已经没有意义,甚至人的精神已经对身体发生作用,有可能危及人的幸福,甚至生命存在,这个时候,人的精神无疑是最为重要的、急需解决的问题,这时还能说第一性就是重要性吗?同样,实践与认识其实都是人生成功的条件,实践对认识具有根本性,但是对人的成功来说,客观性已经具备的情况下,人的认识同样具有关键意义。总之,重要性是相对于需要而言的,对于人的生活、人的需要来说,不同的价值观、不同的情境下,同一个事物的重要性就不同,因此根本性不能等同于重要性,根本性也不可能永远是重要性。正因为把根本性等同于重要性这一认识错误,导致对精神世界的轻视。

(四)认识的非实践性目的

认识除了可以指导实践,还具有其他很多意义,有时"明白"可能比"实用"更具价值。从人的生存样态和生命质量的角度来说,内心世界比客观世界对于个人来说可能更加"实在",精神世界的构建决定人类能否最终实现灵魂自由。

接下来，我们进一步来思考认识的实践之外的目的，即对人的主观需要的满足。人不是完全功利主义的，更非完全物质主义的。人不同于动物的地方在于人有意识，有内心世界。人们增加知识可能就是为了内心世界的扩展、丰富，满足自己的好奇心，丝毫没有实践的目的；有的人甚至对外在世界不感兴趣，而对自己灵魂的安宁特别关注，读书也好，反思也好，不是为了改造客观世界，目的只在于内心的安宁、境界的升华。

我们必须考虑我们的内心世界，因为对于我们来说它比外在的客观世界更具有直接"现实性"——甚至决定了人的本质和品质。请注意这与唯物和唯心没有关系，因为我们不否定客观世界的存在。我们说内心世界比客观世界更加"实在"，这是从人的生存样态和生命质量的角度来说的。

第一，人的存在与思想同在。笛卡尔有句名言"我思故我在"，抛弃其中一点点唯心成分，绝对是可以肯定的。我的思考和存在同一，一旦思想停止，现在的我也就不再存在，我也不能确定自己的存在。（千万不要说什么植物人也是存在，可以肯定，一个正常人一旦变成植物人，就已经不再是一个正常人，也不是原来的那个人。）

第二，人只是活在"自己"已知的世界里，活在"自己"的感觉中。世界从空间与时间来说都是无限的，充满着无限的可能，而个人的认识能力和认识总量对于无限的世界来说总是显得非常有限。不管对个体还是对人类，永远充满着未知领域。对于未知的领域，我们甚至连存在与否都不知道，甚至连"什么东西是什么样子？"这样的问题想都想不出来，"人类永远想不到他想不到的事情"。比如美国有3亿人，尽管那么多"具体的美国人"的确存在，可我们脑子里一个也想不出来。当我们想都想不到的时候，就自然做不到。因此，我们所能想到的、感受到的只能是进入我们内心世界的那一部分，只有这一部分世界给我们清晰和实在的感觉，并在这个内心世界中获得了思想的自由，甚至"生活"的自由。

第三，人活在自己选择的世界里。客观世界无限广大，但对个人到底有多大的意义这是值得思考的。就一个人的生存和生活来说，真正需要的东西是很有限的，而一个人一生所能改造的对象也是非常有限的。对于一个受过良好教育的人，一般情况下他的思想空间一定比他实际改造的空间要大得多，真实的人生只是在自己的可能世界里选择了自以为有价值的东西。因此，内心世界对于人的生活或者生命来说，具有"直接的存在性"。因此，认识应该有其自身的价值，而不应该仅仅被看作是实践的手段。

在实践决定认识的思想中还包含了这样一个观点，人是物质性的外部环境的产物，人的自由也是环境给予的，这种观点实际上否定了人的自由意志的存在。人不应该简单地由物质决定、环境决定，也不应该由人的物质欲望所支配——尽管我们离不开环境、离不开物质，也受到物质欲望的影响——这里，丝毫不否认物质的第一性，实践的客观性。但是，不同的人面对同样的外部条件会做出截然不同的选择，这正是人的主体独立性的显现。尤其是当人的价值理性逐渐增长，外在物质对人的控制作用将会逐渐减弱，当一个人把自己的人格看得比生命还重要的时候，外部环境对人来说仅仅是生存的条件，不再是人生态度的决定力量。由此可见，精神世界的构建还关系到人的灵魂自由。

实践是认识的根本目的这一观点与事实也不是很符合。如果说，企业搞科技革新是为了提高生产力，科学家搞科研或许是为了某种现实的需要，学习科学文化知识，也许是为了获得改造世界的一种技能，但是，我们闲来读书是不是也有改造客观世界的需要这样的目的，那就不一定了。人们读书增加知识，可能真的仅仅是为了丰富自己的头脑，获得对世界的了解，做一个明明白白的人而已。对于一个人来说，"明白"可能比"实用"更加重要，不然，孔夫子就不会有"朝闻道，夕死可矣"这样的说法了。再者很多老人退休之后还在不断学习知识，除了满足精神的寄托之外，很难说有多少实践价值。因此，认识世界除了帮助我们改造现实的世界之外，更多的是对人的精神世界的意义，或扩充自己的精神世界，增长自己的见识，或获得生命的感悟，提高生命的质量——而不是为了实践。

从现实的角度来说，坚持这种观点的后果也是令人担忧的。随着人类社会的发展，社会分工越来越精细，人们需要掌握的知识越来越专业，按照这样的状况，人们所需要的知识应该越来越偏狭于某一个专门的领域，我们对其他与工作无关的知识学习的必要性大为下降，这时学习的动力将大为减弱。再者，把实践看成是认识的目的，带有过于强烈的功利主义倾向。在社会普遍功利化的大环境下，好奇心在丧失，人的内心世界在萎缩，灵魂在枯萎，认识的自身意义正在逐渐被淡忘。（这是不是目前国人读书欲望下降的原因呢？）

（五）把"人"和"人类"混同

强调实践的根本性，看到的是"人类"，而教育必须面对的却是"个人"。教育过程中经常把"人"和"人类"混淆，把"纯粹的偶然"与"现实的偶然"等同起来,要把一个孩子培养成拥有人类所有的优秀品质,然后让他有能力去应付人类可能遭遇的各种问题,这显然是不可能完成的任务。面对这样的学习任务,我们的孩子能不累吗?

按照以上的观点,随着人类分工的发展,一个人需要的知识似乎要减少才对,但从现实的教育来看,情况并非如此,恰恰相反,教育走向了另外一个极端——教育内容无限增加,这岂不与社会分工相违背? 岂不与"实践是认识的根本目的"的观点相违背? 问题又是出在哪里呢?

目前在教育理论界持有实践是认识的根本目的观点的人可谓比比皆是。从人类的角度来说,人类面临无限的问题需要解决,需要不断认识世界,不断增长知识与技能;而人类的发展需要每一个人的参与,每一个人掌握的知识当然越多越好。而且作为学校培养对象——学生并没有具体的工作意向,故此,为了面对无限广大的未知世界,为了应对未来实践中可能会碰到的各种各样的问题,我们的孩子应该做好准备。因而,刻苦学习,增加各种各样的知识和才能,"将有限的生命投入到无限的知识海洋中去"就显得非常的必要。于是,无穷无尽的知识等着我们的孩子去学习,无穷无尽的技能等待着他们去掌握。这样,我们的孩子势必苦不堪言。这样看来,目前的孩子之累与应试教育有关,更与我们的教育指导思想脱不了干系。

接下来,我们继续分析造成如此结果的原因。在上述的思路中隐藏着这样的思维误区,这个误区不解决,可以说我们的教育永无出头之日。这个错误说出来也很简单,人们立马就会明白,但不说出来却还真的很难发现。这一认识的错误在于把"人"和"人类"混淆,把"纯粹的偶然"与"现实的偶然"等同。

个人与人类是两个不同的概念,不能等同起来,这是谁都知道的事情,但是在思维上能够把二者区分清楚的人却少之又少,在实践中能自觉作出区分的人就更少了。在语言的表达上,"人"首先是一个类概念,当我们说孩子作为"一个人"应当怎样,这时讲的"一个人",往往强调的是一个"人"的类本质,而不是真正的"一个人",这样在不知不觉中把"一个人"转换成"人"了。

人的类本质其实是人的共性,应该是最简单的,应当比具有丰富个性的个人内涵要小得多。如果以人的类本质或者说人的共性来要求"一个人"应该来说是不高的。但是人的类本质内涵最少,外延最大,一旦以"人"的外延来要求"一个人"的话,没有一个人会承受得了。因为人类相对于一个人来说具有无限的可能,而一个人不可能具有无限可能。比如从"纯粹的偶然性"来说,一个人可能碰到的问题与人类可能碰到的问题是一样多的,但从现实的角度来看,一个人碰到的问题不可能跟人类碰到的问题一样多;从纯粹的可能来说,一个人的发展可能与人类的发展可能也是一样多,但从实际的角度来说,这是完全不可能的。也许有人不明白这两句话的意思,打个比方就明白了。从人类来说有各种各样的死法,理论上说一个人在没有死亡之前,哪一种死法都是有可能的,这样似乎完全等同于人类的可能,但是一个人只可能有一种死法,因为一个人只能死一次。对于工作也是一样,一个人没有工作之前,似乎什么都可以去做,但是真的去做了,却又分身乏术。因此当我们从人类本质的外延来要求一个孩子的时候,孩子自然承担了太多的可能,加上了太多的发展要求——这实际上是让一个人去承受人类的责任,这显然是不可能的。正是没有搞清楚纯粹的可能与现实的可能之间的区别,我们经常具有这样的愿望,希望通过教育培养,让一个人具有人类所有的优秀品质,然后让他有能力去应付人类可能遭遇的一切可能问题。大家试想一下,这样的一个人能不累吗?

这样的要求是不可能完成的任务。随着人类实践的深度和广度的增加,人类需要的知识和技能越来越多,人类的认识也在不断深入,人类所拥有的知识无边无际,只要进入图书馆,我们面对浩如烟海的图书杂志,我们就会感觉到自己的渺小。我们经常讲,一个人的发展潜能是无限的,但是现实的情况是这样的,由于先天条件与后天条件的作用,他的发展可能性非常有限,他所面对的问题和所能解决的问题也是非常有限的,他的生命时间更是有限的,这些有限的因素综合作用最终决定一个人的发展边际。即便是像爱因斯坦这样的天才也只能掌握某一方面的知识和技能,所以,我们不应该对一个人要求太高。

这样的要求其实也是不必要的。随着社会生产力的发展,通过合作与分工,提高了社会劳动生产力,每一个人有了更多的属于自己的空余时间,可以享受更多的自由空间,这时我们完全可以不再为了实践而学习,完全可以将多余的时间花在感兴趣的事情上面,比如读书、旅游、游戏等。这样,我们可以增长知识空间,提升灵魂自由,获得生命满足,抑或打发无聊的时间亦无不可。

三、对实践的态度决定教育的方向

传统认识论对各种实践重视程度很不一样,这种态度上的差异将会影响行动中的用力方向,进而影响到教育教学活动。一直以来,我们对生产实践特别重视,造成了教育重视自然科学、轻视人文科学的结果。对规律必然性知识的重视造成了对偶然性知识(包括形式)的轻视,从而影响到创新能力的提升和创意产业的发展。

传统认识论认为人类的实践活动主要包括生产实践、社会实践和科学实验,在这三种实践形式中,生产实践是人类的最为基本的实践形式,决定人类的其他一切活动。在人们的思维习惯中,只要是决定性的,就应该得到重视。按照这样的观点,生产实践理应首先得到重视。生产(生产实践)力水平,是人类认识自然、改造自然获得物质财富的能力,要提高生产力水平,就必须重视对自然的认识,于是自然科学的重要性就突出出来了。"学好数理化,走遍天下都不怕"这句经典的顺口溜曾经广为流传,这充分表达出人们对自然科学的无限信任与无限依赖。也正是在这种观点的诱导下,许许多多优秀学生投身于数理化的学习之中。

这一方面促使了与改造自然有关的科学技术的发展,另一方面也带来了人们对人文学科兴趣的降低,造成从事人文科学研究的优秀人才数量不足。对于这种状况高中老师最有发言权,感觉最为真切。在重点高中很少有冒尖的学生高兴去读文科——像杭州学军中学在文理分科的时候难得有几个年级前一百名的学生去读文科的,我想全国的情况也差不了多少。当一个国家顶尖人才中很少有人从事人文学科研究的时候,人文学科的发展速度就可想而知了。也正因为优秀学生攻读人文学科数量较少,我国人文学科的优秀人才储备已经远远落后于时代的要求。如今人文学科方面的大师越来越少,甚至可以说屈指可数,从中我们不难找到原因。

按照传统认识论,改造社会的实践也是非常重要的,社会科学按说也应该得到重视,但是实际情况并非如此。正是由于对自然科学的偏重,人文社会学科长期处于被抑制的状态。对于人文学科的轻视从何时开始我们不用追究,但是我们必须承认这样的倾向目前依然存在,已经深深地影响到国家的发展和前途。改革开放以来,我国的自然科学技术迎头赶上,与发达国家的差距正在逐渐缩小，而人文学科方面差距依然巨大，理论创新明显不足，一直处于输入阶段，这已经严重影响一个国家的文化竞争力。按照社会存在决定社会意识的理论，在经济飞速发展的今天，社会意识应该同样得到飞速发展，中国人民应该有自己的思考和理论创新，但是人文学科的创新已经明显落后于时代的要求，根本应付不了目前的社会问题，从而造成国人的精神家园的荒芜，灵魂的空虚。目前国家已经意识到问题的严重性，开始重视哲学、人文学科的发展，但是由于社会整体对其重视依然不够，以及存在着的各种偏见，人文学科的发展动力依然不足。

对规律性、必然性知识的重视，造成对偶然性知识和表达形式研究的不足。对生产实践的重视必然表现为对自然科学的重视，尤其是对规律、必然性的追求。这种观点在教育教学过程中表现为重视规律，探求本质，强调逻辑。但现实生活中仅仅掌握本质和规律是不够的，还需要了解各种各样的形式——有时候我们称之为"花哨"。这样的"花哨"肯定够不上深刻，但是丝毫不能否定它们存在的价值，因为我们不可能仅仅生活在必然性之中，我们的生活离不开感性的形式——很多的时候，必然性是没有美感的——最多是理性之美。这些"花哨"的形式可能是我们生活的情趣所在，也可能是我们激情的表达方式。创造这种"花哨"的形式，有时需要的仅仅是新奇的观点和奇妙的方法，并不一定需要对必然性的认识。也许这些奇妙或者奇特的"花哨"不合乎什么规律，也不遵守什么规则，但会给人们的生活带来很多乐趣。比如现在的很多电影、动漫禁不起科学原理的考验，却深受大众喜爱。类似于动漫这样的"花哨"往往是被排斥在传统课堂之外，这种排斥从一定程度上已经影响到我们国家创意产业的发展。当然，我希望唤起大家对形式的研究，并非放弃对规律和本质的重视，这一点需要说明。

四、主观世界的建设可以有其终极意义

人类需要面对世界，需要改造世界，但我们也要回归本心，回归生活，因为人才是终极目的。这一点要向传统文化学习。

（一）改造主观世界也应该成为终极目标

传统认识论认为，改造主观世界是为了更好地改造客观世界，事实

上我们的主观世界的建设有其自身意义，每一个人可以把它当成终极目标。唯其如此，人类的自由、幸福和解放才有希望。

接下来，我们讨论如何看待"改造主观世界"与改造"客观世界"的关系。改造在传统认识论中包括改造主观世界和改造客观世界，而改造主观世界受制于改造客观世界（实践），并为改造客观世界服务。这样的看法有待分析。

第一，改造主观世界与改造客观世界的划分并非绝对的。何谓改造主观世界？改造主观世界就是改造人的世界观、人生观、价值观，以及人的思维方式、方法等个人的思想内容。但是改造主观世界与改造客观世界也不是一成不变的，二者之间其实也可以转化，这个转化不是指主观对客观的反作用，而是主观与客观的划分也不是绝对的。比如当我作为别人改造的对象，不管身体还是精神，都具有客观性。教育实践也是一种客观的实践活动，当教师去教育孩子，孩子就是客观的，孩子的现实的知识储备、思维水准和道德水准是教师的教育教学活动开展的前提，并不随着我们的主观愿望而改变，一句话，孩子的"主观世界"就成为教师面对的"客观现实"。事实上也并不因为教师改造的是孩子的主观世界从而削弱了教育工作的实践性。如果我自己想改造自己的身体，那是改造客观世界，如果要改造自己的灵魂那就是改造主观世界。（如果自己没有目的的行动带来我们主观世界的变化，只能称为改变，而不能称为改造。）

第二，改造主观世界应该有其自身的价值。传统认识论认为认识脱离了实践，不为实践服务，那么这种认识就失去了它的实际意义。主观世界的改造离开了实践真的就没有意义了吗？实际上这里需要考虑的是，改造主观世界可以为实践服务和改造主观世界必须为实践服务这是两个不同性质的问题。改造主观世界可以为改造客观世界服务，说明它除了服务于实践的意义之外，还有其他意义，也就是说改造主观世界具有相对独立性；而改造主观世界必须服务实践则意味着只有服务实践才有意义，假如人类没有实践活动，改造主观世界就没有产生和存在的必要。因此，问题的核心在于改造主观世界本身有没有意义。

改造主观世界到底有没有意义？如果就人类意识的产生、发展来看，一开始可能的确是为了实践的需要，但是一旦认识产生之后，那就不一定了，因为认识具有相对独立性。就像孩子的出生可能是为了父母的某个愿望，但是孩子来到这个世界上之后，就由不得父母了。就改造主观世界的过程来看,改造主观世界可以帮助人们获得知识的增长,思维的改善,人格的提升,心理的平衡,灵魂的安宁,这些直接决定了生命的感受,难道还有比这个更为真切的感觉? 更为终极的意义吗?

但是传统认识论看来,这一切都不是第一性的,因为人的主观世界受制于客观世界,人类的发展水平由物质财富的水平终极决定,个人的内心世界也与他的物质利益紧密相关。是的,我们不得不承认"人非利不生,人非利不长"这样的事实,我们也不能无视"天下熙熙,皆为利来;天下攘攘,皆为利往"这样的盛况。的确,人需要利益,也会追逐利益,但是人们为谁追逐利益,追逐什么利益,如何追逐利益,这是由一个人的人格所决定的。以道德的方式谋求利益是对别人利益的尊重,为他人谋利益牺牲自己的利益那是对自我利益的超脱,如果把自己的灵魂安宁和道德人格的维护作为追求的目标那是对功利目标的超越。这时,物质利益仅仅是人的生命延续的条件,而不是生命价值的决定者,当一个人把生命的价值看得比生命还重要的时候,物质的终极意义也就消失。历史上的士大夫以及英雄人物为了追求道义将生死置之度外足可以证明这一点。如果我们坚持认为认识世界为了改造世界,改造主观世界为了改造客观世界,那么人的一切,尤其是灵魂都可以看成是由物质决定,这时,人也就成了靠利益驱动的傀儡。这显然与历史和现实不符。

由上分析,我们不难得出,作为存在角度的第一性与意义世界的第一性是不一样的。下面可以用树木的生长来做一个类比,可以较为清晰地呈现二者的差异。树木的构成有根茎叶花果,如果从植物的生长为了繁衍后代来说,开花结果是最为重要的,一切都是服务于此。从生命体的维系来看,根基的强健是关键,离开它,一切皆成为"浮云"。放于人类社会,从存在的角度来说,改造世界是人类存在的根基,但从人类的意义世界来说,那仅仅是手段,不是最为重要的。所以,不能把哲学上的第一性等同于社会生活的重要性。

第三,主观世界的独立将是人类未来的希望。从整个社会角度来说,我们承认整个社会的生活质量与物质财富紧密相关——其决定了社会的整体发展水平,但是物质财富的多少并不是决定人们幸福与否的唯一因素。人类的幸福除了受到社会生产力的影响,同时还受到社会制度、文明程度、人与人的关系等多种因素的制约,而这些因素中很多又与人们的世界观、人生观、价值观紧密相关。随着人口的增加,物欲的膨胀,资源的枯竭,如果我们不把眼光从外在世界的掠夺中收回,不从改变灵魂世界入手,人类恐终无出头之日。另外就微观层面来说,一个人的生活感受往往由其人生态度决定,物质条件只有通过他的人生态度这个"内因"才会转化为真切的生命感受,因此改造主观世界是让世界变得更加美好的关键。甚至,我们可以设想一下,当社会的发展以人的发展、自由和幸福作为目的,经济活动作为手段的时候,整个社会的发展模式可能会发生根本性变化。也只有这个时候,人类的解放和自由将不再是空想。

假如人类的灵魂出了问题,物质世界再美好,也没有意义。人类的美好尽管与物质文明有关,但是人类的灵魂世界给人最深层的温暖和支持,所以我们不应该把主观世界仅仅看成是手段,而应该看成是我们建设的终极对象之一。

(二)传统文化对心性的重视

中国传统文化素来重视心性,关注道德,寻找灵魂的安宁。佛道自不用说,儒家虽然有强烈的社会责任感,但是在儒家看来,只要社会道德昌明,民众向善,社会就会达到理想的彼岸。儒家对"功利"的害羞,对情感的排斥,对人欲的否定,反映出儒家对"动物性"的克制,对"神性"的向往,标示着儒家对精神家园的高度重视。

我国传统文化素来重视人的内心世界的构建,希望从有限的世界中超越出来,寻找灵魂的安宁。释、道自不用说,儒家对现实世界的责任孜孜以求,但是对人的心灵世界毫不轻视。在儒家看来,社会的稳定和谐关键取决于社会民众的德性水平,只要社会民众的心灵改善了,社会才有可能美好。所以《大学》开篇立论:"大学之道,在明明德,在亲民,在止于至善",这再也清楚不过地表达了儒家的目标、手段和方法。至善是儒家追求的目标,道德是工具,教化民众则是手段。这段文字儒家没有提到社会功利,这与儒家整体上是回避功利的主张相一致。在儒家看来,只要社会道德昌明,民众向善,社会就会达到理想的彼岸。

为了实现至善的社会理想,儒家高度重视整个社会的价值取向,为了强化道德法则的崇高性、正当性、必要性,儒家把"仁义礼智"上升到"天理"的高度,这样就给道德法则赋予了神圣、不可违抗的正当性,这与康德把"头顶的星空和心中的道德命令看成最让我们敬畏的东西"相类似。如果道德法则是外在的,那么外在的道德法则怎么能够成为人们行动的自觉律令,强迫的道德行为怎么成为人们的自觉行动呢？儒家为了让外在的"天理"成为人们发自内心的行为准则，从而达到提高社会大众的德性水平的目的——"新民"，儒家继承者基本上都秉持了"天人合一"的思想，外在的"仁义礼智"这些道德法则本来就根于心，只是在不同的继承者那里表述上稍有差异。孟子认为恻隐、羞恶、辞让、是非之心，人皆有之，此四者就是仁、义、礼、智等美德的开端。而此四端是人人生来具备的不学而知、不学而能的"良知""良能"。人生来既然有此"四端"，只要通过"尽心"，就可以达到"知性、知天"的境界。程颐认为，理（理在宋明理学中所指也就是仁义礼智这些道德法则）就是天，它赋予人即为"性"，这种"性即理"的观点后来朱熹进一步作了发挥。而王阳明称其为"良知""良能"，号召人们"致良知"。尽管儒家各派所说略有区别，但是天理最终都要对人发挥作用，只是途径略有区别而已，一个通过"人心"（主观唯心先验主义），一个通过人性（客观唯心主义），但是各家最终都要求人们通过"正心"、"诚意"、"修身"这样的手段，回归人的本性，践行所谓的天理，因而不存在本质的差异。既然道德根乎人心，人人皆有道德的种子，那么只需向内寻求，"人人皆可为尧舜"，同时，既然道德原则"合乎天理，根乎人心"，那么对于道德的追求同时就成了人与生俱来、人之为人的分内之事。这样，道德要求不再成为外在的强迫，道德境界的追求也就成为人的内在自觉。

儒家为了实现天理，要求人们学会克制情感、欲望，做到"非礼勿视，非礼勿听，非礼勿言"，儒家还强调人的心理调节和控制，要学会"修"身，"不以物喜，不以己悲"，最好能够进退自如，"穷则独善其身，达则兼济天下"，并养浩然之正气，形成"富贵不能淫，贫贱不能移，威武不能屈"的大丈夫气概。儒家强调对理想人格的追求，要以君子、圣人为目标，把对道的追求提升到很高的高度，孔子"朝闻道，夕死可也"是最经典的说明。

道德的追求过程是人类从动物性逐渐摆脱出来，主动追求神性的过程，这种追求也正是人类的理性高于动物性所在。儒家对"功利"的害羞，对情感的排斥，对人欲的否定，反映了儒家对"动物性"的克制和摆脱的努力，对"神性"的向往和追求也可以使人们从暂时性中解脱出来，在精神上契悟永恒，这标示着儒家对精神家园的高度重视。当然，我们也必须看到，儒家由于对功利、情感、人欲的不加批判的否定，结果在追求道德的过程中，最终走向了"存天理，灭人欲"的极端，这是儒家逻辑内在发展的必然，这种对神性的片面追求暴露出儒家对"人性"的忽视，忘记了我们不可能只是是"神"，我们首先应该是"人"。

儒家在"内圣"的过程中,对自己的要求是很严格的——逻辑上是这样,但是儒家并没有忘掉世间的责任,儒家强调要有胸怀天下之志,通过修身齐家,最后达到治国平天下,实现大同理想。看上去,儒家终极目的是"国治"、"天下平",也就是说"内圣"不排斥"外王",改变"主观世界"不排斥改造"客观世界"。但是,儒家没有说"内圣"就是为了"外王","内圣"之后有条件的情况下可以"兼济天下"。另外,我们还必须明白"外王"不能理解为"内圣"的目的,儒家的"外王"的目的是让天下人"内圣"。

儒家的"心性"不同于西方的"意识",千万不要把王阳明、孟子与西方的主观唯心主义者简单等同起来。西方哲学里面的"意识"仅仅是人脑的一种功能,而中国传统文化的心性则具有对外的投射效应,就像灯泡一样,除了有实体,还有功用,即人性光芒所照之处,就是人性所到之处,这样一来,天地万物都在心性之中,这才有王阳明的"心外无事"、"心外无物"一说。这种观点实际上不再把人性看成是内在的抽象物,而是把人性看成是人与世界的交往过程,人的活动过程也就是人性不断外化的过程,隐含了人与外界的交往是人的生存的本来方式这样的思想。这类似于马克思定义"人是社会关系的总和",当然深刻的程度是不一样的。儒家的人性是先验的,人人皆有的,是一种理想化的道德期望。而马克思的人性则是后天的,有差异的,说的是人的个体特征形成的原因——在社会关系中成为一个人。根据这样的心性理论,治国平天下也就成为人之为人的分内之事,社会责任也就变成了人性的自然展现。

总的说来,儒家体系不排斥治国平天下的社会价值,但是儒家从洒扫应对、性情修炼、心理调节、道德目标、价值定位、社会价值、心理调节多方面来培养人格,人格的内在修炼才是其关心的根本所在。

(三)人才是终极目的

正是对主观世界终极意义的否定,物质生产力的提高并不伴随精神品质的改善。教师队伍不足以自觉觉他,心灵世界的构建在目前的教育过程中尚处于自发状态。我们必须把人当成目的,不管是认识世界还是改造世界都只能是手段,因此教育要考虑人的需求。

认识上的不足导致现实的困窘。从目前来看,政府抓物质文明的力气花了不少,但是花在建设精神世界上面的力气还是不够,造成社会道德整体滑坡。在物质生活水平提高的今天,灵魂的空虚反而愈加显得突出,整个社会流行奢靡之风,文化品位迅速下降。经济发展了,"土豪"多起来了,很多暴发户有钱之后,没有社会责任感,只知道吃喝嫖赌,穷得只剩下"钱"了。而一些官员大权在握,已经飘飘然,只知贪赃枉法,穷得只剩下"权"了。社会道德滑坡,文化教育难辞其咎。这样的社会现实与以改造主观世界为手段、改造客观世界作为目的的认识不无关联,我们应该高度重视。

理论上对主观世界的轻视自然会反映到教育中来,尽管目前人文学科占有相当比重,我们的教育也很关心世界观、人生观和价值观,很多学校也开始配备心理教师,但是对人的内心世界的构建及其发展的研究明显落后于时代的要求,甚至还没有提到议事日程上来,作为灵魂工程师的教师群体还不足以自觉觉他,心灵世界的构建在目前的教育中还处于一种粗放的自发阶段。所以我们的学生也好,我们的社会成员也好,心灵世界仍然显得很苍白。

人才是终极目的,人的需要决定人的行动的选择,实践从人的需要来看,只不过是一种手段。在讨论认识世界与改造世界两大活动谁是目的,谁是手段的时候,我们的思想不应该到此结束,我们应该进一步思考:认识世界、改造世界的终极目的又是什么?人的目的又是什么?可以肯定地说,认识世界、改造世界还不是最终目的,人类的一切最终是为了满足人的需要,人的需要显然不能简单地再划归到认识世界和改造世界的活动。这样一来,实践也就不再是目的,而变成了手段。

而从需要的层次来看,人的需要可以分为生存、发展和享受三个层次,对于不同的个体,需要的侧面也很不一样。有的人需要物质的满足,有的追求精神的享受,即便同一个人的需要也会因时因地而变化。这些差异的形成,与个体的生命特征有关,也与其所处的社会环境相关,还与文化教养、精神境界有关,我们的教育则很少考虑这一点。这是当前教育的盲点。如果教育无视人的需求,只考虑社会实践的需要,实际的结果就是,我们每一个学生最终都成了手段,背离了"人"这个真正的"目的"。

(四)教育应该面向生活

三大实践固然重要,但是还有其他实践形式;人生不同的阶段实践的意义不同,占比也不同。人生大部分时间在于生活,生活才是目的。教育应该面向生活,面向现在,让孩子们享受当下。

　　三大实践对于人类社会的确重要，对于个人也很重要，这一点我们谁也不会否认。但是三大实践活动在个人的生命中所占比重到底有多少，这又是一个值得思考的问题。

　　首先，三大实践之外还有其他的实践形式，比如教育、艺术创作等活动，也就是说并非人人要把三大实践作为人生的奋斗目标和从事的工作，也就意味着如果我们要求每一个人都从事三大实践，显然以偏概全。从高考招生来看，除了文科和理科，还有体育和艺术类了；除了普通基础教育，还有职业教育。就此看来，教育对实践的形式研究好像有所欠缺。这样，孩子的发展被限制在有限的实践形式中，孩子的发展空间被抑制。

　　其次，对处于不同年龄阶段的人来说，三大实践的比重也不一样。对于小孩子来说，他们的主要活动形式是游戏活动和学习活动，在这些活动过程中慢慢地学会学习，学会生活，学会生存，学会合作，学会娱乐。这时他们的活动根本上与三大实践活动没有关系——如果一定要说有，就是为将来的三大实践做准备。也就是说，对于少年儿童，三大实践并不是他们的生存样态，这时如果我们一味强调实践的目的，而儿童的现在时就成了手段，这样的要求其实是很残忍的，难道我们不应该考虑一下儿童时代其本身的意义吗？儿童时代本应该是天真烂漫的，无忧无虑的，充满幸福的，但是如果我们将它的意义定义在未来的三大实践中，一味考虑儿童的未来责任，那么儿童时代就缺乏了意义的支撑，儿童还会幸福吗？如果教育将孩子们看作是未来三大实践的"工具"，这是何等的残酷！事实是不是这样？我们的孩子从小就肩负起家庭的希望，父母的愿望，老师的期望，社会的厚望，奔波于各种各样的学习班，每天起早摸黑，实在是太辛苦了。我们的教育应该考虑孩子当下的意义。对于成年人，特别是处于养家糊口的工作阶段的成年人，他们是三大实践的主力，即便就是他们，三大实践在工作日所占比例其实也不是很高。根据前面的分析，人的独立生存状态依然占据着很大的比重。就算一个人在工作时间是从事三大实践，从事生产劳动是改造自然界，与人交往的活动当作是改造人类社会，科学研究者上班是从事科学研究，按照工作时间一天八小时计算，三大实践占据工作日的三分之一，在非工作日以及退休之后，三大实践又能占据多大比例？这可想而知。当不在从事三大实践活动的时候，人们更多的是处于休息与放松，或者休闲娱乐状态——而且随着时代的发展，这一部分时间会越来越多。至于一个人退休之后，他们的时间更多地用在身体的健康、生活的幸福、精神的愉悦、灵魂的安宁上。

如此看来,三大实践在人生中所占时间比重并不是很大,如果我们的教育只面向实践,而不面向生活的话,生活的意义将无从体现。尤其是,在劳动还是谋生的手段的当下,工作之外的活动更让人感受到生命的自由、趣味和价值,我们的教育为了社会和谐、人的幸福,更应该多加关注。

根据以上分析,我们应该将眼光从三大实践中适当收回一些投放到孩子们的生活中去,考虑他们的生存样态,让他们享受一下当下的生命。的确,是到了应该好好考虑孩子的生命价值、切身需要的时候了。目前的孩子们起早摸黑,没有节假日,没有娱乐,学校安排得实在是太"充实"了,已经填充到孩子生活的每分每秒和每一个角落,很多学校和家长生怕孩子有空余时间会闲下来,担心他们会在某个地方做不利于学习的事情。这样的教育和管理使得我们的孩子没有了快乐感,慢慢地他们也就失去创造快乐的愿望和动力,这样下去,慢慢地也就失去创造快乐的能力,甚至连愿景都没有了——那是非常可怕的。情况到了这种地步,如果我们给孩子们一天时间,他们很多喜欢选择睡觉,很多孩子不知道玩什么、怎么玩。当孩子们长大成人,他们的生活方式又将会在他们的孩子身上延续。一代又一代,长此以往,这样的民族生存的质量如何? 可想而知!

(五)改造不可成瘾

人类需要改造客观世界,也需要改造主观世界,但不能改造成瘾。如果一个人改造成瘾,自己将成为另类,无法接受社会,也无法被社会悦纳。

人类需要改造世界,但不能改造成瘾。如果一个人一天到晚要改造世界,要么改变生产力,提高技能,要么去改变人际关系,改变社会。如果一个人终日谋求改变生产力,提高技能,那么他会是一个优秀的工作者。对此,我们似乎也找不到什么不妥,但是一旦进入思想改造和社会改造,问题就会马上暴露出来。假如改造的主观世界是自己的,一个人一天到晚对自己要进行改造的话,意味着要时刻关照自己,不断否定自己,不断地鞭策自己,不停地为自己寻找下一个发展目标。这样的人会是一个什么样的人? 他可能是一个纯粹的理想主义者,他的努力目标只能是一个纯粹的人,高尚的人,无私的人。他不断地要求自己、提升自己,可能会因自己的拼搏感到充实而劳累,可能会因为每天的进步感到高兴,当然也可能因自己达不到理想的状态而痛苦和悔恨。这样的人肯定不失为一个好人,甚至可以作为人类的镜子。但是没有人希望他生活在自己的身边——丑陋的人最见不得明净的镜子，所以这样的人可以远观，但不可以交往，很难成为他人的朋友。这样的人在现实生活中少之又少，假如真有这样的人，他一旦面对实际的生活，将会无所适从。因为他超前的想法无人理解，没有知音，他会因此而痛苦不堪。他可以获得他人的尊重，但是很难获得领导的器重，最终很有可能会在郁闷中终老。如果此人所要改造的主观世界是别人的灵魂，请问又有谁愿意成为他的改造对象？如果将家人视作改造对象，会搞得家庭鸡犬不宁；如果将单位视作改造对象，会导致同事不和，领导侧目；如果将社会视作改造对象，满脑子的将都是不满，整天充满批判，他就成为愤青。结果可想而知，他自己将成为另类，最后无法被人接纳，被社会悦纳。

本章结语

通观前面的分析，我们不难发现认识论指导下的教育在思维上很容易犯下以下几个错误。

第一是以偏概全。把生命历程简化为"活动过程"，再把"活动过程"简化为"实践活动"和"认识活动"，再把实践活动简化为"三大实践活动"，这样人生就不断地"被抽脂"，从而慢慢地让生命"瘦身"，被"简化"。

第二，把第一性当成重要性。第一性研究的是根源性问题，而重要性关注的是价值问题，二者有时会重合，但并不一致。把根本性等同于重要性这一认识错误将会导致对精神世界的轻视。

第三，把条件理解为手段。认识活动本来是实践活动开展的条件之一，改造主观世界是改造客观世界的条件，本身具有相对独立性，然而传统认识论认为实践是认识的根本目的，改造主观世界为了更好地改造客观世界，这样认识世界也好，改造主观世界也好，都由实践的条件转变为实践的手段，统统失去了自身的独立价值。

第四，把手段看成目的。因为手段的重要性和根本性，把手段看成生活的决定者甚至根本目的，最终造成手段与目的的倒置。人的终极目标是健康、自由和幸福，要达到这样的目标需要各种各样的条件，实践是创造这些条件的手段之一。由于物质条件具有根本性，而创造物质条件离不开实践，因此，实践是满足人的需要的最根本的手段。可以说，实践水平决定社会的发展水平，这样一来，实践成了最后的决定者。当我们被物质控制而迷失自我之后，本来作为手段的实践，结果成了目的，而本来是目的人反而沦为了手段。

    总之,以传统认识论为指导的教育,由于无视生命中非实践形式的存在,简化了生命的内涵,限制了生命发展的空间和质量;由于强调生产实践,导致教育带有较为强烈的唯科学主义的倾向,忽视了生存的方式,使得生命显得呆板;由于过分强调实践的目的,轻视了心灵世界本身的价值;由于模糊了个人与人类的区别,导致个人承担了不该承担也不可能承担之重。总而言之,我们的教育必须考虑个体的生命存在、个人的灵魂、个人的生活、个人的现实、个人的需要,当然包括个人的实践,只有这样我们才能正确理解教育的任务。

第二章　传统价值观导向下的
教育偏差分析

[引言]教育离不开价值导向，价值标准对于教育的影响自然不可避免。一直以来我们认为价值评价有两条根本标准：一条是符合事物的发展规律，包括自然规律和社会规律，另一条是符合人类的根本利益，第一条标准旨在保证价值选择的可行性，第二条标准则在保证价值选择的崇高性。比如我想为人类造一个永动机，虽然是崇高的，但却是不科学的、行不通的。比如法西斯的细菌试验，虽是可行的，但却是不崇高的。所以，我们的价值观最好是既可行，又崇高。这是传统教科书的观点。在这样的思想指引下，我们的教育将会走向何方？

目前，"科学"、"服务大众"可以说是这一指导思想在教育教学中的具体体现，这样的要求合理吗？有待于我们深入分析。

一、科学性与可行性视域下的教育问题

我们要满足需要，就必须成功处理自身与世界的关系，即我们的行动方案必须是可行的。目前我们在教育的过程中，可行性问题交给了科学，由科学来决断，由此延伸到教育中就是教育应该强化科学教学。其实，可行性与科学性二者是有区别的，有着不同的视角。所谓可行性，就是我们的行动走向成功的可能性，而所谓科学性，就是行动要符合科学理论。可行性考虑的是行动的结果如何，科学性则重在考虑行动的根据，这个根据乃是事物发展的内在规律性，这个规律决定事物发展的趋势。正是因为二者的视角不同，决定了二者之间有重叠之处，也有不同之处。但在目前的教育理论和教育现实中，很少有人考虑可行性与科学性的差别，更不会有人思考这种差别会对我们的教育理论和教育实践产生怎样的影响。

（一）可行性的三个层面

可行性由低到高可以分为实用操作、技术运用、理论探索三个层次，我们的日常生活可能只需要实用操作，技术开发需要将普遍性的理论与特殊的形式相结合，科学性只是作为人类行动的最后保证而存在。因此，对待可行性和科学性要具体问题具体分析，否则会加大教学负担。

为了更好地理解可行性和科学性，我们可以把可行性分为由低到高的三个层次。

第一层面是最简单的，那是实用操作层面，只需要完成规定动作不需要知道科学原理就能达到使用目的。日常生活基本如此，举个例子就可以立马明白。我们用电只要知道哪里有开关和插座就行，知道如何避免触电，不需要知道电路知识和电磁学原理，甚至家里的电路怎样布线的都不需要知道。现实生活中，电路设计和铺设交给电工就可以了，电磁理论的研究则交给物理学家，这些离生活都相当遥远。类似的例子在生活中比比皆是，吃药不需要知道化学成分和药理知识，空调使用不需要知道热力学原理。

第二层面是技术运用层面，对理论原创性要求不是很高，但必须知道相关科学原理，还要能够根据科学原理设计和创造可操作的产品，也就是说，可行性与科学性合二为一。比如药品制造需要知道药理学，空调设计需要知道热力学，电路设计需要知道电磁学。设计过程是将普遍性的原理以特殊的形式表现出来，这时既需要普遍性的科学原理，还需要特殊的形式。这就告诉我们教育要形成生产力光传授理论是不够的。

第三个层面是理论探索层面，主要是探索未知领域，寻找世界之所以如此的根本原因，其独特的价值就是发现未知的世界以及规律，满足人们的好奇，作为行动的向导。这个时候主要任务是对世界的解释，因而考虑更多的是科学性，这时的可行性主要表现为解释的可靠性，仪器设备操作的合理性。

经过以上的分析之后，我们基本上可以得出以下几点结论：

第一点，就日常生活而言，只要保证可行性就足够了，而以科学性来要求生活实在是过高了，也是不必要的。

第二点，科学性很重要，是我们可行性的最后的根据。还是拿刚才家电使用来看，我们之所以如此简单可行地使用和操作家用电器，是因为电路的设计符合了科学原理，具有科学性，或者说家用电器的使用如果没有科学支撑,这个简单的可行性都是不可能的。也就是说,科学性是可行性最后的保证。

第三点,科学性保证的是人类的行动。还是以家电为例来说明,科学性保证的是家电设计和电路设计的可靠性,家电设计和电路设计的可靠性保证日常操作的可行性,可见科学性并不直接保证日常操作的可行性,换句话说,我们作为个人可以不懂科学,不懂技术,日常生活一样进行。但是如果真的没有适当的电路和正确的理论知识指引,操作的可行性就会成为泡影。家电使用如此,其实一切可行性皆是如此,最后的根据都是科学理论,也就是说科学理论是人类可行性的最后的保证。

对比当代社会与古代社会,当代社会的巨大进步无不与科学有关,由此我们领略到了科学的力量,所以科学获得了至高无上的荣耀,无论人们给予科学多大的掌声都不为过。但是我们必须注意的是,科学性之于行动的必要是对人类整体来说的,科学性对于个体则未必也是必要的,我们对待可行性和科学性要具体问题具体分析,不能不分场合要求达到科学性,这样会加大教学负担。

以上的分析应该很容易理解,但是现实中是不是都能够分得这么清那就未必了。如果光知道可行性,不知道科学性,生活是没有问题的。我们国家在西方文明进来之前就是这么生活着的,即便是从整个世界历史来看,科学性的历史相当短暂,即便从培根算起,真正的科学也就几百年的历史。在没有科学的漫长时代,人类照样能够生存,甚至在那样的时代根本提不出价值评价要符合自然规律与社会规律这样的标准——那时只需要可行性,比如,成功地获得食品,成功地构建巢穴,成功地获得能源等等。当然,我们不得不承认那时人类的生存质量不是很高,所谓的可行性也是局限于简单的活动。到了现在,科学性得到了充分的重视,但是我们如果只知道科学性,而不知道可行性,那也未必是什么好事。这一点对当今的教育的影响特别明显,其影响之严重以下会进一步分析。

(二)目前的教育过于强调科学性

由于目前的教育没有区分好日常生活、制造设计和理论探索对可行性、科学性的不同要求,一方面轻视了日常生活和制造设计,另一方面过度重视科学探索,这样势必造成教育脱离生活,脱离生产,拔高了教学的要求,加重了学生的课业负担。教育要走向现实,必须把教育放在教育服务于人的生活和社会分工的大背景下思考。

在教育过程中，我们根本就没有认真区分日常生活、制造设计和理论探索对可行性、科学性的不同要求，统一在"知其然，更要知其所以然"的说教下，努力探讨"所以然"，从而有了"学好数理化，走遍天下都不怕"的豪言壮语，全民开展轰轰烈烈学习数理化的热潮——在那个时代人文学科遭到排斥，俨然已经不在科学之列。20世纪八九十年代科学教学还仅仅是在初中、高中阶段，而新的教育改革则走到极致，连小学生也开始了科学教学，目的是提高全民科学素养。正因如此，初高中学生每天花在数学和科学上的时间越来越多，学业负担之重与此紧密相关，所以，学业负担之重不能全怪应试教育。

由于没有考虑到可行性与科学性的区别，尤其没有发现可行性的价值，现在的学科设计很少考虑实用操作课、制造设计课，这些课程的欠缺产生了很大的负面影响。实用操作课程的忽略造成学生生活能力的低下，幸福指数不高。而设计制造课程的不重视，造成国民动手能力不强，国家装备制造技术的落后，最终又会影响到科学理论转化为现实的生产力，阻碍到生活水平的提高，也会影响到科学探索的装备更新。

这种局面的形成有历史的原因。鸦片战争使得中国人最直接感受到的是西方的船坚炮利，领略到的是中西方科技的落差，为了赶上西方的发展脚步，马上想到的是"师夷长技以制夷"，从此开始向西方学习科学技术的历程。当然，开始还仅仅是局限于"技术"层面，后来慢慢地知道技术的背后乃是科学素质，于是开始要请进"赛先生"（科学，science）。由于我们在向西方学习的过程中，欠缺自信的心态，加上急于求成，往往矫枉过正，只知道学习和引进我们原本欠缺的"科学"，以为有了科学就万事大吉，结果丢掉了本土文化的"实用性"。

这种局面的形成还有认识上的原因。如今科学的重要性已经充分地显示出来，人类离开科学可谓寸步难行，故此我们应该毫不吝啬地给科学以掌声，人类应该好好探索物质世界的规律，认真学习科学理论。但人类要探索规律和学习、掌握科学的任务最终要落实到个人身上，问题是哪些人适合科学探索，每一个人应该掌握多少科学理论，没有人能够做到精确量化。最后，只能理想化地认为掌握和探索科学理论的人越多越好，一个人掌握的科学理论也是越多越好，即最好人人都成为全知全能的科学家。虽然事实做不到，但是我们的出发点是这样的，我们的理想也是这样的。在这样的认识指引下,教育走向了理想主义(注:这样的认识在前面的分析中已经提到,在后面的分析中也还会出现)。

现在我们必须认识到这样的理想是不可能完成的任务。首先,人的生命是有限的,在科学昌明的今天,人类掌握的科学理论越来越多,作为单个的人不可能穷尽人类已知的科学原理;其次,不同的人其认知能力、认知水平不同,所能完成的任务方向也不尽相同,科学原理并非人人都能掌握。至于科学探索,那绝对是少数顶尖人才从事的工作,不必要把人人都培养成科学研究者——这也是不可能的,如果想把每个人都培养成为未来的"爱因斯坦",结果是累死了老师,也累死了学生——而且累死了也不成,教育的理想主义成了学生不可承受之重。第三,我们必须清晰地认识到我们每一个人——包括我们的学生,生活在社会中,不是为科学而科学,不是为工作而工作,生活才是他们的实在内容。对于真实的生活而言,实用操作技能的培养对每个人来说都是最为必要的。最后,即便就工作和研究而言,一个人也不需要全知全能,因为他在有限的时间里,也只能完成某方面的任务而已。故此,教育要走向现实,必须把教育放在教育服务于人的生活和社会分工的大背景下思考。

(三)教育应当重新定位

教育要重新定位,根据生活需要,培养孩子的生活技能;根据社会分工,培养孩子的设计制造能力;根据科学发展的需要,一方面要普遍提升孩子的科学素养,另一方面培养孩子的科研兴趣和科研能力,形成科研精英队伍。这样的教育,将会走向更加人性、更加科学、更加现实、更加精细,对我们的教育工作者也将会提出更高的要求,教师除了是教育者,还应该是孩子的人生设计者。

基于以上分析,我们的教育应该如何重新定位呢?

首先,教育要从生活需要出发,给予孩子可行的生活技能。我们的教育教学活动,要认真考虑孩子的生活问题,想方设法提高学生的生活质量和生活能力。由于人的生活所涉及的内容具体而丰富,小到烧饭做菜,洒扫应对,大到婚姻家庭,一时难以穷尽,不可能由笔者在此完成,需要很多教育工作者一起来思考和完善。在此,笔者只能提出生活课程开设的基本原则:生活课程要考虑社会背景、地方特色、时代变迁、人生历程,这些课程的开设能够帮助学生应对生活可能出现的问题、困境和危机,提高处理生活问题的能力,从而改善生活的质量,导向幸福的生活和灵魂的自由,这样做也必定会促进社会和谐。

其次,教育需要根据社会分工不断调整教育内容,强化与设计制造有关的能力训练。理由有三:第一,人类为了生活,必须劳动,这也直接关系到社会产品的丰富程度和社会成员生活的满足度。第二,绝大多数人不具有探索未知世界的能力,需要从事制造、设计活动。第三,我们常说科学技术是第一生产力,但是并不意味着科学技术就是现实的生产力,科学技术要转化为现实的生产力,只有在它被人们掌握之后。理论本身不是生产力,理论到实用需要一个过程,需要完成一个转化,那就是经过设计与创造,把抽象的理论转变为现实的可操作的器械或者流程。

这对教育提出了新要求。首先,教育要重视各种各样的设计制造能力,增加与此相关的内容;其次,需要考虑社会分工,从小培养孩子们的动手能力,提高操作的精细化水平,着重培养理论到实践的中介——建模的能力、设计创造。这种能力与理论学习有关,还与想象力有关。这些能力将会直接转化为装备制造能力、技术研发能力、产品制造能力,从而提高整个国家的综合国力。

最后,要根据科学发展的需要,培养孩子的科研兴趣和科研能力,形成科研精英队伍。我们要提高国民的科学素养,这与全民科研不是一回事。科学素养概括为三个组成部分,即对于科学知识达到基本的了解程度;对科学的研究过程和方法达到基本的了解程度;对于科学技术对社会和个人所产生的影响达到基本的了解程度。说到底,科学教育就是要让学生在学习科学发展史的过程中,逐步形成科学思维,掌握科学方法,养成科学精神、科学态度。现在的科学教学,不重视科学史的教育,很多时间用于解题训练,实质上与科学素养的培养关系不大。在普遍提高国民科学素养的基础上,我们更要珍惜那些精英人才,他们是国家和民族的未来支撑,应当给他们提供优越的条件,并建立合理的机制,让他们安心从事科研工作,多出成绩,出好成绩。

根据前面的策略,大家自然会想到中国儒家对日常生活的重视,也可能想到杜威和陶行知的"生活即教育"。我的观点与这些思想有相似之处,都看到了日常生活的重要性,但与这些教育思想不无区别。传统儒家重视洒扫应对,重视生活能力的养成,在生活能力养成的过程中养成人格。但是传统儒家那里根本没有技术教育——如果有也仅仅是简单的六艺,且没有社会分工思想——如果有的话,也仅仅是劳心者和劳力者之别了。儒家教育中没有科学技术和社会分工,不等于说儒家排斥科学技术和社会分工——当时没有科学技术,如果允许用发展的眼光来看儒家的话,或者假定孔夫子生活在现在,肯定是另外一个样子了。杜威和陶行知说的都没有错,教育应该回归生活,教育要与社会生活相和谐。但我这里强调的是教育如何走向生活,如何服务社会分工,希望教育摆脱理想主义的束缚,考虑得现实一点,更加精心一点,在社会需要和个人需要之间寻找一种和谐,达到人尽其才,物尽其用,个人生活美满,社会整体效率最佳。

这样的教育,将会走向更加人性、更加科学、更加现实、更加精细,这样的教育势必对教育工作者将会提出更高的要求。教育工作者除了是教育者,还将是设计者,这就需要他们认真研究人的发展规律、社会需求的发展规律、社会分工的规律,还要认真分析每一个受教育者的状况,为他的发展寻找合适的可能发展之路。这样的教育很难,难就难在给每个孩子以比较合理的定位,这就需要社会、学校、家庭共同合作,共同关注和研究孩子的特点,在孩子广泛兴趣培养的基础上,引导孩子的发展走向。一方面要给孩子提供充分的物质条件,让他们的兴趣得以增长;另一方面还需要专业的人生设计师,具有教育智慧的老师,当然还需要民主的家长相配合,给孩子的未来进行谋划。但是这并不是不可能完成的任务,只要我们开展这方面的研究,加大投入,一定是可以实现的。只是目前的教育模式下我们还没有往这方面去思考而已,或者想到了还没有行动,或者想行动但缺少必要的社会条件支撑。

如果真要实现这样的目标,那将是一场深刻的教育革命,教育的理念、内容、策略和方法等方面都要发生重大转变。我衷心地期待这样的一天早日到来。

二、崇高性视域下的教育思考

教育需要价值引导,所以崇高性一直是教育追求的目标,但是自古以来,对教育的价值要求偏于简单,要求偏高。

(一)传统道德过于强调神圣性

道德信条一方面需要神圣性,另一方面带有世俗性,不同时代二者地位、分量不一。封建时代的道德原则在"仁者爱人"的口号下附带着等级观念,资本主义在"自由平等博爱"口号下保护个人私产。社会主义国家的产生是对私有制的否定,"天下为公"、"大公无私"成为"社会主义"、"共产主义"的道德诉求,道德的神圣性似乎达到了巅峰,道德的世俗性遭到彻底的否定。在这个否定中,我们又隐隐看到了儒家"性善情恶"的影子。

　　崇高性相对科学性而言出现得比较早,早在二千多年前《礼记·礼运》就有"大道之行也,天下为公"的说法,甚至可以说,崇高性伴随着人类的始终,在原始部落中就有相互帮助的习惯。为什么?因为人类个体力量的有限性,人类要存在就必须结合成一定的关系。而要处理好人与人之间的关系,人与人之间必须学会相互谦让,不管是什么时代,即便是统治阶级与被统治阶级、剥削阶级与被剥削阶级之间也必须有某种谅解,某种谦让——只是谦让的程度不同而已。对自我利益、欲望的节制和对自我心理的控制,对他人必要的认可和尊重,是构建稳定的社会秩序、和谐的人际关系和塑造祥和的个人心灵的前提,因此,可以说道德的崇高性(价值理性)是人类社会永恒存在的保障。道德的崇高性中隐藏着这样的一个基本逻辑:他是"人",我就应该尊重他,而这个"人"仅仅考虑作为人这一"类"的属性,不考虑个体的具体差异及其所拥有的条件。正是因为这样的逻辑,从而使得道德崇高性带有超越时代的神圣性。当然,道德说教不可能完全脱离时代,由于不同时代的经济制度、政治制度以及文化观念的不同,从而使得道德说教免不了附带上其他的功能,比如政治理想、功利目标等等,特别是统治阶级占据着绝对的话语权,势必要宣扬对其有利的道德准则,以维护其统治目的——其实,其他的阶级、阶层无不如此,从而使得道德信条带有世俗的一面,具有暂时性。

　　道德的神圣性与世俗性在各个时代的道德信条中都能找到,但地位和分量有所不同。比如,我国古代的儒家道德思想中,"性善情恶"是对道德神圣性的最好注解,"仁爱"思想具有神圣的一面——"爱人",同时带有世俗的一面——"爱有等差",至于"三纲"更是封建特权思想在道德观念中的反映。随着时代的发展,等级观念逐渐从道德法则中褪去,取而代之的是平等思想。当"自由、平等、博爱"成为时代的潮流的时候,我们不难发现在如此响亮的口号下表达的却是"个人中心"、"私有财产"、"个人欲望"等根本内容,在张扬"人性"的时候,我们看到的道德神圣性似乎开始离场而去——"上帝死了"的同时道德的神圣性一并离去。社会主义国家的产生是对私有制的否定，"天下为公"、"大公无私"成为"社会主义"、"共产主义"的道德诉求，道德的神圣性似乎达到了巅峰，道德的世俗性遭到彻底的否定。

当道德信条的神圣性达到极致的时候，我们却不得不面对这样的事实：我们依然生存于世俗的社会，道德信条所否定的东西——私有财产和个人的情感和需求，却是如此的真切，如此的现实，真切得我们无法逃避，现实得我们每天必须依赖于它才能得以生存——私有财产依然神圣不可侵犯（物权法有明确的规定），依然是人们生存、发展和享受的最可靠的保障。道德的高要求一方面对维护国家权力发挥了巨大作用，同时也造就和造福了一大批既得利益者，当既得利益者显得那么冷血的时候，道德的神圣性随即显得虚伪起来，所以我们在"大公无私"的口号声中，好像又隐隐看到了儒家"性善情恶"的影子——只是换了一种表达罢了——以对"私"否定的形式表达出来罢了。

（二）目前的道德原则与经济制度之间有着鲜明的裂痕

目前，我们的道德原则过于强调神圣性，经济制度却明明白白在肯定世俗性，因此，道德原则与经济制度之间有着鲜明的裂痕。

目前倡导的道德原则与经济制度之间已经形成了鲜明的裂痕。通常情况下，一个社会倡导什么样的道德原则是由生产资料的所有制来决定，当我国实行社会主义公有制的时候，自然就希望社会成员时刻为集体、为国家着想，"大公无私"也就成了一种必要。至于改革三十年后的今天，我国的经济制度已经由公有制一统天下改变成公有制为主体，多种经济形式共同发展。多种经济形式的并存决定了道德原则的不一致性——在公有制与非公有制经济中道德要求显然不可能一致。如果要求一样，则是违背历史唯物主义社会存在决定社会意识的基本观点的。再者，我们国家尽管坚持公有制的主体地位，但是公有制的主体地位主要体现在控制力上，并不是说公有制的从业人员数量上占有主体地位。如果按照生产关系决定道德观念的说法，社会上理应信守"无私奉献"、"集体主义"道德原则的人数并不一定占多数，这就直接影响着"无私奉献"、"集体主义"道德原则的现实合理性和人民群众对倡导的道德原则的接受程度。更不要说，我国的公有制从来就不纯粹，我们的社会主义还是初级阶段，离按需分配还很遥远，个人财产、家庭财产也从来就没有消失过，它们依然还是个人消费水平的最现实最可靠的保障。

在这样的所有制下,大公无私的道德说教很难激发出全民的积极性和创造性,改革前后的事实很好地说明了道德说教远没有物质刺激来得有效,在公有制一统天下的状况下,道德的神圣性尚且没有起到期望的效果,到了现在,公有制经济在经济总量中所占比重逐渐下滑,从业人员锐减,这样的道德说教更加没有了基础,我们对它的效果更不要企望了。

(三)目前的道德原则与生产力之间有着鲜明的裂痕

对社会真正产生作用的是道德现实,而非道德原则,道德现实与生产力之间有着紧密的关系,现实的生产力决定了倡导"无私奉献"的道德要求缺少必要的物质基础。

人们通常认为一个社会倡导什么样的道德原则是由经济制度决定的,但是与经济制度相适应的道德原则往往起不到预期的效果,原因在于现实的社会道德状态不是由那个单一的制度所决定,更不是由社会倡导的道德信条所决定的。

所谓社会道德现实就是信奉和履行不同的道德原则的人群数量及其结构。社会成员道德素养的总和就是社会的道德水平。社会道德现实和道德水平完全不同于所有制的性质,也不同于道德信条,可以由人们来选择。道德现实与倡导的道德原则之间并没有必然关系,也不是由生产关系所能决定,更不能由人们的主观愿望来选择,带有强烈的"现实性"。

道德现实和道德水平是由生产力、生产关系、经济体制、政治生态、文化传统、社会心理等众多因素综合作用的结果,脱离了这些因素谈道德建设往往事与愿违,同时我们必须牢记,真正对社会发生作用的是道德现实而非道德信条。所以,我们不应该简单地评价我们所倡导的道德原则好不好,而是应该思考道德教育作用于道德现实所起到的效果好不好。所以,我们真要改变道德现实,就要认真分析不同因素对于道德现实的影响。

现实的生产力决定了倡导"无私奉献"的道德要求缺少必要的物质基础。理想的道德应当与理想的社会物质供应水平相一致,真要我们达到人人无私奉献,就应该是各取所需,但目前的生产力根本不可能达到。对目前生产力我们最为经典的描述就是:"水平总体不高,多层次,不平衡",这就是我国社会发展水平的最终决定因素。目前,尽管经过改革开放30多年,我们生产力水平有了长足的进步,但是国家还处于社会主义初级阶段,人民刚刚从温饱步入小康生活，但这还是从整体来看的，或者说是从平均水平来看的。整体的小康难以掩盖局部的贫穷，平均水平的提高同时伴随的是基尼系数的上升，贫富差距的悬殊。我们在看到经济成就的时候，必须同时看到有些地方、有些人真的还很穷，有些家庭生活质量真的还很糟糕。面对此情此景，国家也是巧妇难为无米之炊，无法建构完善的社会保障制度。市场经济的竞争性表现出来的优胜劣汰还相当残酷，在人民对生活普遍充满担忧的时候，社会保障还不能为人民生活提供最后的可靠保障，家庭财产在这样的状况下仍旧是维持家庭基本生存、发展和享受最可靠的物质基础，这无疑给人们强化"私产"的重要性提供了现实的前提。所以，在这个时候，倡导"无私奉献"的道德要求，显然缺少现实的物质基础。

如果大家处于一种封闭的空间，也许还可以安贫乐道；贫富差距也许不是什么坏事，但当今时代偏偏是一个信息爆炸、信息飞速传递的时代，信息的流畅激发了人们对美好生活的向往，扩张了人们内心深处的欲望，同时也放大了人们对贫富差距的不满。现实生产力的发展跟不上社会需要增长的步伐，个人财富的积累赶不上欲望膨胀的速度，使得伴随人们生命而来的欲望时时刻刻在撕咬着人们的良心，左右着人们的道德行为。富人对穷人的吝啬鄙视和穷人对富人的"羡慕妒忌恨"并存，使得这个社会充满紧张情绪。这种状态下，"无私奉献"自然心不甘，情不愿。

（四）经济体制对道德现实的要求与影响

计划经济和市场经济对道德现实的要求不同，较高的理性和德性是计划经济的前提要求，而市场经济的成功靠的是两种力量的驱动，一是人们内在的动力——利益需求，二是外在的压力——竞争，对道德现实的要求较低。同时，二者对道德现实的影响也很不一样。

我们要想市场经济不至于造成社会道德水平的滑坡，首先应该在制度上做文章，建立起广泛而真实的民主，让人民真正享受到平等的待遇，获得尊严；要构建有效的监督机制，弥补道德现实的不足，使每一个人不敢为恶。提高社会保障的水平，让老百姓有一个安全的体面的生活，使得每一个人不必为恶；控制社会节奏，调整社会心态，舒缓紧张情绪，使得每一个人减少为恶的冲动；加强价值引导，提升精神境界，倡导社会良心，防止物欲横流，使得每一个人不想为恶。

在讨论完毕生产关系与生产力对道德的影响之后，接下来，我们进一步讨论经济体制与道德现实的关系。我国已经初步建立起市场经济体制，并在不断地发展和完善之中，这极大地调动了人们的劳动积极性和创造性，极大地促进了生产力发展，已经取得了举世瞩目的成就。毫无疑问，这是应该值得肯定和庆幸的。于是人们开始赞美市场经济，其中不乏有人赞美市场经济如何如何提升社会道德水平，同时贬斥计划经济又是如何如何导致社会道德水平下降。这种说法显然欠缺分析。就目前来看，市场经济与计划经济是两种不同的体制，对道德现实的要求到底有什么不同？又会对道德现实产生怎样的影响？这是一个值得研究的问题。

1. 计划经济与市场经济对道德现实的要求的差异

计划经济的建立的道德前提是"人人不能为私"，而市场经济建立的前提假设就是"人人都是自私的"，因此二者对道德现实的要求很不一样。我们不能因为暂时条件缺乏贬低计划经济。

计划经济在中国轰轰烈烈地存在过，开始的时候也曾起到了不可低估的作用，但后来展现了种种弊端，最终被市场经济所取代。于是有人开始贬斥计划经济，但是这样的贬斥缺乏严密的逻辑，更是对历史不负责任。

计划经济驱动机制是人的道德和理性，计划经济搞不了，计划经济搞不好，我们首先要问计划经济实现的条件——道德和理性有没有，而不能首先否定计划经济，说计划经济不好。如果到目前为止计划经济缺乏必要的条件，我们只能说计划经济不适于现在或者过去，但是有可能在未来的某一天重新回来。打个比方，灯泡不亮，不一定是灯泡坏了，可能是电路有问题。如果坚持用过去计划经济的失败来否定计划经济体制，那就犯了典型的"有用即真理"的错误。

那种认为计划经济阻碍道德水平的提高的看法是欠妥当的、欠分析的，其误判的关键在于没有看到道德现实具有相对独立性，对社会经济具有制约作用，更没有看到不同的经济体制的前提要求不同。

计划经济建立在这样一个理想化的状态下，即人人都有高度的道德自觉，事事都为集体考虑，在英明管理者的统一领导下，全国上下一盘棋，形成最大的合力，最终达到人尽其才，物尽其用。这样的发展状态无疑是最为理想的。但现在的社会还远远满足不了这样的要求。就目前的状况来看，社会的道德水平还不高，也不足以保证每个人以集体利益为重，力往一处使；

社会的管理系统还没有足够完备的技术支持，决策者不可能全面、及时、准确地了解各种经济信息，掌握经济发展走向；国家尚未建立起完整科学且行之有效的劳动评价制度，人们的劳动还不能得到完全公正合理的评价，人们的积极性和创造性无法得到激发。在这样的状态下，希望通过计划经济来实现人尽其才，物尽其用，推动社会的发展，那只能是空想而已。

曾经为了保证计划经济的成功，用"集体主义"规范行为，用"共产主义"激发热情，用"无私奉献"号召奉献，用"英雄楷模"树立榜样，希望通过这样的道德宣传和教育迅速建立起计划经济赖以存在的社会道德现实和社会理性水平。的确，在短期内也曾起到了一定的作用，但终究还是不行。历史告诉我们，倡导的道德原则与道德现实不是一回事，道德的现实水平不因我们倡导的原则的高要求、高标准而提高——有时候，事与愿违，道德的高要求、高标准反过来导致全社会道德水准的下降。

反观市场经济，对人的内在动力要求完全不同。市场经济的成功靠的是两种力量的驱动，一是人们内在的动力——利益需求，二是外在的压力——竞争，在这两种力量的共同作用下，人们或被迫劳动，被迫创造，或主动劳动，主动创造，总的一句话，必须劳动。市场主体在价值规律的作用下，主动寻找各种各样的机会，促进资源优化配置，提高劳动生产率，这是人人皆知的。

根据前面的分析与对比，我们可以看到，理论上计划经济建立的前提是"人人必须无私"，而市场经济的前提假设就是人人都是自私（"人人可以为私"——但不一定导致人人为私），显然计划经济对道德的要求比市场经济对道德的要求高得多。

2.市场经济对道德的影响受到社会保障水平的制约

社会保障水平决定了社会道德的整体水平的底线，市场经济对社会道德提升所做的间接贡献在于为社会道德的提升提供了物质的保证，但是这个作用还不是直接的，其受到分配制度和保障制度的影响。

市场经济对道德的要求较低和市场经济能否促进社会道德水平是不同的两个问题，市场经济真的能促成社会道德水平的提高吗？这不是一句话可以解决的，需要我们慢慢地分析。市场经济体制和计划经济体制一样，对社会道德的影响都同时受到其他社会因素的制约。特别是法制化程度、社会保障水平、社会文明程度、社会生产力水平，这些因素在不同的国家表现不一样，结果造成了社会的道德状况相差很远。

首先，不同的保障水平下市场经济对道德现实的影响是不一样的。西方发达国家的市场经济下社会道德现实较我们国家要好得多，之所以如此，欧美市场经济下的道德进步与这些国家发达的生产力、较高的社会保障水平、较高的社会文明程度相关。特别是丹麦、挪威、瑞典这些人均生产总值较高的国家社会福利也好，号称从摇篮到坟墓都由国家来买单，社会治安也好得出奇。因为这样的社会保障解除了人们的后顾之忧，保证了人的尊严，释放了市场经济带来的紧张情绪，使得偷盗抢劫失去了存在的意义，对社会不满也显得多此一举。我们尽可以把社会的高福利政策有利于社会和谐说成是在国家的强制下高收入者为了自身的安全而幸福的生活向低收入者付出的赎金——富人以高税收的方式交纳，穷人因为得到了一定的物质保障之后变得安分守己，但是我们必须承认高福利政策下社会对弱者的同情和关爱，显示了社会的整体良知水平。同时高福利也消除了人们的焦虑与不安，从而为营造良好的社会道德状态提供了心理前提。总的一句话，社会保障水平决定了社会道德的整体水平的底线。这里，市场经济对社会道德提升所做的间接贡献在于为社会道德的提升提供了物质的保证，但是这个作用还不是直接的，其受到分配制度和保障制度的影响。

但是高福利政策也会对道德现实带来一定的副作用。在高福利政策下，人们不必为生计而担忧，可以慢慢等待和选择自己喜欢的工作，理论上让劳动成为生活的第一需要。但是，我们也要看到这样一种情况：高福利政策使得许多低收入工种失去了吸引力，从而使得一些人失去了劳动的积极性，有人宁可躺在家里靠享受社会保障过日子，也不愿意去劳动，这样造就了一批懒人，这是一种不道德的行为。这样的状况跟我们国家当年的大锅饭倒有些相似，只是社会保障这只锅更大了，由集体换成了国家。当然不同之处也很明显，社会发展水平很不一样，在大锅饭的时代里，人们都需要劳动，不存在失业，只是劳动的积极性没有调动起来；而西方享受社会保障则可以不用劳动，同时存在失业问题；还有在高福利下靠社会保障过日子不愿劳动的人毕竟是少数，而大锅饭时代劳动积极性低下则比较普遍。

相对于西方国家高福利政策，我们国家社会保障体系的建设尚处于初始阶段，建设覆盖城乡的社会保障体系才刚刚迈出可喜的一步。在改革的初始阶段，我们国家想甩掉包袱轻装上阵，减少了很多社会保障面，降低了保障水平。在改革开放前，人的衣食住行、生老病死都与单位有关，当时有人这么形容："生是单位的人，死是单位的鬼。"改革之后，人是市场人，不再固定地属于某个单位,随时可能下岗失业,职工的衣食住行、生老病死大多数情况下靠自己解决,职工的生存压力一下子增加不少。三十多年后的今天,我国生产力水平有了大幅度提高,开始建设覆盖城乡的社会保障体系,但是保障水平与欧美国家相比仍然相距遥远,在短期内根本没有可能达到欧美那样的高水平。

因为社会保障水平的面不够广和水平不够高,人们为了自己和家庭的体面而有尊严的生存,首先是不得不从事劳动——哪怕是明知存在重大安全隐患,劳动的体面比不上生存的重要,将来的危险与灾难没有现实需要来得迫切,这时劳动显得非常无可奈何。这完全可以从我国高发的生产安全事故中得到证明。在经济宽裕的情况下,谁愿意冒着生命的危险下到井下生产——矿难在中国发生频率之高世界领先,但是矿工不照样在坚持工作吗?当为了工作,生命都在所不惜的时候,足以说明生存压力有多大。

较低的社会保障也破坏了人们的心态。在社会保障水平较低的情况下,不管是无工作时的生存压力,还是有工作时下岗失业的危险,都使得人们的心态变得相当浮躁不安,这种不安情绪不断在破坏人的心理平衡、身体健康,撕咬人的良心,从而影响到人的行为选择和价值走向,最终对社会道德现实产生破坏作用。

社会保障制度的不健全,可能引发对社会的仇恨,破坏社会和谐。没有工作,生存成了问题,生活的体面和尊严已经成为奢侈,这个时候社会的保障制度的缺失使得人们感受不到最基本的温暖,失去社会温暖的人们自然绝对想不到去温暖社会。这时,他们或者失去了生活的信心,产生心理问题,逃避社会;或者为了生计铤而走险,给社会治安带来问题;甚或发展到仇恨社会、报复社会的地步,制造种种极端事件。

根据前面的分析,欧美市场经济下的道德现实实质是生产力水平的提高,保障了全社会的基本福利,提升了整个社会的道德水准,不能把西方的道德水准仅仅看成是市场经济带来的红利。所以,我们在市场经济下,要想提高社会的道德水平,就应尽量提高社会保障水平。

(五)道德理想主义成因分析

前面从多个角度论证了道德要求不宜过高,但是人类历史上一直充斥着道德理想主义,究其根源,与人类的理想主义情节、理想的人格设定、心理定势有关,还与人类的认知水平,特别是理性分析水平欠缺等有关,当然也与统治阶级的愿望有关。

前面从多个角度论述了道德要求不可以过高,但是历史上始终充斥着理想主义的道德。道德理想主义又是哪里来的呢?

第一个原因,缘于人类理想主义的情结。人类不管在什么年代,都不会失去对美好的理想社会的向往,理想社会的标准有时会被直接搬到现实中来成为道德要求和行为标准,这样会提高道德理想的标准。比如"大同社会"的理想中国古已有之,至今不绝。

第二个原因,人类对理想的人格模式的追求。尽管人的生命是暂时的,但人总想从暂时性超脱出来,实现永恒的目的。所以,道德理想往往体现的是神性的光辉而不是世俗的欲望。

第三个原因,道德要求高于现实是人们的心理定势。道德的价值在于对人类的活动起导向作用和调节作用,对人类的内心起到激励作用,因此道德要求理应高于现实,道德目标高于现实就成为人们的心理定势。但是道德比现实到底应该高多少,这是很难说清楚的事情。既然说不清楚,那么就越高越好。这样,对道德理想的追求就没有止境,比如,成为"圣贤君子"一直是中国文化传统给中国人设定的人格目标。

第四个原因,对社会道德水平提升的规律缺乏了解。由于人们对社会道德水平提升的规律缺乏清晰的认识,一厢情愿地认为,道德要求越高,社会的道德水平就越高。孔子早就说过:"欲得其中,必求其上,欲得其上,必求上上。"在这种思维指导下,必然不断提高道德要求。

第五个原因,对行为特点缺乏具体分析。人类的认知能力欠缺势必反映到道德要求上来,道德的高要求是直线式思维和理想主义共同推波助澜的结果。那种希望用一个道德原则来统领人的所有行为,结果自然达不到理想的目标。人的交往对象不同,要求也自然应该不同。因此,我们应该是对人的交往行为进行分析,然后有针对性地提出要求,这样才能更好地调节人的交往行为,提升道德教育的效果。

第六个原因,统治阶级都希望全社会道德水平高一点,而且越高越好。统治阶级的高要求有利于他们的统治。如果可能的话,一个社会的所有成员既没有任何私心和也没有任何欲望,这对于任何统治阶级来说都是美妙至极的梦想。

（六）道德教育要正视利益

利益是道德的核心。古代儒家羞于言利，与现实不符，结果要么培养出"伪君子"，要么培养出迂腐的儒生。社会主义制度初建，肯定公共利益神圣不可侵犯，追求个人利益依然不够理直气壮。随着市场经济体制的建立，人们开始公开言利，但带来社会的道德滑坡。如何面对利益，如何处理功利和私利是道德的核心问题。

道德教育要避开理想主义走向理性，首先要理清对待"利"的态度。接下来我们来分析和明确"利"是否可言。

我们只要分析"利"，就不得不提到儒家的义利观。因为在漫长的封建时代，儒家文化占据着绝对的优势，对国人道德观念的影响根深蒂固。在儒家看来，做人也好，治国也好，不能不讲道德，只有大家全心全意追求道德，家国天下才会太平。从《大学》八目"格物、致知、正心、诚意、修身、齐家、治国、平天下"中我们很容易看出"正心"、"诚意"是实现家国天下太平的核心手段。"正心"、"诚意"实际上就是对道义的追求，俨然成为天下太平的前提条件。从孔子那里开始，儒家一直追求高尚的道德境界，这是一种纯之又纯、不沾染任何利益的境界。"君子喻于义，小人喻于利"，甚至可以将道义看得比生命还重要："朝闻道，夕死可也"。至于后来程朱理学提出"饿死事小，失节事大"，在逻辑上并没有太大的冲突。真正的君子应该"视金钱如粪土"，即便是君王治理天下，只求有道，也不该言利。所以，孟子见梁惠王时说"王何必言利"，也就是这个意思。儒家认为"人人皆可为尧舜"，假如"人人皆为尧舜"，那么美好的太平盛世就会来到。儒家在倡导道义精神的时候故意回避了人离开利益无法生存这一客观事实，更没有看到道德的实现需要物质利益作为保障，完全置事功于不顾。是不是儒家真的无视事功的价值呢？其实也不尽然。儒家的修养原本更多的是对于统治者的要求，因为只有统治者才有治国平天下的任务，只有统治者做到有道，老百姓才有可能有道。君王不与民争利，让利于民，让利于天下，做好了表率，天下归顺，从而实现"王天下"的最大功利。但是到了后来，儒家逐渐成了御用工具之后，将本来对君王的要求转化为对老百姓的要求，希望大家没有欲望，不要利益，安于现状，这样反过来成就君王的天下之最大私心。由于儒家担心人们一旦关注利益，就会导致人欲膨胀，没有注意利人与利己的区别，结果导致对事功的漠视。一旦对事功漠视，就不会去研究真正的"经邦治国"之道、"经天纬地"之术，结果培养出一批又一批的无用之书生，发展到后来，干脆打坐静心，与佛教合流。

总结上面的分析，我们不难看出，儒家在追求道德理想的时候完全脱离现实，脱离功利，其实质是追求一种纯粹的心灵超越。这种境界其实是将现实存在的物质世界看成是道义的累赘和对立物，与宗教对现世的否定，对天国的追求有着"异曲同工之妙"。但是，这种道德境界的诱惑力毕竟没有天国的吸引力来得具体，更没有地狱的恐慑力那么可怕，所以，这种说教往往还不如宗教说教来得管用。所以，这样的道德说教可以帮助我们获得心灵的暂时解脱，但是在现实利益的诱惑面前，这种境界往往很快被打破，有时不堪一击。也就是说这样的道德要求于人于己都没有什么好处，只会妨碍国家与民族的发展。

历史早就告诉我们，过高的道德要求不但不利于社会道德水平的提高，反过来还促使整个社会形成虚伪的人格。在漫长的封建时代，儒家的道德观念成为支撑整个社会的道德观念体系的主体。自孟子提出"人性善"，将"仁义礼智"被定义为"善"，和荀子主张"人性恶"，将"七情六欲"定义为"恶"以来，人的一切需求——正当的不正当的，都从价值上失去了存在的合理性。"君子何必言利"，"君子喻以义，小人喻以利"，这就意味着谁欲利、言利就是小人行径，这使得君子不敢公开欲利，不敢公开言利，发展到后来，干脆"存天理，灭人欲"——这并没有超出孟荀定下的逻辑框架。可是"人非利不生"、"人非利不长"，这是一个客观事实，谁也摆脱不了对利益的依赖，人的欲望伴随着生命的整个过程。这样势必会造成这样一个结果：天下读书人想欲而不敢言，一个个变成道貌岸然的"伪君子"。这样的"伪君子"反而不如"真小人"爽气可爱（注意，我不是提倡大家不要做君子，去做"真小人"）。在全社会大家不敢言利的时候，封建帝王却大言不惭地高喊"普天之下莫非王土，率土之滨莫非王臣"，由此可见，天下人的无私成就了帝王的天大"私"心，足见道德说教的虚伪。

随着鸦片战争的失利，国门的开放，文化的交流，国人越来越意识到一个社会的存在和发展离不开功利，空谈误国误民。但是，从文化到心理上对功利目标给予肯定需要一个过程。新中国成立初，依然秉承了道德上的高要求，强调无私奉献，所谈利益还是以集体利益和国家利益为主，往往高喊国家利益、集体利益神圣不可侵犯，当个人利益与国家利益违背时，个人利益要服从国家利益，因而那个时代追求个人利益往往羞羞答答，不够理直气壮。

　　随着市场经济体制的建立,越来越多的国人开始敢于公开言利,绝不再把言利看成是一种羞耻的行径了。在当今时代,谁还不会言利,要么说明这个人很迂腐,要么显得虚伪,再不就是不成熟。国人从羞于言利到公开言利已经是一种重大进步,但是还不够大胆,在我看来,如果中国人对自己的权利再多关心一点,再勇敢一点,都敢于公开表达自己的私利,甚至为了自己的一点利益不惜一切代价,那就更好了。这听起来感觉是我们的民众还不够恶,但正是我们的群众的懦弱,成就了既得利益者的贪婪。如果真有那么一天,那么我国的民主化水平就会大幅度提高——形成相互制衡、相互监督,这时人人都不敢侵犯他人的利益。这时,这个社会反过来可能是最清明、最公正的社会。

(七)道德教育要走向理性、走向现实

　　人应该言利,可以追求个人利益,保证世俗生活,同时还要有神圣的追求,寻找灵魂的解脱。这样一来,道德建设应该从抽象走向具体,走向分析,走向理性,培养人的道德智慧。

　　随着人们对物质利益的关注,社会的道德水平普遍下降,似乎又印证了儒家的担心,"欲利"、"言利"、"求利"的同时势必膨胀人们的欲望,阻碍道德水平的提高。这样我们就面对了一个两难问题:一方面利益是非谈不可的,另一方面,谈利好像就会影响到道德水平。

　　这样,我们从道德上肯定私利,鼓励追求私利,但是我们的道德又不应该停留在这个水平上。因为社会成员如果停留在私利的追求上,那么离道德的生活还会有一定的距离。道德还必须考虑神圣性。道德如果放弃了神圣的一面,那么道德也就失去了引领作用。因为,道德的存在除了教会人们"洒扫应对"之外,还应当具有这样的功能:引导人们从动物性中解脱出来,从个体的局限中解放出来,从生活的暂时性中超脱出来,寻找灵魂的自由与安宁,追求神性的光辉。人类如果没有道德的高尚性,最终将会沦为功利的动物,人际关系也有可能最终表现为"人对人,就像狼对狼一样"。

　　根据以上分析,人应该言利,可以追求个人利益,保证世俗生活,同时还要有神圣的追求。道德的神圣性既不能不要,又不能过于纯粹,倡导道德的神圣性必须有一个合理的度,不能超越现实的基础。

　　这样一来,我们明白了过去道德教育存在的问题,似乎也看到道德建设

的出路。在笔者看来,道德建设应该从抽象走向具体,走向分析,走向理性,培养人的道德智慧。

道德智慧就是根据不同的交往行为做出具体的价值判断和价值选择,给行为指明可行的合理的价值方向。道德智慧的形成离不开对极端思维的批判,更需要对道德行为的分析,根据不同的交往对象提出不同的具体要求,增强价值引导的针对性(注:具体如何要求见第二篇中的"交往自由"部分)。

本章结语

根据分析,教育受到科学性导向,带有科学主义倾向,偏离了生活,不利于日常生活,也不利于生产设计,不利于国家创新力的提升;教育受到道德理想主义的影响,道德目标要求偏高,结果反而不利于道德现实的改善。而要解决这些问题,价值导向必须走向价值智慧,走向价值分析。

第三章　传统整体观存在的误区及其对教育的影响

[引言]目前的教育还受到整体至上观念的影响。通常人们这样认为，部分离不开整体，一旦离开整体就会失去原有的功能，所以部分不能离开整体而存在，也就是说部分对整体具有依赖性；由于整体本来就处于统帅地位，所以，部分应当服从整体，因而部分对整体具有服从性。当然人们也不会否认部分对整体的制约性，认为关键部分有时会决定事物的发展，所以也不能忽视部分。以上是传统整体观的基本观点。这种观点对我们的教育将会产生怎样的影响呢？

一、没有人愿意成为可有可无的部分

整体处于统帅地位，部分要服务于整体，一旦部分对整体构成威胁，我们马上想到，把部分从整体中切割出去。当我们作为社会整体的一部分，谁愿意随时被切割呢？

一直以来，我们持有这样的观点，部分离不开整体，一旦离开整体就会失去原有的功能，所以部分不能离开整体而存在，也就是说部分对整体具有依赖性；由于整体本来就处于统帅地位，所以，部分应当服从整体。当然我们也承认部分对整体具有制约性，关键部分有时会决定事物的发展，所以也不能忽视部分。但是必须看到，部分对整体有影响有制约，但是影响有大有小，关键部分的影响很大，所以也要重视关键部分，不是关键的部分对整体的影响是不大的，有时很小，小到甚至完全可以忽略不计——只有量变引起质变，以群体的力量才能显示价值。但是关键部分的作用不管有多大，也只是在整体中才有价值，所以不管对部分给予多大的肯定和重视，但强调整体的统帅地位,要求部分服从整体这一点永远不会改变。这样一来,整体具有了价值上的中心地位,部分的存在是为了整体这个价值中心而存在的,假如这个部分对于整体没有价值,或者起到破坏作用,或者所起作用不大,那么它可以存在,也可以不存在,到底存在不存在,由整体说了算。

这样的表述感觉上很对的,我们的日常生活给人的感觉就是这样的。比如,人的所有脏腑的存在是因为它们所依附的生命体的存在而有价值,但是如果其中某一脏腑出问题了,比如肝脏如果出问题,威胁到了生命的存在,那就是关键部分起到决定作用。阑尾这样的器官一开始就可以把它切除,对人的生命存在没有多大的影响,所以非关键部分的存在与否不是很重要的,至于人体还有一些微不足道的部分比如指甲、头发等等,对人的生命价值更是微不足道,有时完全可以忽略不计。至于某个器官发生病变,影响到人的生命时,我们会毫不犹豫地把它切掉,或者想方设法把它换了。这样的观点可谓是司空见惯,习以为常。为什么?因为在人体与脏腑、组织的关系中,我们已经不自觉地站到了整体价值中心的位置——生命整体,我们的脏腑仅仅是为了我们整体的存在而存在。

但是,如果我们换一个角度来思考一下,估计我们的感觉立马就大不一样了。比如,个人与家庭对于社会来说显然是属于部分,甚至连部分都算不上,有人把个人比作社会的原子,把家庭比作社会的细胞,所以,个人对社会的存在,还比不上阑尾对生命体的价值,最多是人体的一个皮屑而已,由此可见个人与家庭对社会整体来说是多么微不足道。事实上,的确如此,我们没有看到哪个人的出现或者离世,或者一个家庭的消失对社会产生多少影响——比如,每天的交通事故好像改变不了什么。当然不同的人物对社会的影响大小不一样,一个普通的社会成员几乎不可能成为社会的关键部分,英雄人物——关键人物可能对社会的发展产生决定性的影响——这种影响也是暂时的。按照历史唯物主义的观点,即便是英雄人物,也是时势造出来的,所以,个人的作用对社会整体的影响肯定不是无可替代的。这样一来,社会整体的价值一旦被肯定下来,而个体或者家庭的价值已经不大了。这时,如果从国家社会整体来说,个体必须服从,如果对社会起到阻碍作用的时候,就应该像对付发病的阑尾一样,干脆切除。所以,我们常常听到的观点就是如此:当个人利益、家庭利益与国家利益矛盾的时候,个人利益要服从国家利益,甚至为了国家利益、集体利益牺牲个人利益、家庭利益。但是,为什么我们不愿意把自己当成阑尾一样?现在我们的位置不是整体,而是部分,整体价值中心的观点对作为"部分"的"人"的否定,显然不符合我们的心理愿望,没有人愿意成为可有可无的部分,因为我们永远喜欢把"自己"当成价值的中心。

通过前面的分析,我们人可能作为整体,也可能作为部分而存在,正是这样的两个不同的处境,决定了我们不同的态度,这样也就暴露出我们原来认识中的问题。至于,原来的认识存在哪些问题,有待于我们认真思考。

二、误区一:从相互依赖变为单方面依赖

本来,整体和部分相互依赖,整体离不开部分,没有部分就没有整体;部分离不开整体,没有整体就没有部分。但是,由于整体中的部分往往可以取代,而部分离开整体会失去原有功能,所以我们往往不再讲整体离不开部分了,而是讲部分离不开整体。其错误在于,没有看到整体和部分关系的暂时性,一个部分离开原来整体失去的是原来整体中的功能,但是它可以进入其他整体,拥有新的功能。这种错误在教育教学过程中表现为强化整体的绝对地位。

第一个误区,本来整体与部分是相互依赖的,可是到后来,变成了部分离不开整体。这个变化是怎么发生的呢?

本来,整体与部分相互依赖,部分离不开整体,整体离不开部分,即谁也少不了谁,就这一点而言,整体与部分是平等的。比如作为部分的胳膊离开一个人就会失去了部分原有的功能,与此同时整体也失去了一定的操作功能了,这个时候整体就不再具有原来的能力。到此应该没有任何问题的。

但是接下来,由于现实的感觉是,整体的部分都是可以取代的,所以我们往往不再讲整体离不开部分了,而是讲部分离不开整体。最常见的观点就是,部分离不开整体,离开整体之后,部分不再成其为部分,并失去它原有的功能。为了论证这个观点,上述的例子往下进一步分析,胳膊从身体上分离开来,不再具有胳膊的原有功能。给人的感觉,离开了整体,原有的部分由"活的"变成"死的",也就是说部分依附于整体,足见整体对部分的决定地位。即便是肯定关键部分对整体的价值,比如心脏、肝脏对人的生命的影响,但是一旦部分否定了自己所依赖的整体,自己也将不能存在。论证来论证去,结论只有一个,就是部分依附整体,加上整体对部分具有统帅作用,这样整体的地位很自然地就被强化和拔高了,拔高到似乎离开整体,部分就不

能存在的地步。

这样的认识错误在哪里？我们看到了整体对部分起决定作用，但是没有看到整体和部分关系的暂时性。之所以会强化部分对整体的依赖性，是因为眼睛定格在某一时刻的整体，没有看到整体和部分的关系不是一成不变的，是暂时的。"原有整体"的部分离开"原来整体"之后不再是"原来整体"的部分，失去的是在"原有整体中的功能"，"失去了原有整体的功能"不是说"没有功能"了，不排除它可以投入到"新的整体"中去，发挥出新的功能。比如，一个学生从母校毕业之后，他和母校之间不再是母校（整体）的部分。他不再成其为母校的部分，不等于说他将不存在，他可以立马成为其他整体的一部分，学生失去了作为原来的整体——母校中一个部分所具有的功能，这也是对的，但是请注意，失去的也仅仅是"原来的功能"，他可以在新的整体中重新发挥出"新的功能"，也许还能够更好地发挥功能。事实上绝大多数学生从母校毕业之后他将很快投身到新的整体中去，成为其中的一个部分，并在其中发挥新的功能。这个新的整体恰恰是学生新的舞台。即便是作为人体部分的器官离开身体之后还有功能。第一，在科技发达的今天，人的器官可以移植，可以从一个人身上到另外一个人身上发挥价值；第二，一个人死了之后，物质不灭，原有的人体物质作为生命体的功能不复存在，但是参与到自然界的循环之中去了，不能说不再具有功能。这样一来，我们很自然地可以得出，整体和部分的关系并不是固定不变的，而是暂时的，可以打破，也可以重建；部分离开原来的整体不等于其不将存在，更不能说它将失去所有的功能。

这样一来，我们自然就可以得出，集体也好，国家也好，作为整体，并没有永恒存在的绝对性，可以打破，可以重组。一个人可以加入这个整体，也可以加入别的整体，或者重新构建新的整体，总的一句话，人可以在不同的集体中发挥不同的功能。

可是现实的教育为了强调集体和国家的绝对性，从来不说国家和集体是暂时的，从来不说国家和集体是可以改变的，而是不断重复说个人离不开集体、国家，一旦离开国家和集体将无法发挥应有的功能。这样，教育过程往往片面强化个人对整体的依赖感，强调整体的绝对性，借此论证国家和集体的统帅作用，从而希望个人服从国家和集体的统帅。

把整体绝对化，很容易导致把国家集体绝对化，这样的观点显然是欠缺发展的眼光，看不到国家与集体的流变。历史上出现的一切都会在历史上消失，不存在绝对的集体和绝对的国家。历史上的国家和集体也不是一成不变的,如果没有国家的流变就不会有今天的国家,也不会有更加美好的社会。唯物辩证法不崇拜一切,不相信永恒,只承认变化发展。

一旦具体到教育教过程,强化整体的观点就会演化出学生服从班级管理,服从教师权威,学生和老师服从学校权威,服从国家整体的现实要求。尽管谁都知道国家和集体是暂时的,我们理论的教育和现实的管理却造成了这样的一个错觉,要求个人把集体和国家看成是永恒的,具有绝对性,从而要求大家无条件服从。事实上,市场经济下,人的自由度更大了,个人很大程度上已经不再依赖于集体,随时可以换单位,在全球化的今天出国移民也是司空见惯了的事情。

三、误区二:功能与价值混同,价值论到存在论跳跃

从存在论来看,万物功能各异,地位平等,能否存在由其自身条件决定。从价值论来看,出于人的目的构建起来的整体,整体功能价值比部分功能价值更重要。一旦把功能删除,剩下的就是,整体比部分更重要,这样从价值论跳跃到了存在论。根据这样的观点,部分理应服从整体(本应该是功能服从,而不是存在服从)。

不管是整体还是部分,都属于一种存在,都具有自身的属性,具有其相应的功能,比如,电子是原子的部分,电子和原子都是一和存在,电子有自己的功能,原子有原子的功能,功能完全不同,但我们不能说原子的功能地位更高。河外星系与其中某个恒星都是一种存在,谁能说哪个功能更重要?显然不能。但是如果我们换一对关系可能会有不同的感受和判断,比如电视机与电视机的元器件,我们很自然会觉得电视机的整体功能更为重要,元器件的功能是无所谓的。这时实际上我们在不经意间完成了一个视角的转移,从功能本身转移到功能的价值——功能满足人的需要就是功能的价值,因为我们需要电视机的功能,而不是电视机的元器件的功能。这时,我们的视角发生了转移,从存在论转移到价值论视角,结论自然很不一样。

从存在论来看,不管是整体还是部分,都仅仅是一种存在而已。尽管万事万物存在各异,但是都仅仅是一种存在而已,不管具有什么属性都可以存在,就具体存在而言都是独一无二的,没有复数的,也是不可分割的。比如我这个人就是独一无二的,不可分割的,不可替代的。从存在论来看,万物

平等，不管存在的样态有多么大的差异，我们都没有用一种存在去剥夺另一种存在的权力和理由。比如，我们不能说银河系比一个电子更有存在的理由，也不能说因为老虎的存在就说猫、狗、狮子这些动物应该消失。我们也不应该说爱因斯坦比笨蛋聪明更应该存在。这样一来，我们可以得出个人、集体、国家仅仅是不同的存在，没有哪一个更应该存在的理由，它能否存在是由其自身的条件决定的，不应该为了自己的存在而否定其他事物的存在。

从价值论来看，价值则是相对于人的需要而言的，与人无关的不管是整体还是部分，我们都感觉不到它的价值，当然就无所谓价值上的高低，也就无所谓重要与不重要。这也就是我们看原子和电子，一个恒星与一个星系不会有整体功能地位更高的感觉。但是一旦某一事物与我们发生了关系，可能就不一样了，甚至我们可以得出一个银河系比不上我嘴里的一块红烧肉。而在与人关系紧密的事物中，特别是人们为了某种目的而构建的整体，只有其整体的功能才合乎人们的预定目的，这样自然而然地就使得整体的功能比部分的功能在价值上看上去更高，所以，电视机的元件比不上电视机有价值。由此可见，这个整体功能的价值提升是人的目的或者对人的意义所给予的。当我们说某一个整体功能价值大于部分功能价值的时候，必须清晰地认识到，整体的功能价值是为了满足人的需要，因为人才是所有价值的最后享有者——没有人就无所谓价值。

根据前面的分析，从存在论来看，每一个事物都有其存在的理由，个人也好，集体也好，国家也好，功能都不一样，无所谓重要与不重要，但从价值来看，作为整体的集体和国家的功能其价值比个人的功能价值更高——通常在社会生活中国家能够做很多个人不能做的事情，但是注意仅仅是从功能的价值上来比较谁比谁更高。但是有人就根据这一点得出国家比个人更重要。这样其实已经转换了一个视角，将功能的价值比较，偷偷转换成存在论视角。这个转变是怎样完成的呢？功能价值的比较完整的表达是国家（集体）的功能价值比个人功能的价值更重要，一旦把大于两边的功能删除，就变成了国家（集体）的价值比个人的价值更重要。如果把价值也删除掉，直接的是国家（集体）比个人更重要，这更是赤裸裸地"以大欺小"。这样完成了从价值论到存在论的跳跃。这个转变是相当隐蔽的，很难让人觉察。根据转变后的观点，整体比部分更有存在的价值，为了国家整体，个人最好无条件服从，甚至必要时应当牺牲个人。

这种观点显然是值得反思的，在进行价值比较的时候，偏偏忘掉了最为重要的一点，人才是一切价值的最后享有者，也就是说国家也好，集体也好，这些整体的价值最终却是由构成其部分的一个一个的具体的"个人"来享受，注意，这时依然还是人，这个人曾经是国家、集体中的部分，但是现在是作为享受价值的人，而不再作为整体中的部分，而是作为"主体性"的人。打个比方说，一个人来到某单位打工，这时这个人作为单位这个集体的部分而存在，其身份是职工，发挥其功能的方法是工作，转让的是劳动，而单位发给他工资，他是工资的享受者，享受工资的时候并不是作为单位的职工而存在，而是作为主体的人而存在。这样我们就很好地理解了作为"国家集体的部分的人"与作为"价值享受者的人"是很不一样的，正是因为主体性的人们来享受国家、集体的功能，才使得国家和集体的功能有了价值。

四、误区三：冒用多数，以多欺少，整体压制部分

　　在大多数人看来，整体就是所有部分的总和，代表多数，部分是少数，根据现代民主原则，少数应该服从多数，从而推出，部分应该服从整体。这是典型冒用多数，以多欺少。

　　在比较整体和部分的作用的时候，因为整体可以分成许多部分，或者说整体就是所有部分的总和，所以，在很多人看来，整体代表多数，部分则是少数，因此为了整体——多数，部分——少数应该做出牺牲。（其实，整体是一，部分才是多。）

　　在我们的习惯中，照顾大多数是理所当然的，这里隐含了多数人的价值一定高于少数人的价值的观念，实则就是人数决定论——似乎合乎民主原则。这样的观点对不对？前面的论述从存在论的角度告诉我们，个体也好，部分也好，整体也好，都有其不可替代性，所以不能说谁具有优先权，我们不应该站在整体的角度剥夺部分的存在权利。

　　接下来我们再来探讨少数服从多数原则本身的荒谬性。假定少数服从多数是一个铁定的原则，我们就可以这样做，在一个集体里，联系一帮人，使得人数占有绝对性，从而可以否定其他少数人，而后，在剩下来的集体中，继续同样的事情，团结一帮人，否定少数人，直到最后，不难发现，最后一部分人的价值也被其他人所控制，按此逻辑，到了最后，只剩下三个人，又可以二对一，决定胜负，最后剩下两人决斗。这样的结果看上去很荒唐，但是整个推演完全是合乎逻辑的，似乎符合现代民主原则。尽管这个荒唐的结论一

般不太可能变为现实,但是却可以显示少数服从多数的原则的荒谬。

事实上,当某个部分不再符合整体利益的时候,你可以把它从整体中排除出去,使它失去在整体中的功能,但是你不能剥夺它存在的权利,不能否定它自身价值。也就是说,民主原则只能评价个体能否作为整体的部分,但不能决定个体的存在。

现实生活中,少数服从多数的原则既不能保证认识的正确——因为实践才是检验真理的标准——真理有时反而掌握在少数人手里,也不能保证价值的善,因为在小范围里面搞民主,最容易滋生帮派主义、小团体主义,造成真正善良的人被欺负的结果——即便是大范围的民主也保证不了群体的良心。

五、误区四:无视整体的多样性与整体的层级

整体具有多样性,还有层次之别,同一物体在不同层级中所起到的作用不同,不同层级的整体对同一物体的影响力也不同。所以我们处理整体与部分关系的时候要加以注意。

前面提到整体与部分的关系不是绝对的,是暂时的,现在我们还必须看到整体具有多样性,特别是一个活动的事物可能处于多种复杂的关系中,可能在不同的整体中发挥其不同的功能。另外,整体与部分还可以不断转化,这个转化的条件是场合的扩大或者缩小,也就是说整体具有不同的层级。

根据常理,作用的效果取决于力的大小和受力物体的大小,所以同一事物对于不同层级的整体影响是很不一样的,往往同一个物体对越高的层级作用效果越小,同样不同层级的整体对同一事物的作用也是不一样的,较高的层级如果要集中力量作用于某一个物体,力量之大,没有任何一个部分承受得了。举例说明,以一个国家之力对付任何个人,没有哪个人承受得了。但是在和平稳定的环境下,往往较高层级的影响对同一事物的影响越小,与事物存在最靠近的层级关系最密切,影响相对越大。比如,个人、家庭、所在城市、所在省份、所在国家、所在星球——地球,这就是一个不断层级扩大的整体,我们发现最为基本的是个人利益,接下来是家庭,然后是地方利益,越往后作用越小。理解了这个,我们就很容易理解有人为了个人财产可以与亲人反目,为了家庭利益可以一致对外,为了本单位的利益可以抱团,至于

后面,与个人越来越远,个人关心的程度也越来越弱,至于到了最后,国家利益都是大家抢夺的对象,地球生态更是说的与做的相差十万八千里,大家喊得响,做得却很少。所以,我们在讲整体的时候,一定要对整体的层级及其作用进行具体问题具体分析。现在想来,儒家思想提出"爱有等差",还是有它合理之处的。

结　语

　　总结前面的分析,不管是主动的还是被动的,有意的还是无意的,强调整体,弱化部分,其目的就是希望作为部分的人为社会、为国家整体多贡献一点自己的力量。但是我们必须考虑的是,个人价值的实现是内在的道德需求,是发自内心的冲动,这是个体人格的自我要求,这和国家、社会强调整体价值中心、要求个人奉献的要求是不一样的。因为,前者是个人的道德自觉,后者给人感觉则是一种强制。

第四章　"全面发展"的理想与现实

[引言]一个小孩子,要不要吃米饭?要;要不要吃鸡蛋?要;要不要吃鸡肉?要;要不要吃猪肉?要;……如此问下去,我们可以说一个小孩子能吃的、有营养的都要吃,事实上小孩子可以这么吃吗?真正要这么吃,肯定会撑死的。一个小孩子有多少饭量比较容易发觉,但是一个孩子可以读多少书这就很难察觉了。结果是,教育越改革,孩子们的负担却越来越重。所以,孩子们的负担重不仅仅是应试教育惹的祸,素质教育、全面发展的教育同样要承担相应的责任,甚至更多!

"全面发展"是对"片面发展"的否定,主要是保证全面发展的可能,因为片面发展是限制了可能,而不是阻止了现实。现实中,我们对"全面发展"的理解存在种种误区,对教育教学活动产生了很多不好的影响,使得教育教学背离了我们的初衷。

一、"全面发展"理念的本意分析

"全面发展"是相对于"不发展"和"片面发展"而言的,我们只有知道三者的区别才能真正理解全面发展的含义。

(一)三种发展状态

在资本主义社会之前,生产力水平低下,缺乏发展的物质条件,甚至连可学的知识与技能也不多,发展失去了必要(不发展);在资本主义时代,生产力的提高为学习提供了一定的物质条件,同时为了适应社会竞争,对劳动者来说发展成为一种必要,但异化劳动的存在使得发展受到局限(片面发展);全面发展则是马克思的一种设想,随着共产主义社会的到来,社会产品按需分配,发展成为一种自由选择,阻碍人的发展的只是自己的发展能力与发展愿望(全面发展)。

可以这么说,马克思终其一生在寻找现实社会的出路和未来社会的理想目标。根据马克思对人类社会的分析和理解,生产力与生产关系的矛盾是贯穿人类社会始终的基本矛盾,正是这一对基本矛盾推动着社会的发展。资本主义社会由于社会化大生产与生产资料的私人占有之间的矛盾势必导致经济危机的周期性爆发,要解决资本主义社会的经济危机,私有制必须让位于公有制,资本主义制度必须让位于社会主义制度。而社会主义取代资本主义是通过阶级斗争实现的,最终无产阶级既解放了自己,也解放了别人,最终实现整个人类的解放。在共产主义社会,由于生产力高度发达,整个社会实行按需分配,为每个人的全面而自由地发展提供了充分的物质条件,由于消除了剥削,也就消除了劳动的异化,人的劳动不再是人的发展阻碍,反而成为人生第一需要,成为人的全面发展的途径和手段。这样马克思既在理论上为当时的现实社会的问题提供了解决方法,也为人类的未来设定了理想目标。

由此可见,马克思主义哲学全面发展的理念,是对人的发展的美好愿景,这种愿景是相对于资本主义社会之前的"不发展"和资本主义社会的"片面发展"而言的一种新的发展状态,所以当我们要想真正理解全面发展时,就有必要知道何为不发展,何谓片面发展,以及这些不同发展方式存在的条件以及具体表现,唯有如此,我们才能真正搞清楚全面发展的来龙去脉,才能把握全面发展的真谛。

在资本主义社会之前,由于社会生产力水平普遍低下,物质条件匮乏,连生存都存在着困难,因此,人们将大多数时间花在获取生存资料上面,即便有闲暇的时间,也没有足够的经济条件请得起教师,也就是说,在资本主义社会之前,对于绝大多数人来说发展既无必要的物质条件,也没有时间和精力保证,只有那些少数贵族才有可能得到一定的教育机会。即便是有了条件去读书学习,但是由于时代的限制,可以学习的总知识和总技能也是非常有限,与现代社会根本无法相比,中国古代私塾教育所教授的内容主要就是四书五经,千年不变。由此可见,那个时代即使你想发展,想学习,还真的没有太多的东西可学。这样,我们可以把那个时代、那种状态称为"不发展"。

到了资本主义时代,生产力有了质的提高,这从物质上给予人们发展

（接受教育）提供了更多的可能性，同时发展（接受教育）对于劳动者来说具有了更多的必要性——满足新技术下获得就业机会的要求。正因为有了这样的可能性和必要性，社会办学兴起，现代学校取代了私塾，教育得到了大幅度的普及。这样，比之以前的社会，资本主义社会人们的发展水平有了空前的提高——不管是受教育的人数比例，还是学习的内容都有了巨大的增长。但是资本主义的生产关系使得一部分人失去了生产资料成为无产阶级，不得不靠出卖劳动来获得生存资料，沦为别人赚取利润的工具。在这样的情况下，人们还不能随心所欲地学习，往往首先为了获得某种工作而学习，所以不可能有充分的发展，因此发展是片面的。

（二）片面发展的原因及特征分析

片面发展是异化劳动的产物，主要表现为劳动者的发展没有主动权，失去了发展的自由，发展没有物质、时间的保证，兴趣受到抑制，发展肯定不可能全面。

在马克思看来，异化劳动是片面发展的原因。所谓异化劳动是指劳动者不再是为了劳动本身，而是为了别的什么。在劳动异化的过程中，人也被异化了，即人被别的什么东西所控制，成为某种目的的工具，不能掌握自己的命运，人不再成为自己命运的主宰。在资本主义社会人被什么所控制？根据马克思的观点，生产力是人类社会发展的最后决定力量，生产力决定生产关系、上层建筑，包括道德文化以及人的发展水平，这就从根本上说明了人类总体上是被物质所奴役的。在资本主义社会，不管是作为统治阶级的资产阶级，还是被统治的无产阶级都是被物质所控制。在资本主义社会资产阶级占有生产资料，在生产过程中占据了主动权，而无产阶级只能出卖自己的劳动沦为资本家赚取利润的工具，处于相对被动的地位。同时，经济基础决定上层建筑，在经济上处于下风的无产阶级也不得不屈服于资产阶级的政治统治。正是在经济和政治上处于被统治的地位，无产阶级失去了掌控自己命运的主动权。资产阶级虽然掌控着主动权，但是在追逐利润、剥削无产阶级的时候，自己也成为物质的奴隶，迷失了做人的方向。

正是由于每一个人都摆脱不出物质的束缚，资本家靠资本剥削工人的剩余价值为生，工人阶级靠劳动作为谋生的手段。故此，工人阶级为了在就业竞争中胜出必须掌握一项或者多项技能，这种学习（发展）很多并非出于自己的喜欢,更没有人乐意被人剥削,因此为了谋生而发展是一种被迫,而非出于自愿的选择。

为了谋生,无产阶级没有足够的物质条件,不可能做到任意选择和更换工作,特别是根据自己喜好和兴趣来进行决断,往往只能学习和强化某种劳动技能——根据工作的机会或者劳动的回报率来考虑。这样,在某些能力得以提升的过程中,其他发展需求则被严重地压制,这样就注定了一个人所获得的发展不可能是全方位的,只能是局部的。

由于没有在物质方面取得自由,无产阶级没有足够的时间加以保证,没有发展的主动权,不可能根据自己的愿望来选择发展,也不可能随时选择和更改自己的发展方向,这样就注定了在资本主义社会无产阶级所能得到的发展是不自由的发展。

(三)全面发展的基本条件

共产主义社会,生产力的提高和生产关系的变革为全面发展提供了基本条件。

通过对片面发展的分析,作为对片面发展的否定的全面发展必须获得以下两个方面的条件。

生产力水平必须达到相当的高度,满足了人的发展所需要的物质条件。第一,生产力的发展改变了劳动的性质。当生产力发展到一定的地步,社会财富足够人们不再为生存担忧,可以安心地生活,这样劳动不再成为谋生的手段,可以放心地从繁重的生产劳动中解脱出来去发展自己。第二,生产力的发展大大缩短了社会必要劳动时间——生产个人生存和发展所必需的社会财富的劳动时间,从而延长了个人可以自由支配的时间,从而有时间用来发展自己。第三,社会能够根据个人发展的不同提供因人而异的物质保障,财富不再成为制约人的发展的因素,生产力的发展为个人的自由、自主发展提供物质支持。

生产关系发生质的变化:从私有制走向公有制。生产力的高度发达使得占有财富成为一种累赘,人们彻底抛弃财产私有的观念,人类从此走向共产主义。由于生产资料公有,消除了人剥削人的物质基础,人与人之间实现了真正的平等,实现了全人类的真正的解放,使得每一个人获得了平等的发展机会。生产资料的公有也消除了异化劳动的物质基础,使得人们从异化劳动中解放出来,加上按需分配,劳动不再是谋生的手段,这样,劳动真正成为实现个人发展的途径,实现人生价值的手段,从而成为人生的第一需要。

在以上两个条件的基础上,人们才有可能真正实现发展的质变,由片面发展走向人的自由的全面的发展。说白了,以上两个条件保证的是"我要发展就能去发展"。

(四)全面发展的基本特征

全面发展首先是发展权利的保证,其次是一种自觉、自愿、自主、自由的发展,并最终导向人的自由的过程,但条件非常苛刻。

至于如何理解全面发展?说法较多,本书对此不做评述,此处只是把笔者的理解说出来。

第一,全面发展源于人的本质,是一个人与生俱来的权利,"我要发展就可以去发展"。一个人来到这个世界就应该得到充分的发展,来了解世界,做自己喜欢的事情,实现自己的价值,享受美好的生活。在时间和物质得以保证的基础上,人不再为了生存而选择发展发向,而是根据自己的兴趣和爱好自由地决定学习什么,发展什么。只有在没有外在强制的情况下,或者其他的压力下,人的自由选择的权利才有可能得到肯定和保证,全面发展才有实现的可能。全面发展相对于片面发展而言,首先保证了发展的权利和发展的可能。

第二,全面发展应该是自觉、自愿、自主、自由的发展。当外在的客观条件不再成为发展阻碍的时候,发展的唯一阻碍来源于人自身,特别是个人的学习动机、兴趣、时间、体力、脑力,人的内在自觉也就变得越来越重要,因为在外无压力的情况下,一旦没有内在的自觉,个人的发展将会停止。这种发展的自觉首先表现为发展的愿望,即发展出于自愿,即我要发展而不是"要我发展"。如果发展是被强制的,那么发展本身将被异化。人的自觉发展还表现为人的自主发展,每一个人内在的发展兴趣、发展能力不同,发展阶段、发展速度、节奏也不相同,每个人应该根据自己的需要和实际情况来选择和安排自己的发展进程,而不再是根据别人的指令来进行发展,即"我发展我做主"。全面发展更需要自由权利来保证,这种发展自由可以这么理解:有发展的自由,也有不发展的自由;有选择某个方向的自由,也有拒绝某个方向的自由;有选择之后放弃的自由,也有安排发展先后次序的自由。这时,发展的第一原因来自于自己的选择和决定,即"我自由我发展"。

第三,人的发展最终导向人的"自由"——"我发展我自由"。根据前面的分析,人的自觉、自愿、自主、自由的发展有可能走向随意发展,假如真的如此,人生发展将如同儿戏,社会资源将会遭到巨大浪费,所以全面发展应该有一个更高的要求——人的发展必须接受价值导向,推动社会整体的发展,这就需要全面自由的发展建立在对发展本身获得的"自由"的基础上,而这个自由则是建立在对必然的把握的基础上——自由是对必然的把握,而一个人的自由发展则是建立在对发展规律和自己的个性特征的清晰把握的基础上。但是任何一个人生来并不是自由的,教育是让一个人从不自由走向自由的历程,这就需要社会为每个人的发展做很多的工作,为每一个人的发展提供必要的指导和谋划。由此可见:一个人的全面自由发展是以社会整体的全面自由为前提。这对于目前的社会来说,好像要求太高,但是到了未来社会,当生产力获得巨大发展之后,人的发展规律也将会得到充分的认识,人的发展将是整个社会的最后目的,那时这将不再成为一个问题。全面自由的发展最终全面提升每一个人的能力,使得个体不再局限于某一工作、某一任务,而是可以多方面适应社会的需要,在社会生活中得心应手。

第四,全面自由发展是一个不可能完结的过程,没有终点——发展只有更好,没有最好。自由是人的最高本质,自由是个人发展的终极目标,但是自由的程度没有最高,只有更高,同理,发展也是永无止境的,发展没有最好,只有更好,所以人类导向全面发展只是一个过程,没有最终的完美结果。从个体来说发展需要终身完成,不断提升。即便是人类实现了共产主义,人类社会也仅仅是在新的平台上开始发展,并不就此停止。因此,全面发展不管是对社会还是对个人,都是一个不断提高、不断完善的过程。随着社会生产力的提高,生产个人生存资料的必要劳动时间逐渐缩短,人们用于发展的时间越来越多,同时为人的发展提供的物质条件越来越丰富,能够享受教育的人也越来越多,伴随着社会实践的发展人的思维能力也越来越强,因此人们得到的发展也将越来越全面,水平越来越高,一代胜过一代。

总结前面的分析,全面发展基本要求:"自觉、自愿、自主、自由",即外在的物质条件满足"我要发展就能发展",外在制度做到"我要发展就可以发展",发展出于自身的需要而不是外在的强迫,即"我要发展",而不是"要我发展","我发展我做主","我自由我发展"。人的发展最终导向人的"自由"——"我发展我自由"。同时发展成为人生的一种追求,"发展只有更好,没有最好"。

　　同时，我们可以看出全面自由发展的理念要转变为现实需要多种多样的理想条件，这些条件近乎苛刻。物质条件绝对发达，不再阻碍人的发展；社会理性水平极高，对人的发展不再盲目；人的道德高度自觉，不再成为他人发展的阻碍；社会个体的高度自觉，自己不再成为自己发展的阻碍。

(五)全面发展只能是一个理想

　　由于社会资源的有限性与人的发展要求的无限性之间的矛盾、人类认识能力的暂时有限性与发展的无限性之间的矛盾、个体生命的有限性与发展的无限可能之间的矛盾的存在，全面发展是只能是"局部的发展"、"不断提高的发展"。人类也好、个人也好都只是走在全面发展的征途之中，所以，对我们具体的单个人来说，全面发展的价值意义远胜过目标意义。

　　由于以下三个矛盾始终存在，伴随人类社会始终，始终制约着人的发展，不可能完全克服，因此，所谓的全面发展只能是"局部的发展"，"不断提高的发展"。

　　第一个矛盾，就是社会资源的有限性与人的发展要求的无限性之间的矛盾。人的发展肯定是不会停止的，不管人类社会发展到何等程度，人的发展确实是没有边界的，人类越发展，需要的物质条件越多，但是不管在哪个时期，社会财富都是有限的，特别是社会越发展，资源的有限性问题越突出，因此社会财富只能相对满足人的发展要求。尽管我们在理论上可以把整个宇宙作为我们未来发展的保证，但是人类毕竟不是"上帝"，不能随心所欲，客观世界的存在及其规律将是我们永远必须尊重的事实，一句话，物质世界对人类的制约永恒存在，人类的生产不可能无限制地满足人的发展需求。

　　第二个矛盾是人类认识能力的暂时有限性与发展的无限性之间的矛盾。即便是物质条件已经没有任何问题，人类对必然性的把握也只是相对的，没有能力一下子把握整个世界——人类毕竟不是"上帝"，也就无法保证人完全走入自由王国，这就决定很难自由地发展，即便是对发展规律有了清晰而又正确的认识，但是我们也很难清晰地把握个体的差异，从而保证每一个人自由而全面地发展。

　　第三个矛盾就是个体生命的有限性与发展的无限可能之间的矛盾。对于每一个具体的个人来说，有生就有死，生命限制永远必须面对，自由支配的时间作为个人生命限制自古存在，加上个体的认知水平在有限的时间里不可能得到全面的发展,这就决定个体的发展只能是有限度的,不可能掌握所有想掌握的知识,也不可能完整清晰地认识整个世界、把握人生。因此,即便人类社会的物质条件相当丰富,即便人的"异化"被克服,但是作为个体的人的全面自由发展也不可能最终完成。

由于以上矛盾无法终极克服,全面自由的发展只能是一种理想,只能作为一种理念而存在,作为一种价值导向而存在,完全意义上的全面自由发展是永远不能实现的目标,人类也好、个人也好都只是走在全面发展的征途之中。

总之,从不发展到片面发展,再到全面发展显示了人类发展的水平提升过程,告诉人们发展的目标,因此,全面发展具有了目标意义、方向意义。同时全面发展作为人类发展的理想也在昭示着人们发展的方向,因此全面发展具有了价值意义。但是,全面发展的理想完全是建立在各种各样的理想状态下的,特别是社会财富绝对充足,人的道德绝对高尚,人的理性高度自觉,这种纯粹的理想状态我们不能说不可以达到,但是离现实的距离之遥远却是事实。这样的理想状态对于我们具体的个人的现实生活来说是不可能实现的——对人类社会来说可能又是另外一回事,所以,对我们具体的单个人来说,全面发展的价值意义远胜过目标意义。

(六)全面发展与片面发展的不同之处

全面发展与片面发展的区别不在于发展多少,发展什么,而在于发展受到何种原因的支配,动力来源于哪里,发展的可能性是否得到保留。

既然人的发展不可能做到真正的全面、完全的自由,那么全面发展只能是作为一个目标、一种理想、一种方向、一种可能而存在。既然如此,我们就不难得出所谓的"全面自由发展"其实也只能是一个朝向全面发展的过程,我们所得到的真实发展也仅仅是部分发展而已。既然如此,全面发展是在批判"片面发展"的基础上提出的,那么它与"片面发展"到底有何不同呢?

如果仅从量上看,现实的发展都是部分的发展,只是程度的不同而已——而且也不排除在片面发展的状态下某些人比在全面发展的状态下的某些人发展得更好,但是从质上来看,二者的区别却是巨大的。归结起来,大致有以下几点。

第一点,要求不同,从前面的论述中我们已经清楚了两种发展方式对生产力(物质条件)、生产关系(包括分配方式)的要求的巨大差异。生产力水平不同,物质条件丰富程度不同,这对个人发展的影响也许是量上的区别,那么生产关系不同,对发展的影响则具有质的差异。

第二点,发展的目的不同,片面发展是在异化劳动的情况下为了获得就业的机会无奈地放弃某些自己喜欢的发展方向,而选择了自己不喜欢的发展方向,发展沦为了谋取工作的手段;全面发展是在异化劳动消除之后,发展不再成为工具,而是成为目的,发展的结果就是人的自由的增长。

第三点,动力不一样。片面发展是在外力的诱导或者强制之下,是一种被迫的不自由的发展,而全面发展则是在自由的状态下,自愿自主的发展。

第四点,就是发展的权利与机会的保存很不一样。在片面发展的时候,往往在选择某个发展方向的时候只能牺牲了其他发展的方向,而全面发展则不是这样,你在选择某种发展的时候,还保留其他的发展机会。

总结前面的分析,可以得出全面发展与片面发展的区别不在于发展多少,发展什么,而在于发展受到何种原因的支配,动力来源于哪里,发展的可能是否得到保留——发展是发展的开始,还是发展的终结。

二、"全面发展"概念带来的误区

全面发展是一个很容易引起误解的概念,在教育活动中,产生了很多误区,需要我们慢慢来清算。

当我们抛开这些外在条件,再来看看教育本身,又当如何,教育能不能尽量不受外界的物质条件的限制呢?或者说能不能利用现有的资源尽可能地促成人的全面发展呢?这样一来,我们现在不再关心我们的教育是否已经达到全面发展,而是看它有没有遵循全面发展的重要原则,有没有试图按照这些原则来办学,促成学生的发展。

从全面发展的最为重要的自由原则来看,目前的教育存在着众多问题。第一,根据马克思主义"自由是对必然的把握"的理解,教育自由首先应当是建立在对必然的把握的基础上,即对教育规律的清晰认识的基础上。就这一点来看,我们对教育的必然性到底知道多少呢?就"全面发展"这一理念本身我们对它的理解又达到什么程度?可以说目前的认识还是不够清晰,甚至是肤浅的。理念的含混不清必然导致行动不明,所以目前我们的教育改革依然是跌跌撞撞,教育教学活动也是迷迷糊糊,教师、学生深受其害。为什么这么说呢? 只要看到教育改革没完没了,教育教学内容变化不定,就足以证明这一点了。所以,对全面发展这一理念的剖析显得尤为重要。

(一)"全面"是否存在缺漏

由于过去的教育教学多关注教育的社会功能,加上文化限制,从横向来看,全面发展其实是有遗漏的,主要表现为对个人生命本身的忽视,对个人生活技能的轻视,对个人灵魂世界的无视,结果造成了一系列的社会问题。

要弄清全面发展首先得搞清全面发展的"全面"应该包含哪些内容。对于"内容的全面"问题,我们可以从横向和纵向两个角度来思考。

从横向来看,全面发展本来就是为反对"片面发展"提出来的新的发展模式。从字面理解,全面发展自然就是不片面的发展,那就决定了缺失任何一个方面的发展就不再是全面发展了,这样一来,全面发展就很自然地被理解为无所不包的、没有任何遗漏的发展。当我们一旦确认全面发展是没有缺漏的发展,那么接下来就要研究全面发展的"全面"究竟要包含多少个面,以及目前的认识有没有缺漏。

从目前的论述来看,通常认为全面发展应该包含"德"、"智"、"体"、"美"、"劳"五个方面。这样就自然而然地产生了一个问题,"德智体美劳"是不是包含了所有的面呢? 有没有遗漏呢? 如果有遗漏的话,那就不再是全面发展了,而且如果在理论认识上有遗漏的话,将会带来巨大影响,因为我们一旦从指导思想上确认这些是全面的话,自然就等于切断了那些被遗漏部分获得发展的可能,如果教育方针出了问题,那将对整个国家的国民素质乃至整个国家的未来产生深刻影响。反之,如果我们在理论上认为"德智体美劳"是不全面、不完整的,那么我们还会继续寻找新的发展空间,所以,对于全面发展的"面"的概括绝对要慎重,不能遗漏。

所以,下面来审问一下,"德"、"智"、"体"、"美"、"劳"是不是囊括了人的发展的全部内容,换言之,我们能否在这五个方面之外找到其他的内容——被全面发展所遗漏的内容,如果能找到就说明这样的划分是不够严谨、有问题的。

我们要找被"德智体美劳"所遗忘的内容,还得从分析"德智体美劳"本身入手。目前德育主要任务是培育人的健康的心理素质、正确的道德素质和良好的政治素质；智育的主要任务是增加学生的知识和提高获得知识的能力；体育主要是提高学生的身体素质，并教会学生锻炼身体的方法；美育则在于帮助学生学会欣赏美，创造美；劳动教育则是让学生热爱劳动，学会一定的劳动技能。这样的表述看上去很完美，但是这些仅仅是对人的素质最抽象的要求，而教育的具体内容又会受到教育目标、目的的影响。

通过前面的分析，由于过去我们过于强调实践的作用和目的，而忘掉了根本的生命存在，忽视了人的生活实在。即便是身心健康也仅仅是为了实践的需要，而不是为了人的幸福——当然身心健康有利于人的幸福这是事实。我们的教育应该如何让学生学会创造生命的质量和幸福？这是一个非常值得研究的问题。我们的德育不应该仅仅停留在抽象的世界观、价值观和人生观的教导上，做一个对社会有价值的人。我们的教育应该关注个体的生活的质量，关注幸福的创造，这样人的生活才能幸福美满，社会才能平安和谐。

面对生命教育，第一步要研究生命健康存在的样态、手段与方法，目前的教育中这些问题的研究显然不够。目前学校教育仅仅是要求学生进行体育锻炼，学生锻炼方式大多数是西式，手段呆板，方法单一，以动为主，"更快、更高、更强"的奥运精神是我们体育锻炼的目标，这样的一种运动方式很容易让人心浮气躁。反观传统文化，还有习武、打坐、参禅等多种手段，这些手段与现代的体育锻炼不同之处在于强调身心合一、天人合一，这样的锻炼可以从内到外来提高人的健康——生理的和心理的，甚至提升人的精神品质——培养克制欲望的定力，但是我们在教育的现代化——实际上就是西化的过程中，逐渐地抛弃了这些优秀的传统文化，现在想来甚为可惜。除了锻炼之外，一个人还需要各种各样的方式来放松和休息，这些没有得到学校应有关注，而学校关注的是让学生如何成才，所以除了学习科学知识还是学习科学知识。学习学习再学习，这样下来孩子的身体素质能不下降吗？而且心理疾患也在不断增加，这也是不可否定的事实。我们很喜欢把它归结到应试教育头上去，其实，这样的归因是有问题的，"全面发展"的内容设定与国民心理疾病之间的关系，值得大家认真思考。

第二步，我们要研究提高生活品质的手段，目前的教育较少关注生活。相比较而言，传统文化更为关注生活。特别是儒家强调人伦日用，洒扫应对，从日常生活入手培养学生的生活习惯，从而改变生活。现代教育偏重为社会实践服务的功能，偏重所谓科学知识的教育和生产技能的培养，忽视了社会生活的方式方法的教导,结果是社会问题越来越多,个人生活幸福指数下降。新的教育改革试图改变这一状况,开始重视生活了,甚至把每一门课都与生活挂起钩来。比如"经济学常识"改称"经济生活","化学"改称"化学与生活",希望在学科教学的过程中运用所学知识改变生活。新教改对生活的重视这一点无疑值得肯定。但是,在教学过程中,对生活的重视主要是通过设置生活情景让学生理解知识从而达到改变生活的作用,但是真正的落脚点却在于知识的理解,最终为了考试这一现实并没有改变,这样的教学内容与现实的生活其实并没有太大关系。而且,不管书本增加多少生活内容,教科书依然充斥着科学主义的影响这一事实并没有改变。再说,根据前面的分析,其实我们日常生活需要的是可行性教学,而不一定是科学性教学,现实的教育教学,真正与生活有关的技能教育依然显得那么欠缺。比如烧饭做菜、日常生活应对、人际交往等等,看上去这些不起眼,但是这样的知识和技能已经关系到个人的生存质量乃至家庭的幸福,很多家庭就是因为这样的小问题而矛盾重重,甚至家庭破裂的。这样的知识和技能也直接影响到社会的安定和谐,近来社会矛盾多发,问题重重,与教育的内容的偏狭不无关系。所以,我们教育教学应该增加面向生活的内容,加强生活技能教育,提升学生的生活能力,从而改善生活品质,引导社会和谐。

第三步,我们应当提升人的精神境界,追求灵魂的安宁,寻找幸福的手段,从而享受生命的历程。传统文化重视人的精神境界,灵魂的安宁。佛教追求涅槃,了却生死,何等洒脱。道家则返璞归真,自然无为,与道合一,何等逍遥。儒家文化强调社会责任,但也不忘精神境界的提升,甚至把"正心"、"诚意"、"修身"看成"齐家治国平天下"的前提条件。儒家为了实现"明明德,亲民,止于至善"的目标,注重社会道德现实的改变,儒家反反复复讲来讲去就是如何践行"仁义礼智"——这几乎是儒家文化全部内容,正因如此,中国古代社会礼义廉耻深入人心,天下太平,我们国家也获得了"礼仪之邦"的美名。

我们必须意识到目前的德育往往偏重理性,强调原则,过于简单。过去道德教育往往强调集体主义、共产主义的价值诉求,要求人们奉献,或者强调正确的人生观、价值观对人生的导向作用如何重要的理论说教,要求树立正确的三观。但是人格的修养不是简单的理论教导可以完成的,需要正确的自我修炼的方式、方法,需要不断地对人格自我反思、自我批判,也就是说人格成长是一个自我修炼的过程,而这个过程也是很复杂的,但是现在的教育没有关注这个修养过程,这样的德育其实效性自然不会高到哪里去。

当然,这样的教育与现实的德育过度关注人的社会价值是一致的,由于以社会为本,这样对个人的自身价值关注自然就会减少,甚至大有把个人工具化的倾向,结果,以管代教,这样的德育无法构建精神家园,提升精神境界,达到灵魂的安宁,获得自由幸福的感觉。

教育具有全局性,教育关系到个人的精神境界,生命的质量,家庭的美满,社会的和谐,其存在的问题在一定的条件下会在国人身上全面爆发。当国家经济水平提高之后,人们对物质的渴望降低,人们的自由时间随之增加,而人的灵魂世界得不到相应的滋润,灵魂就不知道如何安顿,人就会走向空虚寂寞,正因为如此"空虚寂寞冷"在2010年成为网络流行语。同样,因为自身灵魂缺乏力量,在利益的诱惑面前,灵魂不堪一击,贪污腐败、坑蒙拐骗,无恶不作,整个社会道德就会沦丧。总之,教育要关注人的本身价值,关注人的精神世界,让灵魂安家、安宁。教育要教会人们如何获得幸福,如何从短暂的利益中超脱出来,从而获得幸福的人生体验,从而构建美满的家庭与和谐的社会。

根据以上分析,"德智体美劳"实际上尚不能很好地囊括人的发展应该具有的全部内容,教育要转变过去服务社会实践的观念,增加服务人生的价值理念,真正体现以人为本,在否定片面发展之后,要不断探索发展的内容,为人的发展寻找更多的空间,为人的幸福创造更多的道路。

(二)从静态看全面发展不可能

从静态来看,全面发展如果把它理解为每一个方面都有所发展,很容易推导出每一个人都是全面发展的;如果把它理解为每一个方面包含的具体内容都要尽可能去涉及,这样的全面发展没有终极,最终会要求尽善尽美,最终没有一个人可以全面发展。以此看来,现实中肯定的和采取的教育其实都是片面的发展,全面发展只能作为一种期望而存在。

在思考完以上问题之后,我们接下来要思考的问题是:"德智体美劳"每一个方面之下还包含很多具体的内容——比如,智育就包含各种具体的文化知识,这些内容是不是也应该包含在全面发展的要求之内呢?对这一问题有两种不同的答案,一种是"德智体美劳"只要每个方面有所发展就算是全面发展——即不求"德智体美劳"每个方面都是全面的。另一种理解是"德智体美劳"的所涉及的方方面面都要做到发展才算是全面发展。这两个理解有什么区别呢？

第一种理解就是不局限在某一个或者某几个方面,德智体美劳"每一个方面都有所发展",多少不问,哪怕是一点,不必尽善尽美。这样一来,很容易推导出每一个人都是全面发展的,你能说哪一个人在德智体美劳的某个方面会得零分？甚至按照这样的逻辑,小学一年级的人都已经是全面发展了。第二种理解则是德智体美劳必须都要发展,而且德智体美劳包含的具体内容的每一个方面都要尽可能去涉及。因为这样的全面发展没有终极,因此很容易被推到极致,被要求尽善尽美。

为了更好地区别上面两种理解,下面以智育为例来说明。一个人应当拥有多少知识和多少技能？如果按照第一种理解,我们走进图书馆,我们读几本书,会用某些技能,就算是智育发展了。如果按照第二种理解,我们看到图书馆的藏书就会晕倒。其实按照第二种理解,还可以有两种不同的要求,一种是面面俱到,或多或少,不求甚解,我们可以称之为不均衡发展,如果没有标准和要求的话,我们只要把这些书稍微翻翻就可以了——且先不问这样做的意义有没有,这种要求其实是第一种要求的扩大。另一种则是要求我们必须把全图书馆的书本所载的知识和技能全部掌握,这种发展为均衡的高度的全面发展,这才是完全的全面发展。面对这样的任务,即便我们不吃饭不睡觉,穷极一生的精力——"把有限的生命投入到无限的知识海洋中去",也不可能完成。这样的要求太理想了,谁都知道这是不可能完成的任务。假如有人可以完成的话,可以说他不再是人,而是全知全能的"神"了。

如果看看资本主义社会产业工人的发展,我们就不难发现,其实他们的发展就是第一种发展,甚至可以说凡是正常的人都是这种发展水平。也就是说第一种发展要求就是片面发展。第二种理解也有两种要求,一种是不均衡发展,一种是均衡的全面的高度发展。非均衡发展其实就是在深度要求上片面而已,是另一种形式的片面发展。这样一来,看上去既无必要,也无可能的第二种要求,即均衡的全面的高度发展才是真正意义上的全面发展。

哪一种全面发展比较合乎马克思的本意呢？马克思在《1844年经济学哲学手稿》中就给我们描绘了全面发展的蓝图:全面发展就是"人以一种全面的方式,也就是说,作为一个完整的人,占有自己全面的本质"。这个全面的发展方式是马克思反对资本主义异化劳动造成人的片面发展而提出来的。按照马克思的理论,在克服异化劳动之后,一个人获得了"全面的自由"。全面的自由是一种什么样的状态？首先外在的一切物质条件、制度条件、文化条件、人际关系都应该不再成为发展的制约因素，应当成为发展的助推器。全面的自由还应该在于自己，因为在马克思主义哲学里自由是对必然的把握，所以要获得全面的自由必须全面掌握世界的必然性。只有具备以上两个条件，一个人才有可能谈得上走向全面自由。具体说来，第一，共产主义社会物质条件高度发达，人类各取所需，人类有充足的物质和时间保证每一个人的发展。第二，共产主义社会是一个比现代社会更加开放融合、更加丰富多样的社会，人的活动空间不再受到限制，这时他可能面对的是一个完整的世界，在活动中一定会遇到各种各样的偶然性，他的兴趣也可能每天发生变化，这个时候他还想获得全面的自由，为此他就必须做好各种准备，即他必须全面发展自己的素质，包括身体素质、心理素质、文化素质、政治素质、艺术素质……一句话，凡是有助于解决问题的知识、能力，以及自身其他条件都应该尽善尽美，唯其如此，他才能够对付可能碰到的各种各样的问题，应付可能遇到的各种各样的社会关系，从而在这个世界中获得自由，充分感受这个世界，享受这个世界，实现自己的价值，从而"完整地实现人的本质"。所以，片面发展或者不均衡的全面发展都无法满足一个人作为一个"完整的人"去实现人的"全面的本质"，全面均衡的发展尽管不现实，但似乎更加符合马克思的原意——这是马克思从理论上为"人"设计的理想状态。

大家粗看起来，如果一个人作为完整的人来实现人的全面的本质，那么这样的人生对于每一个人来说都是无限美好的。这样的人生是怎样的人生呢？用我们平时讲的大白话来说，就是一个人来到世间应该尝遍世间百态，这样才没有白活一世，或者说不带着遗憾离开这个世界。只是这里讲的尝遍世间百态，有了更高的要求，因为通常尝尽世间百态可能是无奈的受苦，而作为全面发展的人，为全面实现人的本质而去经历的世间百态，却是完全自由的，这样的人简直就是人间上帝——全知全能。

为什么这么说呢？全知全能本来是对上帝的要求，而全面发展的目标竟然也是全知全能，为什么全面发展最终会导向这样的结果呢？其实是很好理解的，上帝本身就是人类最理想人格的抽象化身，或者说集中了人类所应该具有的一切美好品质：全知全能。这样一来，我们似乎看到了全面发展理念包含的问题有多么严重——一个人追求全面发展，就如同想要一个人成为上帝一样不切实际。

为什么会导出这样的一个结论，错误又出在哪里？错误就在于我们在对人的本质的理解上出了问题。怎么出了问题？出了什么问题？要回答这两个问题，还得从"人的本质"这一概念入手。所谓本质是一类事物区别于其他事物的根本特征。那么所谓人的本质就是人类的特征。人类的本质特征是什么？马克思说人是社会关系的总和，或者说，人区别于动物的地方在于社会生活。按照这个理解，人只要是处于社会生活中就具有了人的本质。以上是从内涵上理解本质概念的，我们还可以从外延上来理解本质这一概念。内涵越抽象，外延越大，人类所有各种各样的生活皆属于人的本质的体现（外延），从外延上理解"完整地全面地实现的人的本质"的时候，一个人就得作为人类的代表去完成人类的所有的可能的生活。这是多么不现实啊。

错误根本在哪里？问题的根本在于没有区分"个人"和"人类"。前面我们讲个人的时候，根本就没有考虑个体的自身特点——特殊性，这样的个人是抽象的个人，抽象到这个人的所有特点一概可以忽略不计，仅仅因为他是人，不是"非人"。这样的"人"的内涵和外延与"人类"的内涵与外延没有任何区别，于是一个人就可以成为全人类的代表，去实现全人类的本质了。于是，就会出现一个人可以做什么，可以做什么，还可以做什么……以至无穷，我们完全可以这样无限制地举例，以至于我们可以认为我没有什么不可以做的，这样人类可能做的事情我全都可以做了。如果基于这样的认识，我们就不难发现，一个人可能遭遇人类可能碰到的各种可能，我们要为可能遭遇的各种问题做好准备，这样对全面发展的要求自然应该是全知全能了。这样的观点在生活中是很常见的，因为其中的错误真的不那么容易被发现。

我们必须认识到，我们每一个具体的人除了拥有人的类本质之外，还拥有自己的个体特点，这样一来，个人的内涵比人类的本质要大得多，丰富得多，随着内涵增加，外延反过来缩小了，所以如果我们要实现个体的本质，那就不同于实现人类的本质，这时，个人所能做的事情就比人类所能做的事情要少得多，一个人所能拥有的可能性就大大地小于人类所拥有的可能性。举个例子来说，假设一个人没有受到任何外部条件的限制，我们说他是自由的，现在他准备出门去旅游，可以选择从北京到美国去，再到日本去，但是他在某一时间段里面只能在某一个地点，而人类则不一样，可以遍布全球。由此可见单个的人无法分身，一旦做出某种选择，就等于放弃其他万千选择，而人类则不一样，可以同时有不同的人去完成不同的万千选择。也有人会说，人是自由的，我今天完成这个选择，完成之后我再去从事其他选择，最后一样我可以尝尽世间百态，掌握完整的世界。逻辑上是没有问题的，事实上是不行的，因为个体的生命是有限的，一个人在某一个时间段在做某一事情,就意味着他必须放弃其他无数的可能。反过来,人类的生命是无限的,今天没有完成的事情,子子孙孙后继有人。再则一个人的智商与能力也总是有限的,不可能有这个能力去掌握整个世界的规律,拥有解决一切问题的能力,解决人类碰到的一切问题。总的一句话,纯粹从可能性上说人类遭遇的可能也许与一个人遭遇的可能一样多,但是从现实性来说,一个人碰到的问题对于人类来说微乎其微。这样一来,我们可以看到个人与人类相比本质不同,内涵与外延也不同,所以,实现"个人的本质"与实现"人类的本质"是不一样的。

通过这样的分析,所谓的全面发展教育是从"抽象的人"出发,将个人与人类混同的结果。真正可行的教育应该是从"真实的个人"出发,考虑"个人的具体特点",并基于"个体的特点"考虑"个人的发展",最多全面实现"个体的价值",完美"个体的人生"。

接下来,按照这样的思路,是不是就没有问题了呢?非也,问题依然存在。一个人的现实基础——或者称之为个体本质,可以满足人的众多可能,比如,一个人的素质不错,可以成为书法家、画家、园艺家、物理学家、化学家、生物学家等等,这个时候,你说他最终能够成为什么?现实情况是,由于个体的生命短暂、精力有限、分身乏术,只能做好一个人的能力之内的部分工作,而不可能把一个人的全部能力都体现出来,也就是说个体的发展要做到个体的全面本质的实现也是不切实际的。最后这个拥有如此素质的人成为什么,还取决于他本人的兴趣和选择。由此可见要全面实现个体的本质,事实上也是不可能的。

根据以上分析,所谓的全面发展最后都是片面发展,根本不存在真正意义上的全面发展。全面发展最多给人一种价值导向作用,即我们的发展不要片面,要尽量全面一点,或者说要尽量完美一点而已,也就是告诉人们不要满足于现实的发展状态,要不断打破发展的瓶颈。

走到现实教育中,肯定的和采取的其实都是片面的发展。比如文理分科,体育特长生、艺术特长生,到了大学专业要分科、研究生要选择研究方向等等都说明了人不可能是全面发展的,贯彻的肯定都是片面发展。

(三)全面发展从动态看也不可能

从动态来看,全面发展可以作两种理解,一是,把全面发展看成是个结果,只要最后导向全面发展就好了,过程中则允许存在缺陷,即通过不全面走向全面。二是把过程看成是完美的,则不管哪一个阶段,还是最终结果都应该达到全面发展,即意味着每时每刻都必须是完美的。目前的教育恰恰以第二种理解在开展教育教学活动,结果既累死了老师,又累死了学生。教育实际过程应该是允许有缺陷的发展。

前面我们从横向的角度或者说静态的角度对"全面发展"作了分析,发现全面发展其实是不可能的。接下来,我们再从纵向的角度——对个人来说纵向就是一个人的生命历程,来思考一下全面发展是否可能。从纵向的视角看全面发展,首先必须解决的问题是,全面发展是一个过程,还是结果?如果把全面发展看成是个结果,则允许不同的阶段存在缺陷,只是最后导向全面发展,即通过不全面走向全面。就是说发展的过程可以是不完美的,只要它的结果是完美的;如果把过程看成是完美的,就会要求不管是每一个阶段,还是最终结果都应该达到全面发展,即意味着每时每刻都必须是完美的。经过前面的分析,我们已经确切知道,完全意义上的全面发展实际上是不可能的,二者的实际区别则在于,对缺陷的宽容程度不同。一者要求全过程没有缺陷,一者允许全过程有缺陷。这两种思想一旦用于指导教育,那产生的差别将令人无法想象。

这两种不同的观点对教育的影响是巨大的——尤其是对教材的内容和教育的节奏的影响。以小学教育来说明,第一个问题小学生应该掌握多少知识?如果按照第一种观点,凡是小学生"可以"接受的知识全都"应该"教给他们,这样就会开设很多很多课程,语文、数学、劳动、音乐、体育、美术、科学、计算机、英语、社会、品德……课程设置还跟初、高中衔接,教材看上去不深,也没有超出小学生理解能力和接受能力,但这些课程实施的结果是什么?小孩子累得要死!同理,初中、高中也是累得要死。如果用第二种观点来看,小学生的发展不必全面,那么可以这样做了:让学生仅仅学习其中一部分比较重要的知识,比如语文、数学、劳动、音乐、美术、品德等,而有一些知识留到后面学习,甚至可以和初中的知识点合在一起,这样小学生的课业负担就减下来了,学习变得轻松许多。其实在教育改革之前,教材就是这样设置的,比如在 20 世纪 70 年代,小学生只有两本书,一本语文,一本数学,其他书都没有。那时,学生学得很轻松,最后学生该掌握的还是都掌握了,该成才的都成才了。小孩子的自由娱乐时间多了,动手能力也强了,创造能力也不差。为什么?小学的知识挪到初中,初中里的知识挪到高中,减少了重复学习;由于人的智力提高了,这些知识就显得很简单,理解容易了,学习就轻松多了,孩子也就不会感觉那么累了。

现在设置的很多课程本无出现的必要,完全是所谓课程衔接的观念在作怪。这种理解的错误在于把衔接理解为内容的衔接,比如高中生要学习科学,初中得有科学,小学也要有,高中生学习抛物线知识,初中也要讲,大家想想有必要吗? 其实,需要衔接的主要是思维能力,而不是内容。如果用内容来衔接,就会造成重复学习,这是时间浪费,其次,教学过程很难确定知识难度。以抛物线为例,高中生能做的,谁能说初中生不可以做? 这样,中考试题出现在高考试卷上,高考题出现在中考试卷上也就没有什么奇怪了。现在大家可以明白孩子们的学习负担是哪里来的了。(这可与应试教育毫不相干)

相比过去的教育,现在的教育就是这样,试图把每个阶段的教育内容都设计得非常完美,要求孩子在每个阶段都全面发展,结果超出了孩子的学习承受能力,使得学生失去了学习的兴趣。

接下来,我们再就某一知识而言,对其我们是不是也要求完美掌握呢? 看看现实吧,我们很多老师在知识点上花了很多工夫,就是要让每一个人把每一个知识点都掌握到位,尽善尽美,结果为了达到这一目的,做了很多很多的题目。这样的结果又苦死了很多学生。如果允许学生在某一个阶段某一知识点有所欠缺,等到下一个阶段来完善——等到孩子年龄增长智力提升之后,原来掌握起来有困难的知识就会变得容易许多,这样,学生的学习兴趣会得到很好的保存。

最为典型的就是小学奥数,这就是要让小学生用最笨的办法解决复杂问题,这些在小学生看来很难的问题到了初中就很简单了,为什么硬要逼着这些小学生去做呢? 同理,很多高中的知识和大学知识是重复的,这种重复严重加大了高中生的课业负担。

总之,有缺陷的发展才是合乎学生发展实际的。我们常听到"从娃娃抓起",有些东西该从娃娃抓起,有些东西不该从娃娃抓起,即便可以从娃娃抓起的,也不是要求每个娃娃都要掌握的,也要考虑娃娃的接受能力和接受效果。用个类比来说明一下,一个小孩子,要不要吃米饭? 要;要不要吃鸡蛋? 要;要不要吃鸡肉? 要;要不要吃猪肉? 要;……如此问下去,我们可以说一个小孩子能吃的、有营养的都要吃,事实上小孩子可以这么吃吗? 真正要这么吃,肯定会撑死的。一个小孩子有多少饭量比较容易发觉,但是一个孩子可以读多少书这就很难察觉了。结果是,教育越改革,孩子们的负担越重。所以,孩子们的负担重不仅仅是应试教育惹的祸,素质教育、全面发展的教育同样要承担相应的责任,甚至更多!

(四)警惕理想主义走向制度、走向政策的危害

如果全面发展作为一种理想,那它还具有一定价值,可以起到价值导向,启迪我们不要满足于现实,要努力追求自身发展。如果全面发展成为一种政策,一个方针,一种评价制度,那就很不一样了。当全面发展作为政策和制度而存在的时候,意味着每个人必须努力把这个理想的目标变为现实——不管你想不想,要不要,能不能,你都必须去做,这样,理想就成了一种任务,一种强迫。这样的理想目标对大多数人来说——甚至对每一个人来说都是一种不可能完成的任务,结果我们每一个人都成为失败者。总之,人类要有理想,但不能有理想主义,更不应该把理想主义变为一个国家的制度和政策。

大家都知道十全十美的事情是不存在的,十全十美的发展是不可能的,但是大家还是很喜欢把全面发展理解为十全十美的发展,或者往十全十美的方向上去引,结果是害人害己,这又是为什么呢?那就是前面提到的理想主义在作怪。理想主义在这里是这样表现的,既然片面发展不好,那就不要片面发展,不片面发展那该怎么发展?那就全面一点,全面到什么程度没有什么定论,因为你发展了,还有可能进一步发展——从横向和纵向上都是有可能的,既然如此,你还可以再发展一点,这样,没有止境——前面讲过我们无法说明一个人哪一个地方不该发展不能发展,一点点地往外拓展,最终发展就变成了十全十美的全面发展。

如果全面发展仅仅是一种理想,那也还好,只不过是价值的导向作用,目标上的诱导,告诉人们有那么一个行动的方向,奋斗的目标,同时启迪我们不要满足于现实,要不断追求。但是全面发展一旦成为一种政策,一种制度,一个方针,那就很不一样了。当全面发展作为政策和制度而存在的时候,意味着每个人必须努力把这个理想的目标变为现实——不管你想不想,要不要,能不能,你都必须去做,这样,理想就成了一种任务,一种强迫。这时理想不再作为一种内在的精神激励而存在,而是一种外在的制度强制——尤其是这样的制度伴随着考试,这时人的感觉就很不一样。况且,这样的理想目标对大多数人来说——甚至对每一个人来说都是一种不可能完成的任务。因为终日在努力完成一项不可能完成的任务,这项任务最终注

定成为一种精神负担。因为是一种制度,那就可能成为全体人民的精神负担。这种制度对人民的压力,取决于理想与现实的差距,距离越大,压力越大——目前的差距之大对学生造成的精神压力人人皆知。由此可见,人类要有理想,但不能有理想主义,更不应该把理想主义变为一个国家的制度和政策。

为了让大家能够容易理解理想主义走向制度、走向政策的危害,下面打个比方。假如我要过一条小河,不宽,3 到 5 米,胆子大一点的,跳过去没有问题,胆子小一点的话,涉水过去,也不打紧,经过大家的努力,最后的结果是,很多弹跳能力强的人一下子就跳过去了,也有一大批人跳到水里,然后涉水过去,但是我们必须承认即便是这样的小河,还有很多人终身努力也过不了,甚至还有被淹死的可能。如果这条小河改成长江,这时,还有人跳过去吗?没有了。游过去的,还是有的,但也只是少数,占总人口的比重急速下降。一般的发展与全面发展的差异就像小河之于长江,全面发展甚至应该是无边无际的大海。如果全面发展作为一种理想,那它就像我们对海那边的一种向往,一种猜测。这种向往和猜测是那么的美好,我们充满着期待。但是当全面发展作为考核目标出现的时候,这就像要求大家一起过长江大海一样,所有的美好没有变成动力,反而变成了一种可怕的压力。

理想主义的危害有的很容易被看出来,有的则不大容易被看出来。大跃进就是一个理想主义的典型,"跨步进入共产主义"曾经激起了人们多少美好的遐想,短期内起到不小的激励作用,但是不久人们就开始失望,这种大跃进带给人们的失望有多大,对国家的破坏有多大,历史早就告诉我们了,这里就不再赘述了。但是"全面发展"的教育理想主义则很难让人们看清楚。究其原因,教育的大跃进不像经济大跃进的危害那么直观,那么迫切。经济上的大跃进可能快速、直接阻碍生产力的发展,破坏整个社会的生存基础,甚至导致整个社会的瘫痪,全体人民的生活困难——现实会很快地告诉人们这样的道路走不通。但全面发展作为一种发展要求,其危害不是那么容易看出来的,因为表面上看它符合发展的理想方向,价值上是正确的,而且事实层面也"促成"了人们的发展。但是大家注意促成是带引号的,因为不管是什么样的教育都会促成人们一定程度上的发展,比如古代的私塾教育也能促成人的发展,当代被人们诅咒的应试教育也能促成人的发展,总之,不管是哪种教育都能给人文化,给人知识,给人技能,这个是能看得到的。由于人的发展没有既定的目标,那么就不会有多少目标没有完成这一说法,所以一般情况下,人们首先看到的是教育对人的发展的促进作用,而不是对人的发展的阻碍作用,所以对于全面发展的教育方针,我们很难说清楚它对人的发展的阻碍。再加上教育对社会的影响不如经济政策那么立竿见影,是需要经过漫长的时间才会影响整个社会的,最终变成一种社会氛围。当整个社会陷入一种困境时,我们才有可能发现教育的问题,有时还不一定——社会困境的产生是多种因素的综合结果,很难确定教育到底该承担多少责任。所以,发现教育存在的问题比较难。更不要说,全面发展听起来那么好听,板子很难打到它身上。现实是,板子都没有打到全面发展身上,因为它有个很好的替死鬼——"应试教育"在帮它挨板子呢。

但是,这并不意味着我们真的不能对教育制度、教育方针做出恰当的评价。评价一种教育制度,还是可以从两个角度来看,一是可以对教育制度和教育方针建立的理论进行全面细致的分析,二是对不同国家的教育现实进行比较研究。教育制度和教育方针都是根据一定的理论来设想人的发展方向,寻找发展道路的,那么我们可以分析它所依赖的理论的缺陷,就可以找到这种教育制度教育方针存在的问题。至于一个国家教育制度、教育方针的实际效果,如果孤立来看真的还不一定知道好坏,但是放在国际环境中,通过对比,就能看得出不同的教育制度、不同的教育方针对人的发展、社会的发展所起到的推动作用是很不一样的,这时教育制度、教育方针的优劣就会突显出来。

总的一句话,评价教育制度、教育方针好不好,不是看它好不好听,不是看它有没有促成发展,而应该看它怎样促成人的发展,促成了多大的发展,还要看到它阻碍了人们哪些发展。

经过这样的分析,我们可以得出全面发展仅仅是一个理想的目标,而非人人可以达到的目标。这样,马克思反对资本主义的片面发展,倡导全面发展的目的究竟何在?既然片面发展是不应该的、应该批判的,全面发展是不可能实现的,但应该是发展的方向,那么反对片面发展,倡导全面发展,其真实的意图只能是不要阻碍人的发展,为发展打开方便之门。

因此,倡导全面发展的本质不在于是否达到全面发展的结果,而在于人的发展过程中是否消除阻碍。故此,倡导全面发展,其过程的意义应该大于结果。所以,我们在倡导全面发展的时候,应该多考虑教育过程,为人的发展尽可能扫除障碍,为每个人的发展铺平道路,而不是用全面发展的目标去考核发展的结果。

三、"全面发展"的现实分析

前面分析了全面发展的本意,剖析了理解上可能存在的误区,接下来看看"全面发展"现实,结果我们会发现全面发展缺少多种条件,还受到多重异化。

当谈论"全面发展"的现实时,我们实质上又回到了前面所说的发展要求:"自觉、自愿、自主、自由的发展",即外在的物质条件满足"我要发展就能发展",外在制度做到"我要发展就可以发展",发展出于自身的需要而不是外在的强迫,即"我要发展",而不是"要我发展","我发展我做主","我自由我发展"。人的发展最终导向人的"自由"——"我发展我自由"。同时发展成为人生的一种追求,"发展只有更好,没有最好"。我们根据这些发展的基本原则来看看我们的发展遇到哪些阻碍。

(一)"全面发展"缺乏物质基础

目前生产力水平、分配方式不足以保证全面发展,异化劳动还没有消除,无法自由发展。

根据前面的分析,我们首先可以得出,我们目前缺乏全面发展的物质基础。我们国家目前还处于社会主义初级阶段,而且社会主义又是共产主义的初级阶段,也就是说目前我们的时代到共产主义高级阶段还相当遥远。这个"初级阶段"决定了我国教育的物质基础还是很薄弱。按照全面发展的理解,人们在发展的过程中由于社会实行按需分配,所以不必担心物质的短缺,物质条件不再成为制约发展的外部因素,而现实正好与此相反。自新中国成立以来直至目前,物质条件恰恰是制约全面发展教育方针实施的关键因素,即便是到了现在国家经济实力有了巨大发展,对教育的投入已经大大增加,但是这种投入的能力还显得非常不足,离人民对教育的要求还相距甚远。

我国虽说早就开展了义务教育,但在很长时间里"义务教育"被理解为"有义务的"教育,即每个人必须完成的教育任务,至于完成这项任务所需要的条件由谁来承担则没有明确的规定。教育本来是一个人发展的权利,在这里却居然变成了一种义务。即便是这种水平的义务教育,也只是规定了小学和初中属于义务教育,这就意味着在学前教学、高中教育、职业教育、高等教育以及职业培训和人的终身教育等很多方面对于国家来说还没有上升到"必须"的程度,尚无法律要求。就国家来说,不是不想搞好教育,谁都知道建设全免费、全覆盖、高质量的教育于国于民都不失为一件好事,但是心有余而力不足。目前,义务教育经费大多由地方财政来承担,由于地方财政匮乏,还有很多地方连兴建标准的学校、组建合格的教师队伍的能力都没有,所以,国家还在不断发动大家捐资助学,并在全国各地建起了不少希望小学,但是我们必须清楚地知道还有一些地方,有一些孩子连进入希望学校的希望都没有,对他们来说,还处于相当的不发展阶段·就不要奢谈什么全面发展了。如果从这个角度来说,"全面发展的教育首先要做到的是不遗漏每一个人的发展的教育"。虽说现在全国范围里开展了"免费"的义务教育,但是由于地区差距的存在,教育设施以及教师队伍的差距依然巨大,这使得不同地区的孩子获得优质教育的机会很不平等。就孩子的教育来说,主要的物质承担还是家庭收入,所以,家庭收入对孩子受教育的水平有着直接的影响。目前,家庭收入不均,富有家庭的孩子总有办法接受比较优质的教育。贫穷家庭的孩子可能因贫穷辍学在家,过早地承担了家庭的责任,即使是免费的义务教育都没有办法坚持下去。接受教育是个人发展的权利,但是必须建立在生存的基础上,连基本生存还保证不了的地方和家庭,发展的基础就不牢固,发展的动力就会消失。由此可见,要让每一个人能够享受学校教育不仅仅是一个学杂费的问题,还有更为根本的问题,那就是生存问题。所以真正穷困的孩子要保证他的学习权利,还必须考虑家庭的基本生活。

"义务教育"阶段尚且如此,更何况幼儿园、高中、职业教育、高等教育呢?至于终身教育更不用提了。一句话,我们国家目前尚缺全面发展的物质基础。

第二,目前的分配方式保证不了全面自由的发展。全面发展对物质条件的要求是按需分配,但是虽说我们国家已经是社会主义,但按需分配依然是一种遥远难及的理想,我们国家所采用的分配制度是按劳分配为主体,多种分配方式并存。作为分配制度主体的按劳分配与按需分配在本质上完全不同,按劳分配也就意味着劳动的数量和质量直接决定和影响着自己的生活质量,也会影响家庭成员包括自身的发展水平,也就意味着为了生存和发展,我们必须劳动,这时劳动就成为谋生的手段。这时,考虑较多的是发展对劳动收入的影响,而不是发展的内容和方式。至于其他分配方式对收入差距的影响就更大了。在现实的社会里,决定孩子发展质量的物质条件除了社会提供的物质保障之外——目前这个保障水平离人的全面发展的要求太远,个体发展条件主要取决于家中亲人,特别是父母的劳动回报。而孩子的发展质量又反过来决定了他将来所从事的劳动岗位,从而影响他的劳动回报。所以,现在孩子们如此,大人们也如此,大多数是为了自己和亲人的生存和发展条件在努力学习,为了获得比较好的工作岗位在读书,这样发展成为了手段,而不是目的。

第三,目前"异化劳动"并没有消失。虽然我们国家已经是社会主义了,但是我们的社会主义是在生产力极不发达的基础上建立起来的,按需分配离现实很遥远,家庭财产还是维持生活质量的基本保证,这就决定不管在公有制经济还是非公经济里面都存在劳动的异化现象。在劳动过程中,人的能力有所增长,人的身体有所强壮,但是人的尊严、人的幸福感、成就感恰恰是缺失的,这时即便取得一定的发展,也只能是片面的。

(二)教育(发展)面临的多重异化

人的社会身份和目的具有多样性,结果教育(人的发展)遭到多重异化。

根据前面的分析,由于全面发展的物质基础不存在,生产关系的局限,使得人的劳动被异化,人的发展也被异化,作为发展手段的教育自然也被异化。目前,发展的异化和教育的异化已经是相当的普遍,而且异化出多重身份,可怕的是人们慢慢地习惯了这种异化,忘却了人的本真——这是被迫日久之后无奈的麻木。

发展的异化的多样性是由人的社会角色的多样性和目的的多样性决定的。一个人多一种角色,就多一次被异化的可能。下面我们来看看一个人在不同身份下的异化情况。

孩子的发展受到的第一重异化来自家庭。学生作为父母的孩子、家庭的一员,他就有可能被视作父母生命的延续,被看成是父母的理想、家庭的希望的实现者。我们的传统文化素来强调个人的家庭责任,个人应该努力奋斗,"光宗耀祖"。这样的文化观念让人对家多了一份责任,多了一份牵挂。但是,一旦个人的发展过多地背上家庭的责任,被家庭所左右的话,那么他的发展就会被异化。

自古至今,甚至今后的很长一段时间内,社会上很大部分人的人生是不完全如意的,或经济条件不佳,生活质量不高;或教育条件欠缺,发展质量不高;或社会条件不足,理想无法实现。很多人在奋斗之后,自知自己的奋斗无济于事,或慨叹苍天不公,命运多蹇;或慨叹人生短暂,生不逢时。但是,不管现实如何残酷,如何无奈,人们都不会失去对未来的憧憬。父母一旦认命,他们的注意力便开始转向,把目标、重心放到自己孩子的身上,总希望孩子来完成他们没有完成的任务。或希望孩子改善家庭生活,或让孩子实现自己未遂的理想,甚至很多的孩子自出生的那一刻起就要注定成为父母未竟事业的实践者(或有极端者,孩子一开始就成为家仇国恨的报复者)。他们对自己有多失望,对孩子改造的信念就会有多坚定,改造的行动就会多有力。这样的孩子一开始就承担了太多本不该属于他自己的东西,他的发展势必被异化。

现在,父母越是关心孩子,孩子的发展被异化的可能性就越大。有的孩子尚未出生,父母已经"帮他"设计了未来,孩子一出生·父母就开始实现他们的计划。为了孩子的发展,家长可以不惜一切代价——金钱、时间,更有甚者,为了孩子放弃自己的工作,成为全职爸妈——孩子真正成为家长生命的延续。家长们望子成龙的心情那么迫切,他们教育行动显得那么坚决。由于家长对孩子的人生发展缺乏科学的认识,家长对孩子的发展计划大多数是想当然的。在"一切从娃娃抓起"、"不要输在起跑线上"的鼓噪声中,在各种各样学习班的宣传声中,家长们变得心浮气躁,随意安排孩子的学习、发展计划。这样的安排无疑成为孩子发展的负担。

一般情况下,家长为孩子做出的牺牲越多,对孩子的要求也就越高,家长们希望自己的孩子尽善尽美,给孩子强加了很多孩子们不愿做、做不到的事情。家长们的要求愈高,孩子愈难达到家长的要求,结果是家长们总是在不停地抱怨孩子们不争气。有位单身母亲,为了儿子,离婚后一直不结婚,不惜一切代价培养他学钢琴,就是希望他成为下一个朗朗,孩子活得如何大家可想而知。有一位母亲,自己就是一位非常普通的会计,但是对儿子要求极高,认为儿子考第一名是可以表扬的,第二名就没有什么好肯定的了,结果儿子从来得不到肯定和表扬,听到的都是批评声,后来母子关系越来越糟糕。

当然,家长们以为他们为孩子所设计的发展计划对孩子的发展将会有价值，而实际效果未必如此。家长们不了解孩子的个性特点，也不懂孩子的发展机制和发展规律，也不尊重孩子的兴趣和爱好，这样的计划大多数是不科学的；他们不知道孩子自有孩子的生活需求和生命轨迹，孩子们按照父母的设计在发展，失去了自由发展的可能，这样的安排也是不人性的。

家长们将自己的希望转移到孩子的身上的时候，他们往往考虑的是自己的想法，很少考虑孩子的想法，不知道每一个人都应该有自己的兴趣和自由，应该拥有自己的使命，都应该有自己的奋斗历程，都应该完全地燃烧自己的生命。如果孩子们也是像他们的家长这么想的话，希望只能在永远的下一代。

孩子的发展遇到的第二重异化来自我们国家的文化。我们的孩子自小被异化成"螺丝钉"、"建设者"。孩子从小被灌输"我是革命一块砖，哪里需要哪里搬"，"做一颗革命的螺丝钉"，"牺牲我一个，幸福十代人"。这些口号在革命年代，国家面临着内忧外患，每一个人的根本利益与共同利益都面临着巨大的威胁时具有合理性。这时为了国家也是为了自己，大家必须以大局为重，个人应该不计较，不挑拣，绝对服从整体安排，干一行爱一行。这样可以保证国家、集体快速发挥巨大效能，为国家社会的存在，也为个人的生存发展奠定基础。这样做，个人虽然看上去牺牲了自己的兴趣和爱好，但是保证了自己的根本利益，因此螺丝钉精神在特定时代有其合理性。但是"螺丝钉"（"砖块"）这个比喻之中隐藏着两个不可忽视的缺陷。第一，在这个"螺丝钉"的比喻中自然包含着两种人，一种作为"螺丝钉"的人，这种人失去了主体性，失去了个性，也不能考虑自身的需要；另一种人则是那个搬动砖块的人和安放螺丝钉的人，这个主体将是他人命运的决定者。第二，人不是"螺丝钉"、"砖"这样的标准件，而是有灵魂、有个性、有需要，而且在不断发展提升过程中的生命存在，有自己最合适的岗位，不应该被他人随意安排。一个社会只有每个人得到发展，并找到最合适的岗位才能发挥出社会整体的最大功能——整体的功能发挥以个体功能发挥为前提。"螺丝钉"精神实际上体现的就是国家至上、集体至上的观念，自然也包含着对国家、集体的无条件服从，所以螺丝钉精神自然而然地受到管理层的欣赏，并得到大力提倡。当螺丝钉精神作为一个人的精神要求时本无不可，但是当它成为全社会倡导的精神价值的时候，人就被异化了。

教育则是让孩子的发展异化变为现实。当孩子走进学校成为学生，孩子的发展则在教育的过程中全面异化。本来学校是孩子发展的助推器，是孩子全面发展的保障，但是偏偏是学校加剧了孩子的异化。现在的学生很辛苦,原因多种多样,有学校领导的原因,有老师的原因,甚至还有地方政府的原因,所以政府、领导、学校和老师都应该承担责任。

孩子的发展被异化成学校领导的管理水平。(在教育遭受的众多异化中,其中最引人瞩目并遭到猛烈抨击的有两个,一是教育被异化为领导的管理水平,二是教育被异化成老师的教学能力。)学校领导对教育的异化主要在于学校领导为了追求升学率,不考虑学生的发展需求,随意更改国家规定的教育计划和作息时间。一般情况下,为了提高高考科目的成绩,学校随意修改国家规定的课时数,高考科目(或者是统测科目)随意加课,非高考科目随意克扣教育时间。比如,大多数高中语数外每天一节课,远远地超出国家规定,像研究性学习排在课表中,好一些的学校两周一节课,有些学校干脆不上,至于地方课程,更是有书本无教师。有些学校领导为了争取更多的学习时间,眼睛盯上了学生的休息时间,不顾国家的规章制度,不顾学生和老师的反感,随意制定更改工作时间,一再延长教师工作时间和学生的学习时间。具体表现为周末补课,提前到校时间,拖后放学时间。很多学校不管是夏天还是冬天,都要求学生早晨 7:15 之前到校,7:20 开始早读,7:40 开始第一节课。晚上学生放学已经 5 点多,有的学校规定学生在校夜自修,放学到家要到 10 点多,甚至更晚,学生在校时间比成年人工作时间还长(成年人晚上可以休息,而学生则必须继续完成作业)。这样,学生的休息时间得不到保障,问题严重到什么程度,无须多说,只要看看每天早晨的汽车站台就知道了,起得最早的就是教师、学生,一个个看上去睡眼惺忪,面容憔悴。面对这些,每一个校长都有一个美丽的说辞:为他们搭建更好的平台,为了更加美好的前程,目前的一切牺牲都是值得的。真可谓用心良苦。

学生的发展水平被异化成老师的教学水平。自从孩子走进学校那一天开始,孩子的发展水平、考试成绩很自然地与老师的教育教学水平联系在一起。在考试成绩成为孩子升学考试唯一依据的时候,孩子的发展水平就简化成考试能力,教师的教学能力也就简化成分数提升能力。教师为了体现自己的价值,表现自己的水平,总是想法设法占用学生的时间——不管什么方法,也不管何种时间。第一种方法就是占课,这种方法从小学就开始了,有的学校考试科目之外的任何上课时间可以任意占用,比如,小学里科学课、英语课、体育课、德育课、劳技课、美术课都可以占用。第二种方法,就是增加作业量,抢占学生课余时间。因为学生就那么多时间,我不布置作业,学生会把时间用到其他科目上。每个老师都是这么想,结果学生的作业负担越来越重,休息时间越来越短。学生的休息严重不足,体质下滑,这已经是不争的事实。

（三）发展的权利缺乏

除了外部客观条件对自由发展制约之外，发展权利也没有得到应有的保障。

再就自由发展来看，主要是两个方面。一是自由发展的权利，二是对必然的把握。

自由发展首先是一种权利。这种自由是说作为人，我应当有权利来选择和决定自己的行为，不该受到强制和限制，这种自由主要表现为我的选择和行动能够由我自己做主。就发展的自由权利而言，主要表现在发展内容的选择与发展过程的掌控上。就发展的内容而言，我可以发展什么，不发展什么，这应该由我自己来选择。就发展的过程来说，今天发展什么，以后再发展什么，应该由我自己来决定。即发展与不发展都是由自己取舍决定，而且是可以更改的，这才是发展的自由。这种发展的自由权利可以保证个人的兴趣和爱好得到尊重，发展的过程得到不断调整，达到合乎自己的愿望。

就目前的教育而言，发展的自由权利恰恰没有得到应有的尊重，表现是多方面的。第一，目前全面发展成为一种任务，这是最大的不自由。全面发展对于任何个人既然是不现实的，那么作为对片面发展的反动的全面发展，也只为我们每个"面"的发展保留发展的机会就可以了，不应该把全面发展作为一种任务强加于我们。就我的自由权利而言，我有发展某些"面"的权利，暂时放弃发展某些"面"的权利——甚至永远放弃的权利，只要这是出于我自己的选择。但是，就目前的教育来看，我们缺乏这样的机制。比如，不管哪个年龄阶段的学习内容和流程都是由国家统一规定，毫无选择性可言，想学是这些，不想学也是这些——当然你没有不想学的权利，也没有暂时不学的权利，因为你不学，你不能通过考试，也就不能升学。高中课程有了所谓的必修和选修，但弄到最后要么必修，要么就是不修——考试决定，实际的结果选修课程、地方课程的出现造成大量的教材的浪费。第二，从发展的速度来看，由于个体的学习能力的差异导致学习的进度不一样，有的人学习速度很快，但是有些人花别人几倍的时间才能学会，甚至还学不会。而学校教育要求每一个人以同样的速度前进，有点鸭子吊着脖子跟汽车赛跑，岂不是强人所难。目前，义务教育阶段不可以留级，即便是高中阶段也是很少留级。现在是用一个标准衡量所有的学生,结果是只有少数的学生达到了优秀,而很多的学生被淘汰。第三,目前教育的自由缺乏还表现在一个人选择老师、选择学校的权利的欠缺。现在地区教育水平、学校资源、教师教育能力差异巨大,但是学生很难自由地享受这些资源,原因是家庭关系、户籍制度的存在,限制了人的移动,结果每一个人发展的自由权利仅仅变成是平等竞争的权利。

(四)发展自由的能力缺乏

发展自由建立在对必然的把握的基础上,而现在与教育有关的各个主体对教育规律的认知明显不足。

第二种自由是作为发展状态的自由,这种自由基于对必然的把握,即发展要符合发展规律,符合个体的实际。这样的发展自由不是与生俱来的,因为一个人在发展之初,不可能掌握规律,了解自身,所以这样的发展只有经过后天的培养和他人的帮助才能获得。为了达到这样的自由,只有全社会加大教育科学研究力度和教育投入才能掌握发展规律和个体的发展特质,才能有针对性地制定适合个体发展特质的发展计划,实现个体的发展自由。

从目前来看,要实现这样的发展自由实在是为时尚早,原因在于全社会尚未重视,甚至根本还没有这样的意识,其根源在于社会的物质条件不足,人的发展需要还没有上升到应有的地位,目前仅仅满足于有所发展而不是发展自由。再者,就是整个社会文明的欠缺,整个社会对人的重视还处于较低的境界,对人的需要的重视还停留在对生命和情感需要的尊重层次,虽然承认人的发展是社会发展的巨大动力,但是尚未真正意识到人的发展才是社会的最后目的,也是社会发展的根本。正因为这样,目前对人的发展的理论研究还显得相当滞后,特别是人本来是什么? 应当是什么? 这样的问题都没有认真思考过,还满足于抽象地来谈人的发展,比如,最为常见的就是"为了学生的一切,为了一切的学生,一切为了学生"。如果对学生的本来和应当没有足够的认识,学生的一切是什么? 如果对学生的应当不知道,学生的发展目标就没有准确的定位,教育就失去了方向,怎么对学生的一切负责?

教育理论研究严重滞后,影响教育自由。很多人说教育理论研究得差不多了,没有什么好研究的,尤其是一线教师说,"我们只要管上课就行了"。

其实教育理论还很不成熟，离教育自由还有很长距离。教育理论是教育自由最为直接的反映，如果理论都不明白、不明确，教育自由自然就成问题。那我们来看看问题有多严重，目前连所谓的教育专家都各持己见，谁也说服不了谁，何以为证？只要看看这几年所谓的教育改革、教育创新就知道了。首先是教育理念不断翻新，一个接着一个，说明了什么？一方面说明理论在创新，同时也说明了教育理论的不成熟，成熟的理论会有如此快的变化？教材也在不断变化，考试内容也在不断变化，变化的根据又是什么？变化伴随争论，结果就看谁的理论占据上风，甚至是谁的理论控制了管理层。正是这样，理论不统一，造成一个国家不同省份，教材各不相同，考试内容、考试方式大不相同。

就教师层面，教师的素质离发展自由的要求相差太远。教师对教育教学规律的认识很模糊，教育理论和教学实际之间有一个鸿沟。很多人说教育理论没有用，原因是什么？不是教育理论没有用，而是我们对教育理论不熟悉，还没有能力掌握和运用教育理论。真正的教育理论运用到教育教学实际应该还需要一个中间环节，即教育教学的智慧，这个智慧的核心又是什么？教师上课时有没有一个统一的行之有效的内在规律可以遵循？有没有一个统一的衡量尺度？这个核心，可以说没有多少人研究。所以，各种教学模式层出不穷，其实都只是反映一定的侧面，而未见本。只要看看现在的听课、评课和说课，就知道空话套话连篇累牍，形式花样百出，但是离教育的本质却显得那么遥远。

顺便批判一种观点，这种观点还很流行，它认为"中小学教师只要教好书就行了，理论的研究是专家或者大学老师的事情；中小学教师即便是去搞科研，往往也只能搞一些实际问题的研究"。在这种观点的引导下，中小学老师们不太喜欢理论钻研，理论层次不高，科研不上档次。目前广大中小学教师的研究主要集中在一些教材教法，或者做一些简单的经验总结，再不然就是班主任工作经验总结。这一点，从目前一些教育丛书来看就很容易看出。

从家长层面来看，离发展自由更是遥远。一个人从出生到上小学这个阶段是人生很多素质形成的初始阶段，这个阶段处理不好，很多问题就会伴随人的一生。

孩子三岁之前，家长主要承担哺育的任务，同时也要教会孩子一些日常生活能力。但是这个阶段的家长大多数没有得到"如何为人父母"的科学教育，很多初为人父、初为人母根本没有实践经验，他们或者按照教科书，或者听从前辈的教导,或者凭着感觉教育孩子。初为父母者往往在人生这个阶段工作压力也比较大,没有太多的时间和精力去照顾孩子,很难尽好教育孩子的职责。因此,很多成年人作为"父母"这个角色往往是不太成功的,而这个角色的不成功在小孩身上会留下终生的印迹,包括心理、习惯、态度、兴趣,甚至智商等等,等到学校教育,再由老师来纠正就很困难。不难发现,在三岁儿童那里,差异之巨大已经显现,而且这个差异虽不能说决定今后的发展,但在今后教育相同的话,这个差异将具有巨大影响。所以,古人说,三岁看到老。

接下来,孩子三岁之后,一般进入幼儿园,而这个阶段并非义务教育,家庭的重视程度也不尽相同,有的家庭经济条件不好的话,往往上不起幼儿园,那么就会选择放弃,或者少上,或者随便对付一下,这样的话,孩子的又一个重要的发展阶段被疏忽掉了。而这一阶段的重视程度往往与地方经济、家庭经济有关,也与家长对孩子教育的重视程度、理解水平有关。这些因素的差异,使得一部分孩子得到较好的发展,而另外一些孩子在起跑线上就被绑住了手脚。这与跑步还很不一样,跑步比赛起步晚了,不会影响后面的速度,而一个人在人生的某一阶段没有得到应有的发展,后面可能将无法弥补,进而影响到后续的发展速度,最后遗憾终生。如果整个社会注意加强对年轻的父母们进行必要的指导,那么将会对孩子的成长起到推动作用。如果整个社会重视这一点,那么人口素质将会提升,整个社会的发展将会加速。好在有些地方开始将幼儿园教育纳入义务教育范围,这是一件利国利民的大好事。但是,我们必须看到,即便如此,我们婴幼儿教育离教育自由还有很大距离。

(五)非规划不发展

人的发展需要终身规划,但是目前还没有提到议事日程。

最后,人的发展自由的欠缺还表现在终身教育的不够重视。一个人的发展自由从时间上来看应该体现在终身发展上,只有终身发展自由,才是真正的发展自由。人生不同阶段应该完成不同的任务,有不同的发展要求。因此,我们理应根据人生不同阶段特点认真进行全程规划,系统整合各个阶段的发展,使得各阶段的发展相互衔接、有序、高效。唯有如此,才能提升整个人生的质量和品质,以及人的价值。

目前,终身教育作为一个理念已经提出,但行动落实可以说为时尚早。整个社会还没有给予应有重视,没有多少人认真考虑,对大多数人来说,根本还没有终身发展这个意识。在这样的情况下,不可能出现人生设计的概念,也就不会出现人生设计师。这样,一个人来到这个世界,一开始就是糊里糊涂的,没有主体意识,也没有人帮助他设计人生、规划未来,只能被人家牵着鼻子走,没有发展自由可言。在这样的情况下,大家习以为常,即便等到我们已经有意识的时候,自己也已经习惯于随波逐流了,所以大多数人还是继续原来那种糊里糊涂的状态。国人常讲"难得糊涂",我们应该问一句,国人有多少人真正清醒过?在整体文化不够自觉、不够清醒的情况下,单个人的清醒是非常稀罕的。所以,我们应当关注个体的特点,为个体的发展设计合理的道路,并适时进行调整。等到个体开始明白之后,慢慢教会人生规划的方法,为人生的发展自由铺平道路。

当然,也有人反对给孩子规划未来,认为家长替孩子想得太多,会阻碍孩子的发展自由。在他们看来,应该尊重孩子,让孩子自己规划未来。这种观点只看到了规划之弊——家长没有真正考虑过孩子本身,不从孩子的现实出发,不按规律办事,结果没有达到自由发展和发展自由的目的。这种观点看到了规划之弊,而没有看到规划之利。根据规划之弊我们只能说这种不科学不合理的规划不该存在,不能说不要规划。规划之弊的存在恰恰说明科学规划很重要,因为任何孩子的成长免不了规划。如果我们能够在尊重孩子的个体特征、尊重他的自由意志的前提下展开规划,通过引导孩子的兴趣发展,让孩子的发展达到最佳状态,走上最有成就感的道路,获得最美的生命感受,这是多么美好的事情啊。

目前的学校教育为了升学率,哪里还顾得上人的终身发展。学校教育缺乏个性色彩,每个人的发展都被放进一个统一的模子里,结果每一个人只有一种被注定的发展模式,毫无自由选择可言,学校教育根本就没有为人生的长远发展规划这一说。学校教师本应当是学生的人生设计师,但是老师本身就没有这方面的素养,自己都不会规划自己,对学生的素质与未来的关系很不清楚,根本没能力规划,甚至提不出多少好的建议。所以,目前的学校以及老师的教育,往往考虑的是一个人升学考试需要的知识和做人的基本品格,不会考虑一个人不同的阶段需要的本领,也不能告诉孩子如何整合人生未来的不同阶段,达到合理高效的发展,从而实现人生价值的最大化,实现自由水平和幸福水平的最大提升。

本章结语

总的看来,全面发展的教育理念,并没有促成受教育者的全面发展,反而带来了众多的误解和困惑,甚至远离人的自由发展的方向。

第二篇

基于发展可能性基础上的可能发展思考

——让内容走向具体

本篇导言

在具体的教育过程中，我们首先需要确定教育目标，只有确定了教育目标，我们才有可能确定教育的内容、过程与方法，也只有确定了教育目标，我们才有相对应的教育管理。

自由是人类的最高目标，促成人的自由的增长应该是教育教学的终极目标。将自由确定为教育目标之后，自由的内涵与外延就成为我们必须研究的内容，因为自由的内涵与外延的界定将会直接影响教育的展开。所以本篇从对自由的内涵、外延分析入手，确立教育的目标，进而思考具体的教育方法和实现途径。唯有如此，教育才能走向具体。

人的所有自由的实现，都是以"可能生活"（这个概念后面展开）为前提，所以，第二篇作者将其命名为"基于发展可能性基础上的可能发展——让内容走向具体"。

第五章　再论教育的本质在于自由

[引言]我们曾经听说过盲人摸象的故事,说的是几个从来没有见过大象的盲人摸着大象的不同部位来描述大象,结果么,大家都知道了。如果我们把"自由"比作一头大象,我们的认识结果又当如何?

自由具有很多层面,可以有多种理解。第一种,作为人先天具有的自由意志,不需要教育来培养,但是需要得到尊重,它是我们发展的心理前提和内在动力。第二种自由是人的天赋权利,不受限制的自由发展是我们的理想目标,这是我们教育和发展的导向。第三种自由与规则相关,为了人的自由发展,必须提供适当的规则。第四种自由则是个人活动得以展开的外部条件保障,随着社会的进步将得到越来越好的满足。第五种自由是人的能力,这种自由生来是没有的,需要通过教育来提升。第六种自由是人的灵魂的解脱,这是人类高于动物的地方,也是人类从动物性摆脱出来走向神性的通道,需要外面的向导,更需要自我的修养来完成。

人来到这个世界,生命只有一次,提升生命的质量自然成为每个人的终极目标。生命的自由舒展、无拘无束,是生命本质的体现,也是生命质量的标志。因此,自由是每一个人的梦想和追求。

以培养人、发展人为终极目标的教育理应服务于人的这一梦想,即教育理应服务于人的生命,提升人的生命质量,让生命变得自由和舒展,而不应该成为压制生命本质的外在力量。

自古以来,不同的哲学家和教育家都会对"自由"给予高度关注。尽管他们视角有不同,表述有差异,观点有分歧,但是教育应当提升人的自由水平这一点应该是一种共识。按理,教育应当提升人的自由早已不是什么新鲜话题,没必要大书特书了。尽管如此,但在现实的教育过程中,我们很难听到"教育自由","发展自由",听得较多的往往是发展。

当前的教育对发展的重视远远地超过了对自由的重视,以至于我们的教育方针都叫作"全面发展"了。殊不知，发展是过程，是手段，自由才是目的。发展喊得多了，自由喊得少了，结果发展背离了自由的目标，反而成为自由的负担。在这样的情况下，自由甚至渐渐地被人们从记忆中抹去，当有人再次提出教育的本质在于自由的时候，还以为是什么新鲜玩意呢。

所以，当前我们有必要重新唤醒人们对自由的记忆，激发起对自由的渴望。当然在唤起人们对自由的记忆，或者充分肯定自由的价值之后，自由的重要性就已经不再是个问题了，而真正值得我们花心思研究的是如下两个问题：第一个问题，我们的教育应该让受教育者最终获得怎样的自由；第二个问题，对教育者来说则是怎样实现这样的自由。第一个问题是对教育内容的考问，第二个问题则是对教育过程智慧的考问。

当我们说教育要提升人的自由水平的时候，我们不觉得有什么问题，但是当我们真要考虑增长孩子们的自由的时候，我们又会迟疑，甚至无从下手，因为我们并不理解何为自由。教育者对自由的迷茫是一个普遍问题，究其原因，自由本身具有多重性，给予人们众多的思考角度，导致人们很难一下子全面清晰地认识它。

对自由的思考往往是哲学家们的工作，不同的哲学家从不同层次、不同角度去思考，因而对自由的"解蔽"往往散布于不同哲学家的著作之中。而教育工作者大多数缺乏系统的哲学训练，同时对自由的哲学思考往往又不是太感兴趣，所以有必要归纳一下不同的哲学家给我们揭示出来的有关自由的种种层面，或者说与自由有关的种种可能，这将有助于促进大家对自由的理解，从而推动自由的增长。

当然，由于笔者学识有限，不能保证熟知各家各派的自由观点，自然也保证不了能将各家各派对自由的理解都包含进来——甚至对我自己所知道的关于自由的观点，也不能保证理解和概括的正确，这里的归纳仅仅是笔者的一种尝试，这种尝试旨在通过对自由的分析，为教育的发展提供较为清晰的理论指导，从而推动教育的发展。

根据笔者的分析，对自由的种种理解大致可以归结为以下几个层面：

第一个层面，作为主体意志的自由，可以理解为个人对自己的选择的终极决定权。比较典型的就是萨特所说的"自由意志"。这个层面的自由强调的是人具有目的性、主动性，人的每一个行为选择都是由自己最终来决定的，哪怕是在外在强制之下，都是自己选择了自己认为值得行动的方向，尽管这个决定可能有点痛苦，但是这个决定还是由自己来完成的。比如，革命志士被反动派抓住后，面对威逼利诱，你可以选择生，也可以选择死。这种自由仅仅表示，你的决定无法被他人取代而已，因此你要对自己的行为负责。这个自由可以说是与生俱来，并且伴随人的一生，所以这并非我们改变的目标，而是我们开展教育活动必须尊重的前提。

从教育活动来看，受教育者愿意学还是不愿意学，学什么，想怎么学都是个人自由意志选择的结果，因此意志自由这是我们开展教育活动必须承认和尊重的内在前提条件。离开这一点，教育就成为一种强制。所以，一方面我们要尊重这种自由意志，以减少教育过程中的阻力。另一方面，在尊重的同时，我们还要考虑对孩子的志趣加以引导，调整他们的价值取向和激发他们的活力，增长他们发展的愿望——特别是内驱力，实现教育的目标。

第二层面，作为个人与生俱来的抽象权利的自由，这种权利强调天赋平等。比较典型的是卢梭的天赋人权思想。在卢梭看来，"人人生而自由"，"人人生而平等"，但是这种"自由"和"平等"随着社会生活的开始就失去了，原因是历史和文化给人们造就了一系列的枷锁，结果是"生而自由的人""却总在枷锁之中"。因此，要获得"天赋权利"就必须打破一切枷锁。卢梭明确地表示，只有原始人才具有真正的道德，人类社会从古至今，是一部日益堕落的历史。由此，要享有与生俱来的"天赋权利"，就必须打破一切历史、文化造成的禁锢。按照这样的思想，人类只有退回到原始社会去，这偏偏又是不可能的。第一，原始人的不发展是一个不争的事实，有多少人愿意退回到原始社会去呢？第二，原始社会真的能够保证人的自由平等吗？真的不存在这样那样的文化枷锁吗？不是的，原始社会一样有其相应的文化和道德——只是比较原始，与现在的文化和道德不同而已。按照卢梭的逻辑，完全的无枷锁的平等只有在纯自然的无人类的空间里才有可能存在，而这样的空间对于一个刚刚来到世界的婴儿却是无法存活的。所以，卢梭的思想从逻辑上来说，并没有给我们留下任何出路。

按照卢梭的观点，教育似乎也没有存在的必要了——没有历史和文化的教育根本就不存在。照此说来，卢梭的思想似乎对于教育没有任何现实意义，但是，如果我们能够撇开卢梭思想中的这种破坏性因素，承认人生来应当具有自由和平等的价值诉求，在现实中尽力排除来自社会的各种阻碍因素，将人的自由平等发展作为理想目标，并为此创造理想环境，这并不违背人类的意愿，反而可以成为我们教育现实努力的方向。

第三个层面的自由，是作为现实权利的自由，这种权利表现为对自己行动的决定权和对外部环境的处置权以及对人际关系的支配权，其实质是我们可以自由活动的空间。由于脱离历史和文化的抽象自由不能走向现实，而要走向现实的自由必然要受到各种各样的限制，所以，作为现实权利的自由往往与一定的规则（包括纪律、道德和法律等在内）同在，因为只有规则的存在才能保证你的自由和他人的自由，最少理论上是如此的。例如法国1789年《人权宣言》就宣称"保障社会上其他人享受同样权利"——事实上是不是这样暂且不论，从这一点来看规则的存在是有必要的。

由于制定规则时并不是每一个人的地位、条件都是平等的，所以现实的规则并不一定能够保证人们平等地获得权利，通常情况下既得利益者的利益首先得到承认和保护，特别是作为意识形态的法律、制度和道德观念更是统治阶级的意志的体现。有些时候，规则甚至只是少数人的利益的体现，这时，规则就有可能走向了人性的反面，成为大多数人自由发展的障碍。因此，规则到底保障了多少人的自由发展，又在多大程度上妨碍了人的自由发展就成为衡量其合理性的标准（至于规则的合理性如何评价，这里暂时不做讨论，留到后面再说）。

第四个层面，自由可以理解为个人得到的外部条件的支持，主要是外部物质条件和人际关系。俗话说："巧妇难为无米之炊"，一个人即便有了规则的许可、行动的能力，但是如果没有必需的外部条件来保证，一样寸步难行。在众多外部条件中，最根本的是物质条件，其次是各种人际关系。物质条件既受到时代生产力的影响，又与整个社会的分配制度有关，时代生产力决定社会整体的发展水平，而分配政策则影响到个人的发展公平。

从这一点来看，教育必须为受教育者的自由发展提供必要的物质保障，尤其是在社会经济不断发展的今天，我们要不断提高社会保障水平，消除自由发展的后顾之忧。这种保障不仅仅是考虑个人自由的增长，必要时甚至还要考虑家庭的生存——特别是贫困家庭，只有解决了发展的后顾之忧，一个人才可能自由发展。同时，我们要尽可能地提供公平的发展机会，使得个体发展阻力仅仅来自于自身，而不是来源于外在的物质条件和人际关系。

第五个层面，作为主体行动能力（或者行动手段）的自由，那是一种达成目标的能力。比较典型的是马克思主义"自由是对必然的把握"，这种观点强调我们要想获得自由必须掌握规律，把握必然，拥有能力，这样我们才能从必然性的奴隶变为必然性的主人。只有具有这样的能力，我们才可能成功地、高效地改造外在的世界，从而提高我们的生活质量，提升我们的生命品质。而这个自由能力不是先天具有的，而是后天培养的，这是有待我们教育去提升的对象。

根据马克思主义哲学，如果我们要想具有这样的能力，我们就得认识世界的必然性。如何去认识呢？途径主要有两个，一是实践，二是学习。由于一个人的实践条件和精力非常有限，要想在有限的时间里掌握更多的知识和技能，那就需要结合自己有限的实践，尽量多地去接受别人的经验——学习无疑是获取他人经验最快的途径。由于教师一个人可以同时面对很多孩子，教育也就成为提升人类自由水平的最为经济的方式。

"自由是对必然的把握"的观点对教育的影响极大，主要表现在重视科学教学。一直以来我们的教育特别强调科学教育——强调科学教育是应该的，但是不加分析的强调科学教育未必就是一件好事，这就需要我们认真研究自由的内容——这也是教育的内容。另外，如何在有限的时间里尽量提升受教育者的自由水平也是我们必须要考虑的问题，这就需要我们研究教育的方式方法。

第六个层面，作为灵魂归宿的自由是一种精神无碍状态，这种精神状态是自我做主的感性显现。这种自由自古至今在不同的思想家那里都有表述，只是表述的方式方法有所不同。佛教希望通过修炼得到"大自在"，道家希望人道合一，存在主义大师海德格尔则说人要"诗意地活着"，不同的思想家从不同的角度来寻找灵魂的解脱之道。这些观点表述上有差异，境界上有不同，但是都揭示出了灵魂自由舒展的状态，给人们的精神追求指明了方向。

人类为何会追求这样的自由，这与人类的本性相关，与人类特有的心灵品质有关。这种自由是人类所特有的，那是因为唯独人的心灵具有这样的能力——从有限中超越出来达到无限的能力，有了这样的能力才会具有这样的追求。这种能力能够让人从自我所面临的各种处境中摆脱出来，从而获得精神的宁静、超然、愉悦，这是一种不思而得、不乐而悦的境界。对这种境界的追求是人类从动物性摆脱出来走向神性的通道，唯有如此，人类才有可能获得自我解放，从而解放他人，否则人类只能成为"暂时性"的奴隶，无法达到永恒。

这种精神状态往往来之不易，对这种精神状态的追求首先源自于人的内在自觉的追求，因为，没有这种追求是不可能得到这种自由的，而且还需要通过长时间的"修炼"，最后才能获得心灵的释然——灵魂的自由从宗教的角度来说需要经过漫长的修行才能获得正果。正因如此，这种境界是深处外界诱惑、纷扰和内在的迷茫、贪欲中的人无法感知，甚至不愿意去实现的。但是真正品尝过这种自由的人往往又是不会放弃的，因为在这种自由中，人才是最终目的。相对于这一点，其他的自由那就未必具有这样的价值。比如，人的自由意志可能成为心灵纷扰的来源，现实社会的行动能力能够让你获得各种利益，物质的保证已经消除了你的一切恐惧和障碍，但是你可能依然不开心，不幸福，甚至前面所说的各种自由反而成为个人苦恼，甚至人类苦难的根源，如现代化的技术无不体现人类的行动的自由，但用于军事去屠杀无辜的民众又能说明什么？由此可见，之前提到的种种自由如果背离灵魂自由这一终极目的，反而将导致灵魂不安或者灵魂降格。

　　灵魂自由应该为我们教育所重视，唯有如此才能提升全民族的精神品质。对于灵魂自由的追求本来是民族文化的优良传统，保证了民族文化的厚重，但是，现在这种精神追求逐渐离我们而去，可能是物质的诱惑，市场的竞争，使得我们的灵魂远远地离开自己的家园，甚至忘却了回家的路。如果我们的这种灵魂自由被一般人所忽视，这也许是情有可原的，毕竟社会大众的文化水平和精神需求尚处于低层次、有待提升的阶段——本来就是教育的对象，但是被教育所无视，这实在是不应该了，因为教育的超前意识和引领作用是不可否定的。欠缺精神引领和灵魂关注的教育是空虚的，这是对国家和民族的不负责任，将会造成全民族的灾难。

　　当前的教育已经充分暴露出问题的端倪，民族道德沦丧，精神荒芜，灵魂空虚，教育实在是难辞其咎。事实上，当前的教育对人的灵魂层面的关注严重不足，且不说应试教育如何急功近利，就教科书本身来说，当前的教育对精神层面的关注往往从世界观、价值观、人生观具有导向作用方面进行理论的疏导，但是一个人应当具有怎样的价值观就不怎么提了。这样一来，一个人到底应该具有怎样的价值观就成为一个谜了。再者，"三观"教育往往是学理上讲到为止，抽象的"三观"并不能演化为人生的具体行动。"三观"只有从心理上被接受，并成为人生修炼的指南，最终转化为人生态度和心理感受，才能真正发挥价值。这个过程需要方法的指导，比如心理的调控能力、自我反思能力以及必要的修炼方式。

　　很多人喜欢把修炼看成是宗教的产物，其实，如果我们排除了其中的宗教色彩，这恰恰是人格修炼的科学。宗教的优势，在我们现代教育这里却成了劣势。当前的教育缺失的正是人格修养的教育，所谓的"三观"教育达不到让灵魂安宁的目的，仅仅被用于考试，并无行动的价值，产生说的和做的相背离的现象自然不足为怪。一句话，我们的教育必须从传统文化——包括宗教中汲取营养，纠正当前教育存在的不足，告诉孩子还有一种自由叫作灵魂自由，并告知获得灵魂自由的方法，教导他们朝着灵魂解脱的方向努力。

根据前面的分析，我们可以看到自由可以从多种角度来理解，究其原因，人的真正现实的自由体现在人的生活的方方面面，需要内在和外在的各种条件，从而使得人们可以从不同的视角来审视、思考，也就给了哲学家、思想家、教育家从不同侧面展开思考的空间。这跟一头立体的大象，给盲人从不同的角度来认识并无二致。但是，我们如果真想全面完整地理解自由则不能盲人摸象，尤其是，我们在从事教育工作的时候，必须尽可能清晰、完整地理解自由，否则将很难找到通往自由的正确道路，保证孩子自由的发展。

一种文化或者一种思想揭示了一种生活，告知一种自由，当我们接受一种文化，并把它变为我们的生活的时候，我们的生活往往受制于这种文化，甚至深陷其中，形成"路径制约"，直到"头撞南墙"。所以，我们教育工作者如果不想成为受教育者自由发展的阻碍，那么就要想方设法打破这些文化和思想对自由的理解所构成的藩篱，并从各种文化思想中找到发展的可能，帮助受教育者获得各种文化所展示给我们的种种自由。如果仅仅如此，还是不够的，我们还需要通过自己的发现和创造，为受教育者指明自由的方向，找到更加宽敞的道路（当然，受教育者的寻找自由的能力本身也包含其中），提供更加广阔的空间，所以教育者应当是自由的思考者、实践者、拓展者。

为了破除文化的藩篱，这里需要特别指出，在寻找自由的过程中，我们要破除文化国界论，也不能受制于中国特色，因为从人的自由发展角度来说，是没有国界的。

前面我们从六个角度（或层面）对自由进行了分析，同时也分析了不同角度（或层面）对自由发展的影响以及对教育的意义，下面作一个简短的归纳。第一种自由，人的自由意志是人先天具有的，与生俱来的，不需要教育来培养，但是需要得到尊重，它是我们发展的心理前提和内在动力。第二种自由是人的天赋权利，不受限制的自由发展是我们的理想目标，这是我们教育和发展的导向。第三种自由与规则相关，为了人的自由发展，必须提供适当的规则。第四种自由则是个人活动得以展开的外部条件保障，随着社会的进步将得到越来越好的满足。第五种自由是人的能力，这种自由生来是没有的，需要我们通过教育来培养和提升。第六种自由是人的灵魂的解脱，这是人类高于动物的地方，也是人类从动物性摆脱出来走向神性的通道，需要外面的向导，更需要通过自我修养来完成。因此，我们要善于从不同的视角来审视自由，从不同的角度来实现人的自由的增长。

基于以上的分析，接下来我们需要讨论的内容似乎已经清晰。据此，我们可以展开对教育的构想，思考教育的出路。

第六章 规则·可能·教导

[引言]俗话说:"没有规矩不成方圆",教育活动一天也离不开规则。如何理解规则、制订规则、评价规则,这是一个一直困扰大家的难题。本章从可能生活入手,进行深度思考,破解这一难题。

学校的教育教学活动、孩子的自由与发展都离不开规则。但是,在教育教学过程中,我们也发现很多规则在执行时遇到相当大的阻力,这些阻力有些来自孩子,有些甚至来自于老师。我们不能排除老师、孩子本身存在的问题,但是我们也应该反思一下那些规则到底合理不合理,到底有没有问题。

反思规则合理性问题,首先要反思规则的评价标准,即怎样的规则才是合理的。这个问题看上去比较好回答。我们通常会这样说:我们的孩子既乐意接受,又能促进他们发展的规则就是好规则。但是这样的回答很抽象,很不具体,原因在于,人的发展是一个含糊的概念,孩子乐意接受还有一个程度问题。

要弄清楚规则合理性问题不容易,需要从多方面来考量,特别是以下三个问题需要我们认真探索:第一个问题,制定规则的立足点和目标是否存在着问题? 第二个问题,制定规则的程序是否正当? 第三个问题,规则在执行的过程中是不是可以做得更好? 再往下深入思考,以上各种有待思考的问题中有没有更为本质的内容? 能否找到一以贯之的红线把以上问题贯穿起来? 在笔者看来,人的可能生活是贯穿以上所有问题的主轴,是解决以上所有问题的关键。

由于教学活动中的规则从内容到形式相当丰富而繁杂,远非本书所能详尽,也非本书目的之所在。为了能将笔者的观点较为鲜明地托出,尽量避免眉毛胡子一把抓,本章不打算在具体规则上花太多的笔墨,而将集中力量对于规则的制定和执行的合理性进行分析,点明规则制定和执行的理想目标,从而明白什么样的规则属于好规则,怎样才能制定出一个好的规则——

当然在阐述观点时不可避免地会提到某些具体的规则,这不过是作为证据而存在的。这样我们可以掌握制定规则的一般原则,更好地理解规则和制定规则,使得规则有利于教育教学活动的开展,促成孩子的发展和自由的实现。

一、可能生活

我们站在坐标原点,似乎可以向任何一个方向出发,每一个方向具有同样的可能。当我们面对发展的时候,似乎也有这样的感觉,每一种发展我们具有同样的可能,实际上却不是那么美好。这就是抽象可能与现实可能的区别。

(一)规则选定生活

孩子生活在规则下,接受规则所许可的活动(包括教育),这样规则所划定的空间就成为孩子的生活和行动空间,但是规则无法取代人的自由意志,因此,规则与人的矛盾在所难免。

所谓规则,就内容而言,或是规定哪些事情是可以做的,或是规定哪些事情是不可做的,同时明确哪些事情做到什么程度可以得到表扬或奖励,哪些事情如果做了将会根据违犯的程度进行惩罚。这样规则画下了一个又一个圈,孩子生活在规则下,接受规则所许可的活动(包括教育),这样规则所划定的空间就成为孩子生活和行动的空间。

人是教育的产物,是一个不断生成的过程,孩子的今天就是他们的明天,最终形成了自己的生活方式。这就意味着,规则"帮"孩子选择了人生的发展的方向,选择了生活的道路。大多数人在规则面前选择服从,所以,绝大多数人的命运就是被规则决定的,只有那些通过反思,并努力与命运抗争的人才会有可能突破规则,重新选择,改变规则指引的发展道路,改变规则为人生发展所圈定的空间。这样的人往往是凤毛麟角,对于普通大众来说这是不太可能的,一是没有这样的勇气,二是没有这样的能力。这样,当规则决定大多数人命运的时候,国家和民族的未来也就这样被注定了。故此,可以这么说,教育教学规则的制定关涉个人的命运和民族的未来,所以我们在制定规则的时候一定要慎重！

尽管规则为我们规定了人生活动的空间，"帮"我们选择了人生的发展方向，甚至我们最后真的被规则安排了命运，但我们一开始并不是那么心甘情愿不分青红皂白地全盘接受这个"被设定的命运"，因为我们的人生只有这么一次机会——生命不可以重来，谁都会珍惜，对于尚未展开的生命我们都有很多期盼和遐想，每一个人都在想——自觉不自觉地，我应该过怎样的生活？我怎样才能过得更好？没有人会轻易舍得放弃过自己想过的"自己的生活"——即便要放弃也是在经过抗争，无可奈何之后——两害（规则的惩罚与规则对发展的障碍）相权取其轻。但是，即便如此，在规则面前低下宝贵头颅的人们依然还会对自己的未来有着这样那样的憧憬，梦想未来生活会出现种种转机，因为规则无法取代人的自由意志。

通过前面的分析，我们看到规则与个人的冲突是难免的，冲突的实质就是规则所许可的生活方式与个人可能的生活方式之间的冲突。既然规则与人的冲突源于此，合理的规则也应该是源于此，这样我们就可以看到，可能生活是理解与规则有关问题的核心所在。

（二）两种可能生活

抽象可能是一种无所不能，而实际可能的生活只能是在一定的社会条件下，立足自身素质，调动所能支配的资源所过的生活。

什么是可能的生活？对此有两种不同的看法，一种是抽象的可能，另一种是现实的可能。

所谓抽象的可能生活，建立在这种观点的基础上：人的思想或者意志是自由的，如果不考虑思想的具体内容和思想的能力，仅仅就思想本身而言，思想是无拘无束、绝对自由的，似乎是每一个人的心灵就像一个点，思想的光芒可以向四面八方的任何一个方向发射，每一个方向都可以导向一种可能的生活方式。这样一来，人的生活就具有了无限的可能，无限的希望。简言之，思想想什么，怎么想都是可以的，由此可以推出，每一个人的心灵都具有无限的发展可能性。

当我们保证了无限自由的可能的时候，我们可以为自己选择自己所喜欢的生活方式，当然也可以改变自己的生活方式。不管如何选择，其他的种种可能依然为你"敞开"。

　　这种观点认为人自己有权利选择自己的生活方式,力求保证自己发展的种种可能,承认了人的主体的地位,这一点无疑是值得肯定的。但是,问题在于这种不受任何条件限制的可能生活从来不会存在,现在不会,将来也不可能存在,再自由的思想也离不开这样那样的条件,一句话,"可以想"和"有能力想"、"想得到"是不一样的。

　　首先,每个人的思想的物质器官——大脑及其载体——身体就不一样。这种先天条件的差异对后天的可塑程度的影响绝对不可小视,有时要弥补先天的不足,后天不知要多付出多少力气——有时甚至是无法弥补的。比如,由遗传基因控制的身高、智商和其他天赋,对人的发展的制约有多大可想而知,如果碰到遗传疾病就更加没有希望了。举两个例子大家就能明白。假如姚明和邓亚萍换个职业,他们再努力估计也没有用,这是身高决定的;绝大多数人读不懂海德格尔的《存在与时间》,理解不了爱因斯坦的相对论——尽管你可以想,但想是一回事,结果又是另一回事。

　　再就思想的内容来说,你的人生经历与学养决定了你想到的内容。尽管你的思想可以像脱缰的野马,但是逃不出你自己的"思想的疆界",因为你想不到你所想不到的东西。一个没有文化的人永远猜测不到哲人的思考内容,就像北极熊永远不知道赤道的炎热一样。

　　再次,在今天,我们的成长过程还与家庭和社会提供的各种条件有着不可分割的联系——特别是家庭的经济条件。往往较好的经济条件为良好的教育提供了可能,这一点大家有目共睹。如果社会能提供越来越多的公共福利,能够为每一个人的发展提供越来越多的条件,个人的发展对于家庭的依赖就会下降,比如免费的义务教育能够让贫困孩子获得更多的发展机会。即便真的能实行免费的教育,也只能保证义务教育规定阶段的一般水平,还不能保证享受优质教育,而义务教育之外的教育还得靠家庭来承担。

　　通过这样的分析,我们可以得出"无限可能"不等于"无所不能"——无限可能是指"除此之外,他还可以……",而"无所不能"指的是"他没有什么事情不能做"。

　　通过以上分析,一个人实际可能的生活只能是在一定的社会条件下,立足自身素质,调动所能支配的资源所过的生活。说到底,基于一个人的身心潜在素质与发展水平、家庭的经济和社会公共福利之上,我们能够为自己选择的各种生活方式之和就是现实的可能生活。

　　这种现实的可能生活是自己对自己的自主安排,是主体的自觉活动,在这种活动中,我可以利用,也可以不利用这些资源,既可以这样也可以那样运用,也可以多运用,也可以少运用,或者分配着用都可以,并随着客观条件以及主观兴趣的变化而不断加以调整。由于主客观条件的差异,每个人的生活方式都带有强烈的个性特征。正是这样,造成了人类社会的千姿百态。

这种可能生活只是在已有的条件下的一种"敞开"的生活,"暂时"没有受到任何约束,这种生活有着无数的未知成分,给人们的生活带来了许多憧憬和希望,同时也显示了生命的创造性特征。

在区分了抽象的可能生活和现实的可能生活之后,我们对规则的思考才刚刚开始。那么合理的规则与可能的生活之间应当有着怎样的关联? 这个问题的回答,需要我们把规则细分,看到不同的规则怎样一步一步把我们的可能生活变为现实的生活,从而看到我们的可能生活怎样一步一步减少,从而帮助我们审视规则的合理性。

二、强制性规则

有个国家允许公民在议会表达自己的观点,但是附加了一个条件,那就是在表达观点的时候只允许吹金喇叭,哪边喇叭声音大,哪边就算胜出。穷人根本买不起金喇叭,也就没有了表达的机会,最终只有富人在表达自己的看法,穷人在那里只是干瞪眼。这种看似公平,实际上却没有公平可言。法律的合理性到底如何评价呢?

(一)法律的限制

法律限制的目的是为了保证我们每一个人的可能生活的自由,因此限制的水平应该以保证个人的可能生活不至于损害他人的可能生活。

一个人所拥有的条件不管是多还是少,如果我们不加约束、不计后果的话,一个人可以完成的事情依然还有无限多的可能。但是,这些可能是不是"可以"(注意"可以"而不是"可能")转变为现实,这又需要进一步考量了。

人总是生活在一定的社会关系中,你的所作所为必然要与别人发生关系——或多或少而已,势必影响到他人的自由的实现。因此,每一个人前述的可能生活总是令人有些不放心,因为你可以利用这些条件来发展自身,也可以用它来从事赌博吸毒、杀人放火、有组织犯罪等活动,从而直接或者间接地危害他人的可能生活。也就是说，一个人的可能生活在价值上还不能排除"为恶"的可能性，从结果上看还不能保证别人的可能生活的"安全"。因此，我们必须对每一个人的可能生活加以限制。

限制是必需的，限制到什么程度为好呢？限制的目的是为了保证我们每一个人的可能生活的自由，因此限制的水平应该以保证个人的可能生活不至于损害他人的可能生活，或者说使得一个人的自由不再成为他人自由的障碍就可以了。所以，限制的对象是那些可能直接或间接伤害别人的"可能生活"而已，其他的可能生活都应该得到肯定和保护。

为此对每个人的正当的可能生活的保护和对危害他人的可能生活的惩罚必须做出界定，这时法律就变得必要了，暴力手段的存在也成为必需。

因此，对于我们的可能生活的实现来说法律是必需的。当一个人选择做一个合法的公民的时候，意味着他放弃了那些会给别人带来伤害的可能生活，得到的回报是他自己的可能生活有了相应保护。这是一种交换，应该是值得的。而当他损害别人的可能生活的时候，触犯到法律的规定，也就意味着将遭受法律的惩戒，将要被迫接受法律制裁，这时他的自由受到限制，部分乃至全部可能生活将会被剥夺，可能生活暂时或者终生就此"关闭"。

基于以上分析，可能生活进一步缩小，真正的可能生活是一种有转变为现实的条件，并得到法律许可的生活（注：接下来的论述将在这样的可能生活基础上进一步展开）。

（二）法律限制的合理度

法律的合理度从限制的合理度、许可的合理度、法律的执行不合理度三个指标来衡量。

理想的法律应该是该限制的限制，不该限制的不限制，但现实往往出现该限制的没有被限制，不该限制的偏偏限制了。随之产生的问题是法律的合理性：即多大程度上保护了公民的可能生活。关于法律的合理度的衡量，可以从两个方面来进行。一是看它限制的合理度，二是看它许可的合理度。

从限制的角度来看，就是从实际限制的和应该限制的关系来看。我们可以用下列公式来看：

$$法律限制的合理度 = \frac{实际限制的生活（应该限制）}{应该限制的可能生活}$$

限制的合理度太低,要么是惩戒力度太低,要么是执行力度太低,总之法律的威慑力还不够(法律的威慑力应该随着历史的变化而变化)。当限制度较低时,危害行为时有发生,公民的权利往往经常被伤害。比如伪劣商品伤害健康、超标排放污染环境等等事件时有发生,实际是惩戒不力。学校教育也是如此,一些不该发生的事情经常发生,以至于一部分人的可能生活受到了别人的自由的妨碍。

再从许可的角度来说,法律的合理性还体现在可以实现的可能生活能够变现的人数。这体现了法律的真实的公平性。

$$法律许可的合理度 = \frac{某项可能生活可以变现的人数}{某项可能生活对应的社会总人数}$$

假如我们用这个公式分析社会,我们会发现很多问题。比如,理论上每个合法的公民都可以获得上升的机会,但是看看现在上升通道对多少人是敞开的呢? 这就是法律制度的实际公平性。法律本身是要保护公民权益的,如果因为法律的出现,反而使得可能生活缩水,个人发展受限,这样就会引发社会不满,甚至对抗法律。

法律的存在应该确保让每一个人的自由不再成为他人自由的障碍——从而保证每个人平等的发展权利,这种公平实际上是机会公平,并不是实质公平。

举个例子说明,在物权法里私人财产神圣不可侵犯,这就是保护了每一个人的财产。也就是说,你的就是你的,我的就是我的,这是平等的。这种平等是不考虑财产的具体数目的,因而是抽象的平等。按照物权法的规定,乞丐的打狗棒与富翁的宝马别墅得到同等保护——具体财富显然是不一样的。但是也许有朝一日,富翁变乞丐,乞丐变富翁,这种变化结果也会得到法律的保护。由此可见,法律保护的仅仅是机会平等,保护不损害他人自由的可能生活。但是,每个人却在法律许可的范围里过具体的可能生活,这样的可能生活对于每一个人来说是很不一样的,即现实的可能生活是不平等的(至于如何从机会公平走向现实公平的问题,留待下面的章节来讨论)。

假如法律要保护人的机会公平,必须从最一般的"人"出发谈论可能生活,不添加其他条件,如果加入了其他限制,哪怕这个限制对任何人看上去是一样的,这时机会公平往往就会被打破。这个附加了的条件就会使得一部分人失去一定的可能,法律就变得不再公平公正,附加的条件越多,离公平公正越远。有个例子可以很好地说明这一点。本来表达观点只要有嘴巴就可以了,偏偏有个国家要求表达观点的时候只允许吹金喇叭,哪边喇叭声音大，哪边就算胜出。穷人根本买不起金喇叭，也就没有了表达的机会，最终只有富人在表达自己的看法，穷人在那里只是干瞪眼。这里通过提高"准入门槛"——表面上看来是公正的，但实际上使得一些人失去了将可能转化为现实的机会。因此，法律在制定的过程中，尽量降低门槛，最好没有门槛，在保证不危害他人的自由的前提下，保证每个人不妨碍他人的可能生活的自由实现。

通过以上分析，法律的合理性就是保证公民调用合法拥有的自身资源和家庭资源，为自己的可能生活、可能发展服务，而不是为某些人提供特殊的服务，或者设置门槛，使得一部分人获得特权，享有更多的可能生活。

法律的公平除了规定的内容上的公平，理应包括执行上的公平。法律可能看上去是公平的，但到了现实中，特权人物凌驾于法律之上，法律的公平就成了空话。比较典型的是，我们社会中有很多"特供"商品、服务，只为部分人提供，从而使得他们获得了更多的机会。

到了学校教育中，不公平的现象比较典型的就是借读生和条子生。有些地方，为了增加学校的收入，故意减少招生数量，留下大量名额招收借读生。有些地方，教育局明文禁止借读生，但是依然出现了很多"条子生"。借读生的存在本身就是违背教育公平竞争原则的，孩子拥有就学的机会，应该是由学习水平决定，其他因素都应该排除。这样我们可以看到法律执行的不合理度。

$$法律的执行不合理度 = \frac{享受特权人数}{对应的社会总人数}$$

以上从三个角度分析了法律的合理度，法律合理度越高，机会越公平，越能激发个人的奋斗的欲望，个人就有更多的机会通过努力来改变自己的命运，争取更大的生活空间；反之合理度越低，个人能力再高，再努力也不见得有多大用处，有时甚至是白费力气。

如果一个人的机会公平没有能力和条件转化为现实，那么他的可能生活已经接近关闭，生活已经没有希望，这时候的他假如又得不到社会的温暖，铤而走险反过来却有可能够帮助他开启现在的生活之门，这个时候他就会铤而走险，以身试法。对于这样的人，社会应当负有责任，我们也应该给予同情。所以，法律在保证每个人的可能生活得以实现的基础上，还要从其他层面来保障陷于困境的人，帮助他们开启可能生活之门，增加他们的生活可能。从这一点来说，国家加强社会保障制度建设显得尤为必要，唯有如此，才能减少机会公平中的冷血。而对于另外一种人我们无须同情，甚至应该严惩。这些人生活本来不差,但是为了自己的更好的可能生活赌博一把——如贪污腐败等。因此,我们法律的制裁要从一个人的可能生活来思考,才显得有人性,具有合理性。

(三)启示

启示一,不该设立的禁区要放开,唯有如此才能调动和利用一切可用的资源来促成人的发展。启示二,我们在拆除一些不该存在的樊篱的时候,也要考虑随着社会的发展增加一些新的限制。

论述到此,关于法律对于自由的限制的讨论该结束了,这样的讨论到底对教育管理有什么样的启示呢?

启示一,不该设立的禁区要放开,唯有如此才能调动和利用一切可用的资源来促成人的发展。法律要充分保护和调动各种社会资源来促进人的发展,套用经济学的观点就是,法律制度应该使得每一个人不危害他人发展的自由得到保障,让一切劳动、知识、技术、管理和资本要素的活力竞相迸发,让一切有利于促成人的自由发展的源泉充分涌流,以促成人的发展。因此,我们国家政府应该认真思考法律和制度存在哪些障碍,阻碍了资源的利用,阻碍人的可能发展的实现。在全球化时代,我们要善于利用一切可以利用的资源,来促进国民的发展,实现人的自由的增长。

就当前来说,个人资源和社会资源在人的发展上没有得到充分的调动,特别是私立学校和公立学校没有平等的竞争机制,尽管民办学校得到法律上的认可,但是民办学校的存在与发展相当困难,民办学校其实还有很多禁区有待打破(具体的问题讨论不在本书关注之内,故不再多讲)。再比如,学籍制度的存在明摆着是不公的,是在人的前面加上了地域的属性。

启示二,我们在拆除一些不该存在的樊篱的时候,也要考虑随着社会的发展增加一些新的限制。随着社会的发展,尤其是科技的进步,危害人的发展的新形式会随之产生,尤其是以高科技面貌出现的危害人的自由发展的新技术、新产品,对身体的危害我们可能会很敏感,而对心灵存在和发展产生危害的东西我们更要加强研究,对必要的技术和产品要设立一些禁区。比如互联网的淫秽色情、网络游戏的无节制的流传对人的发展危害很大,就应该设置禁区,不要在自由的幌子下任其流传。

总结前面的分析,可以得出结论:我们知道了公平的法律建立在抽象的人性的基础上,保障的是机会平等,可以将已有的资源调动起来,这是它的优点,但是我们也要清楚地认识到,人的现实的可能生活还需要得到其他制度的配合(具体的讨论不在本章关注之内,故不再多讲)。

三、限制性规则

清朝通过法律的形式规定留辫子——随意剪掉辫子那是重罪,这种把无关他人生活的可能生活上升到法律的层面当然是不应该的,也是可笑的。现在,有很多学校明确规定,孩子必须剃学生头,不能染发、披发、烫发,否则就要通知家长,勒令按章修改,甚至警告处分。二者有何区别?

消极的可能生活在法律层面可以存在,但是毕竟对个人和社会的发展不起直接的推动作用,不值得提倡,但是我们又当如何对待?

(一)道德限制的必要性

让那些消极的可能生活转变为积极向上,道德说教应运而生。但是,道德说教的力量是有限的,因此,消极的生活很多人不会放弃,依然还是自我可能生活的选项。

经过法律的限制,真正的可能生活是一种有转变为现实的条件,并得到必要的法律许可的生活。这样一来,我们发现所谓的可能生活进一步缩小,接下来我们的讨论就在法律许可的现实的可能生活中进行。

在法律许可的可能生活中,我们可以自由行动。但是我们对这些可能生活进一步加以分析,又会发现问题。从人生态度上来说,有的生活模式积极向上,如努力读书,积极实践,乐于助人,奉献社会,这当然值得鼓励和提倡。也有的生活模式不损害他人利益,也不对社会构成危害,但是态度是消极的,甚至是倒退的,比如懒惰、厌学、闭塞,对他人和社会不热情等等。诸如此类的消极的可能生活,因为不对他人的可能生活造成危害,所以法律上不做限制性的规定,依然可以自由行事。消极的可能生活在法律层面可以存在,但是毕竟对个人和社会的发展不起直接的推动作用,所以这样的生活当然不值得提倡。从社会存在和个体发展来说,人们总是希望通过一定的手段转化和限制消极的可能生活,让积极方面能够占据主导,这时肯定会有如此一问：怎样才能让那些消极的可能生活转变为积极向上呢？这时道德说教便应运而生了。

但是道德规则对人的可能生活发生作用，需要个体的自觉。道德规则是倡导一种生活态度，希望人们做什么，如果这样做，社会就会在价值上给予肯定，舆论上给予表扬，让人精神层面得到满足，从而心里面有继续做下去的勇气和愿望。所以，道德对人的可能生活仅仅是一种劝导而已，并没有强制力，人们可以听，也可以不听。你不按照道德要求去做，也没有太大的问题，最多会招来舆论的谴责，但很多的时候舆论是不加过问的，只有情节特别严重——过度沉沦于消极的生活，舆论才会表示较大的热情。如果当社会整体处于冷漠状态时，或者群体道德迷失时，舆论有时都懒得管你。假如舆论对你的行为给予了巨大关注，而你对社会舆论依然还可以不屑一顾，这时社会对你也没有什么办法。所以，对于那些厚颜无耻的人，道德的力量往往显得微不足道，甚至道德舆论成为无耻者的笑柄。这样看来，希望道德将人的消极生活导向积极生活的力量是有限的，因此，消极的生活很多人不会放弃，依然还是自我可能生活的选项。

再者，即便是道德舆论对人的可能生活能够产生影响，但是没有立竿见影的效果，往往需要一个整体的氛围和长时间的熏染过程。道德力量最终要成为积极生活选择的决定力量，有赖于个体的内心自觉来改变生活的选择。而道德自觉并不是一朝一夕可以形成的，道德自觉的形成一方面出于内心的价值选择，另一方面与社会整体的价值氛围、文化风气也是分不开的。当整个社会形成一种整体向上、价值明晰、文化开明、舆论公正的社会环境，经过耳濡目染，日积月累，个人的生活选择逐渐发生转变，良好的生活习惯得以形成。反之，当社会整体氛围出了问题，本来良好的社会风气都可能恶化，而个人的羞耻之心都可以颠倒，这时道德引导力量就会成为迷雾中的月亮，似有似无。总之，道德对可能生活的影响不是必然的。以上的分析也告诉我们学校教育、道德教育的用力方向。

（二）以硬性的规则取代柔性道德教条是教育管理中的常见问题

以硬性的规则取代柔性道德教条是教育管理中的常见问题，原因如下：第一，缺少对不同规则差异性的思考；第二，缺少基本的宽容，不能容忍个人的缺点的存在；第三，道德理想主义在作怪；第四，缺乏对个性和人性的尊重，出于简化管理的需要，从而对个人权利的否定，导致生活的单调，个性的消失;第五,把人性看成是恶的,从而为加强管理提供理由;第六,理想化地看待人的发展,认为每个人都具有无限发展的潜能;第七,规章制度的制定往往缺少可行性思考。

由上所述,那些对消极的可能生活看起来不太舒服的人不免会对道德教化有点失望,就会急着去选择更加有力、更加快速的办法,于是便有了以硬性的规则取代柔性道德教条的冲动。这也是教育中最为常见的问题。

以促成"孩子发展"为己任,推动社会进步为目标的教育工作者往往对可能生活中的显得"消极"的部分有些看不惯,总想寻找什么来限制这些"非积极的可能生活",这样可以使受教育者"积极向上",过上"高尚"的生活。为了达成这样的目的,学校和老师往往会制定一系列的教育规则,比如校纪校规,甚至班级公约等来约束孩子的活动,限制孩子的自由空间。有些规章制度精细化到生活的每个方面,包括作息时间、起居用品、服饰发型、人际交往,基本上要求孩子程序化生活了,以消除消极的可能生活变现的可能。

对人的消极生活加以限制,这看上去好像很有道理,感觉上也很不错,如果真能做到当然很理想,但是认真想来似乎不妥,实行起来有很多困难,很容易激发孩子的逆反心理。究其原因,不外乎以下几个。

第一,缺少对不同规则差异性的思考。不同规则的作用机理、适用范围不一样,不同的可能生活应该用不同的规则去调适。法律为了保证每一个人的可能生活,对可能危害到他人的行为加以限制,采用的是强制手段,依赖的是国家暴力机关。道德教条从它产生那一天起就在于引导人们的行动,导向积极的生活,促进个人与社会的发展。但是,我们必须看到,道德教条是柔性的,它的表述方式往往是"你应该怎样",真实的意思是"你最好怎样",表达的是社会大众的企盼,你做到了,大众的舆论会给予肯定和表扬,反之则给予否定和谴责,舆论的表扬或谴责与法律的制裁很不一样,没有很强的约束力。如果我们将道德的要求变为规章制度的要求,结果就不一样了。从语言的表达上我们立即会感受到力量的变化,道德表述的"最好怎么做"到了规章制度一下子变为"你必须怎么做",这时可做可不做变成不做不行了。举个例子来说明一下,一个人的发型是个人的喜好,无关他人利益,法律一般不加禁止。可是,清朝通过法律的形式规定留辫子——随意剪掉辫子那是重罪,这种把无关他人生活的可能生活上升到法律层面当然是不应该的,也是可笑的——当然辫子所包含的政治意味另当别论。道德上说,我们劝导孩子要有孩子样,要珍惜时间努力学习,所以,不要在头发上花太多的时间。这样的规定是软性的,到底留什么发型,在头发上花多少时间由自己决定,孩子甚至完全可以置这样的说教于不顾。有的学校对孩子的发型规定很严格,很多学校就明确规定,孩子必须剃学生头,不能染发、披发、烫发,否则就要通知家长,勒令按章修改,甚至警告处分。在教育中这样的事情比比皆是,这里就不一一列举了。学校制定的教育规则虽然不具有法律制度那样的力量,但是在学校里具有强制性——只是与法律相比强制的力度不同、形式不同罢了,因为学校规章制度一旦制定之后,孩子照样必须遵守,如果违背了就要遭受相应的处罚。这样的强制性让孩子感觉到可能生活空间的减少。

第二,缺少基本的宽容,不能容忍个人缺点的存在。从人的品质来说,一个人有优点的同时不可避免地包含缺点。从辩证法的角度来说,矛盾双方是相互依存、相互转化的。优点的背面就是缺点,或者说优点本身就是缺点。这样讲理解起来可能有点困难,还是举例说明吧。一个有激情的人也有可能冲动冒险,一个仁慈的人也有可能变得怯弱,一个看似懒散的人可能会有很多奇思妙想。反过来,也会成立。我们不可能要求一个人在需要什么品质的时候就表现出需要的品质,在需要什么能力的时候就具有什么样的能力,事物就是这样相反相成的。当我们为了所谓的积极限制消极的时候,实际上也限制了很多的积极因素。因此,我们对各种存在要有所包容,唯有宽容,才能为社会保有更多的可能生活,保存更多的发展机会。事实上,宽容的社会,自由度较大,社会存在也更加丰富多彩,社会蕴含的创造潜力也会更多。社会就是通过这样的各自的差异互补达到整体的最佳。

第三,缺少宽容,那是道德理想主义在作怪。从人的存在需求来看,但凡是人,都是具体的,不可能纯粹,必然具有自身的需要、情感,乃至缺点。过去我们听惯了这样的口号,要努力做"一个高尚的人,一个纯粹的人,一个有道德的人,一个脱离了低级趣味的人,一个有益于人民的人",这样的口号说得很明白,丝毫不允许个人的消极的、阴暗面的存在。但是,扪心自问,世界上又有哪个人能够做得到?至于那些高尚的人,只不过是我们只看他们高尚的一面,道德的一面,闪光的一面,积极的一面,没有去关注、探究他们的消极的一面而已,不关注、不探究不等于不存在——只是我们在情理上已经默许了这些消极方面的存在而已。事实上,每个人有积极的一面,也会有消极的一面,只是不同的人这两方面所占比重不同罢了,那种只有积极一面,没有消极面的所谓纯粹的人,过去没有,现在没有,将来也不会有。对于任何个体来说,冲锋陷阵毕竟只能是一时行为,没有谁能做到一生都保持旺

115

盛的斗志，每个人在积极奉献之余还需要休息以恢复体力，放松以调节心理，享受以愉悦精神，甚至我们有时候还有撒赖、倦怠、无聊等等诸如此类看上去不怎么积极、不怎么阳光的行为发生，其实这些都是出于身心需要，只要不危害他人的可能生活，皆是合理的。诚然，从社会的角度来说，社会的存在和发展的确离不开每个人的积极奉献，故而需要倡导奉献，这具有合理性的一面，但是需要每个人的积极奉献，不等于要让人们变得纯粹高尚啊，我们倡导为社会奉献的同时也应该肯定个体的存在和发展，只有在保证了个体的存在，满足了个体的需要，个体才会感觉到踏实和滋润，个体的奉献积极性才会调动起来，才会心甘情愿去奉献社会。反之，我们如果无视个体价值，人们失去的将是积极的奉献精神，这与我们的初衷相违背。过去我们要求每一个人做一个高尚的人、纯粹的人，无非是说每个人都应该为社会无私奉献，这样每个人都成了社会发展的手段，试问当每个人都成为社会发展的手段的时候，最终又是谁成了目的？总之，不管是价值上还是事实上，都应该允许人的消极面的存在——消极毕竟不同于恶。所以，我们要学会宽容，以包容的心态面对孩子的那些"不恶"的但看似消极的可能生活。

第四，出于简化管理的需要，对个人权利的否定，导致生活的单调，个性的消失。对一个人不伤害他人和社会的可能生活选择，社会可以评价，但不可以干涉，因为这是我的生活、我的权利。从生活的内容上来说，个人有个人的兴趣和喜好，完全有权力在可能的生活里进行选择。假如这样，每一个人能够自己选择自己的可能生活模式，生活起来肯定会很有个性，很有自己的感觉和味道。（因为物质的贫乏而丧失一切可能生活另当别论，这是社会所应当关注和关怀的问题，下面会提到。）当然，这样的话学校管理起来可能比较困难。现在学校管理流行军事化、模式化管理，从穿着打扮，到语言和思维都差不多，套用监考要求来说"规定动作一个也不能少，自选动作一个也不可以有"。这样的管理，孩子的可能生活全被限死，个性空间几乎消失殆尽，但是管理起来方便多了。

第五，把人性看成是恶的，从而为加强管理提供理由。人性论是我们教育管理中的基本的出发点。如果我们秉持人性善，就会相信通过引导，孩子们会走向积极的一面。如果秉持人心恶的观点，就会想方设法限制孩子们的行为，最好把孩子们的每一个行为都规定起来。举个例子，可以很好说明。现在很多学校自修课禁止讨论。为什么呢？因为管理者这样想，一个人在讨论的时候，难免会讲几句废话，有了第一句，就会有第二句、第三句，有了一个人说废话，就会有第二个、第三个，这样下去，全班人都可能开始讲废话。如果，反过来，我们相信人性是向善的，孩子都有一种求知的欲望，那么即便是在全班都讲废话的情况下，我们也可以引导孩子讨论，有一个人开始去问，就会有一个来回答，接下来，第二个，第三个，最后全班开始研究讨论。再比如，自修课很多学校禁止读课外书，包括读者文摘。其管理逻辑是这样的，如果允许孩子看读者文摘，那么就会有人看小说，接下来可能会看报纸，小说和报纸种类繁多，良莠不齐，老师无法监督，所以最后只好禁止读一切课外书。这样的简单化管理，就是把人想得都很坏，都会变坏。这样的管理起来是最简单省事了，防止了变坏的可能，但是同时也限制了变好的可能。假如一个小孩子我们怕他摔跤，就不让他走路，结果就是，摔跤是没有了，走路也不会了。这个道理大家都懂，但是到教育管理上，大家就都不懂了。

第六，理想化地看待人的发展，认为每个人都具有无限发展的潜能。与上述观点相反，把人想得太好。如果从抽象的可能来说，每一个人都有可能在每一方面得到发展，没有人可以断定你不可以发展什么。既然每一方面都是有可能得到发展的，那么全面发展就是可能的，于是全面发展就成为每一个人的可能生活。这样与我们的常识好像不一致了，怎么会这样呢？问题出在哪里？原来，当一个人没有做事情的时候我们可以说他什么都可能去做，或者说我们不能断定他不可以发展什么，但是一旦在某一时刻选择做什么的时候，由于一个人分身乏术，在一个时刻只能选择"一"，这就意味着将放弃"一"之外的"一切"。即便是就一个人的一生来说，他所能做的，能做好的也是有限的——原因在于生命短暂、精力不足、能力有限。总之，从现实来说，全面发展对于个人来说并不是一种可行的生活模式。这样的全面发展要求，高估了每一个人的发展能力，实际上无视受教育者现实的个性特点和当下的生活需要，排斥真实的生活，从而使得发展成为一种负担，一种强制，最终既不可能促成孩子达到教师所期望的发展，反而阻碍了孩子的可能生活。究其原因，在这种观念引导下，因为人的差异和局限被抹杀，人人具有了发展的一切可能——发展的各向同性，于是学校教师也就可以万能了，就可以按照统一的模式去塑造人，这样学校就可以工厂化生产——事实上学校看上去就像一个工厂，只是产品不同罢了。因此，真正的教育应当提倡在孩子可能生活中选择孩子的可能发展，使每个人活得更加精彩，而社会通过互补更加完美。

第七，规章制度的制定往往缺少可行性思考。规章制度看起来不管是多么的美妙、合理，但只有被人接受了才能改变人的生活，所以，制定的规章制度必须考虑可行性，缺乏可行性的规章制度其执行的结果往往事与愿违，遭到孩子的抵制。自由是人类的最高本质，追求自由，是人的天性，是对自身生命的尊重。人的生命只有一次，不可以重来，所以没有人不想好好地做一回自己。只有在自由基础上选择生活，我们才会感觉到生活是自己的，生命是舒展的，生活是美好的，才会感到这一辈子没有白活，所以谁也不愿意被强迫过一种生活，哪怕是积极向上的。假如，一个人因强迫而过上他不愿意过的生活——哪怕他人看来是那么的积极向上，那么的崇高，那么的纯粹，甚至别人对他赞美有加，但是他心中依然有一种被压迫和奴役的感觉。这样我们就很容易理解孩子的逆反心理。做老师的、做家长的一定很有感受，很多时候我们的要求很对，可是孩子就是不听，很逆反。举个例子，有很多学校禁止孩子带手机到学校，可是孩子带手机很普遍。这样的制度不知道是培养孩子良好的学习习惯呢，还是培养孩子阳奉阴违的人格？所以，我们要思考哪些孩子的"逆反"是由我们的规则所造成的。

通过前面的分析，我们可以看到，道德要求较高，但惩罚力度较低，规章制度要求较低，但惩罚力度较大，二者适用的范围不同。所以，我们在制定规章制度的时候，要尽量理性一点，要区分它们的适用范围，二者应当保持适当的距离。当用规章制度取代道德说教，结果是限制了人的自由，减缩了人的可能生活空间，这样就会遭到孩子的反感和抵触。同时以规章制度取代道德教条，人的生活的弹性没有了，个性会消失，教师教导的空间也没有了。

所以，我们制定规章制度要理性、要慎重，规章制度应该尽可能合情、合理，我们的教育要学会宽容。不然，当规章制度失去理性的时候，可能会出现一些笑话。我们还清楚地记得，曾经穿牛仔裤、喇叭裤等被视为奇装异服，遭到学校的禁止，曾经大学生谈恋爱也被视为违纪，还要受到校纪处分，到了今天，中学生谈恋爱有些学校也开始睁一只眼闭一只眼，大学生结婚都得到了法律的允许。现在还有没有不合适的规则呢？其实不难发现，校园生活中这样的规则还是很多的，比如有的学校禁止孩子带手机到校，禁止穿自己的衣服，禁止上网等。随着社会的发展，我们的规章制度应该越来越开明、宽容，同时我们也应该不断反思，纠正规则中的不合理的因素，保证孩子的可能生活。

这样一来，是不是我们可以对我们的孩子放任自流？非也，我们这样区分规章制度与道德的界限，只是尊重孩子的选择权利，针对不同的可能生活采用不同的方法来处理，该用法律禁止的用法律禁止，该用道德教化的用道德教化,该用规章制度规范的,则用规章制度来管理。我也希望我们的孩子过积极的生活,只是不再是一味强制他们,而是要求区分不同的可能生活,采用不同的方式来促成孩子的发展。

四、诱导性规则

中国古代的科举考试,考试内容是儒家经典,结果导致百家学术荒废。现在学生读书,非高考科目则得不到重视。如果利益的诱惑力足够强大的话,可以把全体人民的发展方向引诱到一个针眼上去,最终放弃其他绝大多数的可能生活,从而造成自由的迷失。制度诱导不可不慎!

不管是法律制裁、制度限制,还是舆论压力其实都是通过外在一定的惩戒——力度不同,来达到让人们放弃某些可能生活,但是这种放弃主要是要保证他人的可能生活,导向积极的生活。但是,这样的导向并没有明确的目标,可以说方向是不明确的,人们的可能生活依然可以丰富多彩。

接下来我们思考,有没有什么力量能够把多姿多彩的可能生活导向一个明确的方向? 有,那就是利益的诱导。

如果法律的惩戒是手铐,规章制度的惩罚是戒尺,道德的诱导是话筒,那么利益的诱惑就是蜜糖,这时候,在利益的诱惑下,人们趋之若鹜。而利益的诱导机制一般是这样的,规则规定你做了某些事情,达到了一定的标准,你就可以得到相应的好处,反之,你就没有可能得到该好处的机会。看上去,做与不做是出于个人的选择,你完全可以选择不做,这是你的自由,但是你不做的话,你的生活质量肯定会降低,这还算好的,如果厉害一点,你不这样做,你有可能失去存在和发展的物质基础和环境基础,那问题就大了。在现实生存面前,有多少人在利益面前能够潇洒走一回呢——毕竟人非利不生,非利不长,因此,人们往往会主动去迎合规则,选择规则指引的生活,追逐规则给予的利益。

利益诱导的作用与法律制度等禁止性限制相比力量大得多,且明确得多,法律制度的禁止性限制,大部分是可以被大家接受的,禁止危害他人自由的可能生活对每个人来说都是一种保障,当然不合理的限制对人的发展也会产生制约,可能会感觉不爽,这个不爽很明确,很强烈,这个时候人们可能会起来反抗。而诱导性限制,你不一定感觉不爽,因为你可能是这个诱导制度下的受益者,当然在这种制度下要获得成功必须付出努力,一旦你得到了回报,你就会感觉到为此付出的辛苦还是值得的,所以绝大多数人是心甘情愿地接受了利益的诱导。即使你努力了不成功,最多感觉你为此付出很多努力,浪费了时间和精力,你会抱怨,但你不怎么会反抗,因为它并没有限制你的行动自由。

在柔性的甜蜜的诱导下,人们的可能生活开始聚焦。人们在迎合制度,追逐利益时,我们逐步将可能生活变为现实生活,将无限可能变为定向目标,而其他的可能生活被放弃。"利益诱导"对人的自由发展影响更大,因为它把人的自由发展(包括社会发展)定向到几个确定的方向,甚至可以把人们的可能生活导向一个非常狭窄的空间,如果利益的诱惑力足够强大的话,可以把全体人民的发展方向引诱到一个"针眼"上去,最终放弃其他绝大多数的可能生活,从而造成自由的迷失。特别是诱导性制度跟国家政权结合,跟利益挂钩,如果诱导出现方向性错误,贻害将是深远无比。中国古代的科举考试制度就是最好的证明。

考试制度就是一种典型的利益诱导。因为你可以参加考试,也可以不参加考试,但是你不参加考试的话,你将会失去某些机会。比如,科举考试在中国古代早已有之,对于古代学子,参不参加科举考试完全自愿,你可以不参加考试,不会有人逼迫,但是你不参加考试就不能升官发财。在科举考试产生之前,中国古代文化本来是百花齐放、百家争鸣的,但是自从儒家独尊地位巩固后,特别是当儒家经典确定为科举考试的内容之后,其他各家的经典对于以升官发财为目的的读书人来说就失去研究的必要了,结果可想而知,研究其他各家的人就大为减少。科学技术与科举考试丝毫不沾边,还会有人去搞科学研究么?——即使搞了,往往是工匠们出于实际的需要,而非知识层面的研究,势必导致科学思想的难产。由此,学术的研究视角越来越窄,发展的可能空间越来越小。

诱导性的杀伤力千万不可小觑,所以,我们设计诱导规则的时候,一定要知道它的危害性。诱导对自由发展的危害往往不太容易显现,我们对于这样的诱导式的限制必须加以警惕!对考试制度更要警惕,考试的内容设置要慎之又慎。

尽管当今的考试制度就考试内容而言不同于古代,但是其柔性的诱导性限制功能依然存在。比如,高考规定了文科、理科、艺术、体育考生各自考试的内容,那么每个人就按照高考规定来学习相关内容。当前全国的孩子都被卷入到应试教育中去,而且应试教育愈演愈烈,这是典型的柔性限制发挥到了极致的表现。由此足见,柔性限制比法律对自由发展的影响力更大,我们要深刻反思!

这里值得一提的是高考加分制度,特别是竞赛加分制度。这些考试制度使得许许多多的人为了获得高考加分而拼搏,以至于从幼儿班就开始训练数学,众多的好苗子被吸引到枯燥的竞赛题目中去,而不是对科学问题本身的探索,这样怎么可能培养出科学巨匠、技术创新人才?我甚至在怀疑,国际奥林匹克竞赛是不是某些国家对我们国家精心设计的一个"阴谋"——把我们国家精英苗子变成解题机器——只有我们国家在乎这种虚名。也许本意并非如此,但现实却是如此,我们国家获得了很多奥赛金牌,却没有科学大师——因为奥赛和科学创新不是一回事。

还有一个值得一提的诱导性制度,就是国家的人事制度。"编制"是中国特色,国家公务员编制、事业编制、企业编制,编制不同就意味着享受的待遇不同,即便是到了改革开放三十多年后的今天,这三种编制待遇差距仍然没有消除。为什么国家劳动力结构失衡,跟这个制度有着密切关系。过去大学毕业生属于干部编制,中专毕业生只能属于工人编制,干部和职工的待遇差距很大,使得大家都不想读中专,更不愿意读职高。大家都不想到劳动一线去,不想去当工人,这样国家制造技术哪能发展起来?再比如,国家的发展需要跨学科的复合型人才,但是在职称评价上始终得不到体现,反而吃亏,因为职称评价的基础是你在某个专业从事的年龄,原来所从事的专业时间在职称评审时不算数。这样的评价如何鼓励复合型人才的产生?还有,职称评价是你的某一专业低一级的职龄而不是你的水平,而职称跟工资挂钩,所以,中国人想方设法提高的是自己的职称而不是水平。再比如,职称与文章数目挂钩,而不与科研水平挂钩,造成的结果就是不断发文章,而不是提高科研水平。人事制度已经影响着社会的价值取向,对社会的发展和个人的发展产生了深远而广泛的影响。对此,我们一定要重视!

如何评价诱导性规则的合理度,取决于本来可以拥有的发展空间与规则导向之后的发展空间,用公式表示:

$$诱导性规则的合理度 = \frac{规则导向后发展空间}{规则导向前发展空间}$$

诱导性规则合理度大于1,表示鼓励创新,等于1就是安于现状,小于1则是阻碍社会发展了。

五、从可能导向现实

看自行车的把自行车摆得整整齐齐,肯定很出色。但是我们如果把孩子们也摆放得整整齐齐,结果会怎样?

前面,我们讨论的是一般性的规则作用的机制,到了具体的教学活动中,规则应当如何建立?与上述的这些规则有何区别?以及规则如何让孩子接受?要回答这些问题,还得从孩子的可能生活入手去理解。

(一)孩子接受校园规则的原因

孩子进入校园生活,虽然受到规则的限制,部分可能生活仅仅是暂时放弃,但可能生活总体应该得到增加。

首先可以肯定的是,学校提供的生活必定是合法的可能生活,积极向上的生活,而且这种生活对于孩子的发展来说非常重要。同时,学校还可以提供他们获得新的可能生活的条件,提升获得可能生活的能力,从而扩展现实的可能生活空间,从而提高生活品质。这是学校存在的起码要求,也是家长们把孩子送到学校,孩子愿意进入学校的原因。

为了教学活动的展开,学校必须制定一些规章制度,这些规章制度将会对孩子已有的可能生活产生限制,甚至圈定孩子的可能生活。即孩子进入学校学习,势必要放弃某些可能生活,比如在校外撒野,或者在家自学,或者发展别的兴趣爱好等等,这是一种抉择,或者说是一种交换,如果孩子感觉值得,他们就会心甘情愿,反之,他们就会讨厌学校生活,产生抵触情绪。不过,对于大多数人来说,选择校园生活是可以接受的。孩子接受校园规则的原因大致有这么几个:

第一,选择校园生活意味着暂时放弃某些可能生活,这种放弃不是完全放弃,依然还有机会重新开始,心理上不会感觉难以接受。现实生活中,我们并不需要将每一种可能生活都转变为现实,去尝试一遍,而是在多种可能生活模式中选择其中一种——学校生活是其中选项之一。通常的情况下,人们或者选择自己最急于去做的,或者选择自己最乐意去做的,至少就某一时刻来说必须如此。比如一个人可以去打篮球,可以去游泳,可以去跳舞,当然还可以有其他的选择——什么不做也是选项之一,在没有做出选择的时候,似乎什么都可以选,但是可以肯定的是,你一旦付诸行动就不可能同时兼得几者,人总不会同时既打篮球又游泳吧。因此,真正的现实生活对于可能生活来说既是选择,同时又是放弃,而且选择仅仅是选择了其中的一种,而放弃的是其他"无数的可能"。当然,由于放弃出于自愿,加上在未来的时刻,你还有继续选择的权利——重新选择被暂时放弃的"无数的可能",所以你认为自己的生活还有无限的可能——只是无限的可能存在于将来而已。也正因为这种放弃只是暂时的,不是彻底的,心理上就不会感觉那么痛惜。

第二,进入学校可以提升能力,拓展可能生活。进入学校,接受学校规则,我们的可能生活空间会有所缩小,但是这种缩小,大多数人还是可以接受的。原因在于,可能生活毕竟还仅仅是一种可能,不能等同于现实的生活。一定的可能生活转变为现实需要一定的能力,一个人要争取更大的可能生活空间,就必须不断提升自己的能力。因此,暂时放弃局部的可能生活空间,换取更大的可能生活走向现实的能力,这是大家乐意接受的。

第三,现实的校园生活还是比较丰富多彩的。正常的校园生活不是单一的,教学内容相当丰富,可以满足孩子的求知欲;孩子的交往活动也丰富多彩,满足了交往、表达的需要;体育活动也是经常开展,身心健康得以保证。这些校园生活比一个人呆在家里丰富多了。也就是说,学校为个人可能生活的实现提供了众多的条件。

(二)学校提供的可能生活的局限性

但是,学校所提供的可能生活还是有很大的局限。尤其是,当学校的规则定得过死之后,孩子的选择权利没有了,可能生活变为规定生活。孩子们没有对未来生活的选择,原本"暂时放弃"的可能生活变成了"绝对放弃",生活就不再属于自己的。

但是,我们不能否认现实的学校所提供的可能生活还是有很大的局限。这种局限首先来源于学校条件的有限性与孩子对可能生活期望的无限性之间的矛盾。

首先,当前的社会经济投入、师资配比很难全方位满足孩子可能发展的需要。哪一天社会如果能够根据孩子可能生活的需要来配置资源,那么孩子的发展将会是一件幸福而快乐的事情。在资源本已不足的情况下,应试教育再来诱导学校资源配置,与高考不沾边的很少得到开展,甚至连国家规定的教育内容都可以尽量压缩,就不要说那些可以自由选择的科目了。这样一来,孩子的可能生活空间被进一步减缩了。

其次,学校对孩子的校园生活限制得过死,孩子在校期间的每一分钟做什么都是规定好的,孩子失去了自由选择的可能。在实际的校园生活中,确实存在将一种生活模式强加给孩子的情况。比如规则的制定和执行是不容商量的,接受也得接受,不接受也得接受,这样的规则从孩子看来是强制的。规则规定的内容很细,细到什么程度?从内容上看,孩子的穿衣吃饭,举止打扮都有详细规定;从时间上看,每天在什么时间干什么事情都安排得很周详。这样一来,孩子毫无自由可言,整天就像机器一样,跟着规定转好了,孩子在学校再也没有时间安排其他的可能生活了。有些学校的制度对孩子的管理还延伸到孩子的课余时间,这时家长往往成为学校制度的执行者、监督者,很多家长也非常配合学校,一起来监控孩子的行动,这样一来孩子在家里也没有自由活动的空间,结果使得孩子的可能生活空间被严重缩小,这时主体的压抑可想而知。

当学校规定过死之后,孩子选择的权利没有了,可能生活变为规定生活。孩子们没有对未来生活的选择,原本"暂时放弃"的可能生活变成了"绝对放弃",生活就不再属于自己的。没有对今天的决定权,等于放弃了今天;没有对明天的选择权利,等于没有明天。这样一来,孩子的可能生活失去了实现的可能——至少是在学习期间,造成孩子产生可能生活被彻底剥夺的感觉——这是一种绝望的感觉。当感觉生活没有希望的时候,生活也就没有趣味。于是,孩子的心里总有说不尽的懊恼。如果是性格温和怯弱的,不能或不敢反抗,可能选择服从,做一个乖乖儿,虽然表面接受,但抵触情绪在不断积累,长此以往,可能会形成虚情假意的应付心理,效率也不会高到哪里去。有胆大的,敢于冒着被批评和处分的危险,做出一些所谓"出格"的事情——事实上没有伤害别人,也没有违背道德,但是由于得不到规则的认可,往往有见不得人的感觉,这样会导致人格扭曲。比如中学生谈恋爱——被冠以"早恋"之名,恋爱中的中学生心中往往感觉有"罪",有一种见不得人的感觉,在这种状况下生活时间过长,心里总有一种难以驱除的阴影,这样就很难保证心理健康和心情舒畅,有的也因此人格扭曲,甚至自暴自弃。如果性格再刚烈一点的,开始反抗,逆反心理的出现是算轻的,重一点则是产生心理疾病,再严重的,有可能做出极端反应。比如,选择离家出走的有之,选择自杀的有之,选择报复社会的有之,甚至杀害父母和老师这样的极端事件也时有发生。在这些极端事件背后,除了孩子本身的问题之外,我们能找到孩子可能生活遭受严重压缩的共同原因。所以,规则的制定必须考虑孩子的今天和明天。

由上可知,学校规章制度对孩子的影响重大,关系到个体的成长和家庭的幸福、社会的和谐、民族的未来,我们不可不察。但是现在很少有学校在制定规则的时候会考虑孩子的可能生活,大多数学校认为制定规则是学校的事情,孩子愿意进入这个学校,就要接受学校给予的可能生活,放弃其他的可能生活。这种高高在上的姿态在教育管理中普遍存在,这与"以人为本"的教育理念本质上是背道而驰的。一句话,问题的规则带来了问题的孩子,这是一个不可忽视的问题。

学校本质上是为孩子服务的,孩子选择学校,放弃一部分可能生活,不该成为学校随意制定规则的理由,反而应该成为学校认真制定规则的原因。因为,孩子选择学校必须暂时放弃某些可能生活,这种放弃不是终极的,另外暂时放弃了某些可能生活,目的在于获得更多的可能生活,如果达不到这样的目的,在孩子来看就是得不偿失了。

综上所述,学校对孩子可能生活的影响主要两个方面,一是既有的可能生活,还有就是有待拓展、提升的可能生活。对已有的可能生活我们要考虑限制的程度,特别是不能让孩子们产生可能生活被完全剥夺、生活希望被扼杀的感觉,所以学校要给他们一定的自由支配的时间和空间。对于待拓展和提升的可能生活,首先要保障孩子们可能生活开展的权利,其次要为他们可能生活的开展提供条件,这样让他们感觉到可能生活的确增加了,在此基础上,学校要提升他们生活拓展的能力,最后让这些新增加的可能生活成为他们自己喜爱的生活。只有这样,我们学校既保护了孩子们的可能生活,又增长了孩子们的可能生活,孩子们才会感觉到自由的增长,才会享受到生命的美丽。这样,孩子们对学校生活满意之后,就会欣然接受学校规则。

(三)学校规则的合理性评价

学校规则的合理性可以通过规则许可的生活与本可拥有的可能生活之间的比例关系来衡量,当然这个合理度还需要根据学校给予的可能生活以及个人获得的能力进行修正。

学校在制定规则的时候,都会给孩子们一定的行动空间,也会限制一定的活动,给予和限制到什么水平才能让孩子接受这个规则,这是规则的合理性问题。为了探究这一问题,在此引入规则合理度这一概念。要探讨规则合理性问题,还得从学校规则的制定的目的谈起。

学校制定规则的目的在于保证学校的教育秩序,以求取得良好的教学效果。学校生活以共同生活为基础,学校教学以共性教学为主,个性教学为副,但是不管是共性教学还是个性教学,都不只是单个人的活动,都以共同生活为基础,所以,共同生活的实现是规则保障的对象。为了实现这一共同的生活,其他的生活暂时被排斥是应该的,但是排斥的时间仅仅限制在共同生活开展的过程中,共同生活之外的时间应该是可以自由支配的。比方来说,我们规定孩子现在上物理课,你不可以妨碍物理课堂的进行,你在课堂上做其他事情是不对的,理论上你可以做其他作业,只要不妨碍物理课就行。但是,如果你接受了学校教育,也是应该服从课堂安排的,否则,你可以离开课堂,或者离开学校去做你喜欢做的事情。有些人以为个人是自由的,我完全可以不听,只要不干涉他人的学习。如果这样的话,你可以在家,不必到学校来了。

接下来首先产生的问题,就是共同生活的合理性问题。共同生活应该是合理地朝向人的自由发展的方向才会给人带来幸福与快乐,不应该成为人的生活的全部。但是有的学校在圈定共同生活时未必意识到这一点,在强调共性的时候,往往忽视个性的存在,不给孩子保留个性发展的空间。有的学校奉行这样观点:"时间就像海绵里的水,只要愿意挤,总还是有的。"接下来我们来看看学校是怎样来安排孩子时间的。很多学校规定早上六点半到校,早读自修,七点四十分开始上午第一节课,中午十二点吃中饭,十二点半进教室自修,下午一点半上课,五点吃饭,五点半进教室,开始夜自修,早一点的九点半左右结束,晚的到十点多结束,孩子到家十一点。很多学校周六上课,甚至有的学校半个月或者一个月放假一次,才允许孩子回家一天。孩子在校时间只有规定动作,那就是看与高考有关的书,做老师布置的作业,其他书都不可以看,甚至课外活动都没有。这样一来,孩子的自由度可见一斑,对孩子的心理影响可想而知。再比如,老师经常要求孩子完成他们的作业,甚至恐吓孩子,如果孩子不完成将会遭到怎样怎样的制裁,而且老师的话是不容置疑的。孩子和家长对老师往往是很恐惧的,一般不敢提意见。因为提意见也不管用,即便有用,也不敢,原因在于孩子是未成年人,还得在老师手上呆上几年,孩子的前程岂不毁了,结果家长能忍则忍——这种情况在小学和初中尤为突出。以上共同生活的设置明显侵害了孩子的可能生活,剥夺了孩子的自由权利。

谈到共性化管理,不得不批判"以人为恶"的人性论。现在很多学校为了简化管理,强化共性管理,最后老师都变成"看自行车的"。

既然有了合理性问题,就会有合理度的差异。通过这样的分析,我们可以看到不合理的规则造成孩子生活空间的减少,可能生活越少,就越不合理。这样我们可以用规则许可的生活空间与本来可能的生活空间的比值来衡量规则的合理度。

$$规则合理度 = \frac{规则允许的可能生活}{本可拥有的可能生活}$$

如果规则的合理度为1,标志规则的许可生活与孩子的可能生活完全吻合,这是理想状态,这样的状态,集体往往过于松散和灵活,不利于集体管理和领导,学校教育也是无法开展的;如果大于1,标志着规则太过宽松,订与不订,没有区别,这种情况一般是不存在的;在绝大多数情况下,合理度小于1,特别是,在现实的生活中,每个人的可能生活有着巨大的差异,规则往往注意人群中的大多数,不可能面面俱到,也不可能为每一个人的可能生活提供充分条件。说到底,学校规则缩小了孩子的可能生活,可能提升了孩子的抵触情绪。所以,我们需要研究的是孩子的耐受度,即可以承受的规则合理度的最低值。

但是学校在限制孩子可能生活的情况下,同时也会增长某些可能生活空间,正常的情况学校都应该增加孩子的发展空间,所以,最后公式这样变通较为合理:

$$规则合理度 = \frac{规则允许的可能生活生活空间 + 学校增加的可能生活}{本可拥有的生活空间}$$

这个时候,规则合理度可能会大于1,也可能小于1,如果大于1,孩子肯定感到高兴,对学校满意。

规则的制定要考虑个体因素。同样的规则,对于不同的孩子来说影响和感受是不一样的。由于每个人已有的可能生活不一样,在学校所提供的同样条件下获得的可能生活也不一样,所以,同样的规则对不同的人合理度就不一样,所以,每一孩子对同样的规则的满意度很不一样。规则对于个体的满意度怎样衡量呢?这个时候我们就要考虑个体的感受和需要,这时公式可以做如下修正。

$$个别规则合理度 = \frac{规则允许的可能生活生活空间}{个人本可拥有的生活空间} + \frac{个人从学校得到的满意可能生活}{}$$

由此可以解释不同的人在同样的规则下的不同反应。这样我们可以理解发达地区和欠发达地区的孩子对相同的规则耐受度很不一样。发达城市的孩子相对农村孩子条件比较好,拥有很多的可能生活,所以,对学校的要求也高,不太容易满足。

(四)学校规则的执行

要让满意度不同的人接受同样的规则,尊重、协商显得尤为重要,规则的执行要有一定的弹性,这样可以让规则彰显人性。学校应该成为孩子民主生活的实验场,规则允许有权威,但不能消除怀疑;规则允许申辩,但必须有站得住脚的理由;规则允许有惩罚,但必须公正、合理、合情。

不同的人对同样的规则的满意度不一样,这样一来就会产生一个问题,即如何才能让不同的人接受同样的规则。

要让满意度不同的人接受同样的规则,尊重、协商是必需的。规则对人的可能生活既是限制又是给予,完全可以理解为一种交换,要让孩子们接受规则就要让他们觉得这个交换是值得的。要让孩子们接受这个交换,在制定规则的过程中我们首先应该让他们知道将会得到什么,同时将会失去什么,其次,要让他们自愿接受这个规则,而不是通过强制。要做到这一点,规则的制定就要民主一点,让孩子参与到规则的制定过程中来。在规则制定的过程中,学校师生民主讨论,允许大家来"讨价还价",通过协商,最后相互包容,相互让步,达成妥协。

这样制定规则有利于孩子对规则的理解和接受。当规则是由自己制定出来的时候,孩子很容易将规则和生活等同起来,在他们看来尊重规则就是尊重生活、尊重自己,显然这样制定规则,有利于大家对规则的理解和接受,有利于规则的贯彻和实施。

规则的执行过程就是将可能生活变为现实的过程,也可以说是很多可能变为不可能的过程,同时也是许许多多新的可能生活不断生成的过程,在这个过程中,孩子心理将会重新面临考验。所以,规则在执行的过程中随时要面对新的问题,所以我们制定的规则要有一定的宽容度,切不可规定得太死,应该保留弹性——这是学校规则和国家法律不同的地方。

规则的执行要有一定的弹性,这样可以让规则彰显人性。通常我们会认为,学校制定规则是保证公共生活的展开,所以通过民主的方式制定出规则之后,就应当将可能的生活限定在规则许可的范围里,这样在规则的执行过程中也就没有商量和争辩的余地,唯有如此才能做到规则面前人人平等,这样的观点让人自然联想到了法律面前人人平等。这样的观点没有看到校园规则不同于法律条文,法律禁止的是人人都不可以造次的,而学校规则应该是在法律和道德所许可的可能生活中进行规范,发生作用,所以规则禁止的活动不是一定不可以发生的。学校规则有些必须毫无例外,例如不许抄袭,有些则可以商量,比如,下午学校5点放学,一般情况你得遵守,但是你提前离开也不是特别大的问题,只是要有合理的理由。规则面前保有一定的弹性,根本原因在于不同的人本有的可能生活空间不同,受到限制的程度就不同。所以,在执行规则的时候我们应当根据个体的可能生活来适当调节——规则应当尽量为每一个人的自由发展创造条件。有人会担心这样的弹性处理会不会影响规则的公平性?不会。校园规则是为了保证发展,真正的公平不是削足适履,把规则变成模子,把每个人都塞到里面去,而是保证每个人具有的可能生活尽量充分实现,所以只要是一个人的活动不违反法律,不违背道德,不妨碍公共生活,他的可能发展应该得到允许,哪怕暂时离开公共生活,这不构成任何不公。

学校应该成为孩子民主生活的实验场。如果允许了孩子参与规则的制定,那么就应该让他们参与、监督规则的执行,参与校园管理。在规则执行的过程中,也同样需要民主。规则允许有权威,但不能消除怀疑;规则允许申辩,但必须有站得住脚的理由;规则允许有惩罚,但必须公正、合理、合情。

我们的学校教育并不是让孩子成为听话者、一个完全的规则接受者,而是要让他们成为规则的主人。在学校的管理过程中,让孩子参与规则的制定和执行,这样最大的好处就是让他们懂得生活与规则是怎样的紧密相连,懂得对规则负责就是对自己负责,从而养成自觉在规则下自由生活,从而提高自律水平,这将有利于道德观念和公民素养的提升。

有人担心这样做将会影响到集体的权威,事实上这样做并没有降低集体的地位,只是提高了集体的可爱程度。因为集体本身的存在是以规则为基础的,对规则的尊重,就是对集体的尊重。一个社会也好,一个集体也好,当它能保证它的成员的利益的时候,每一个成员自然就会热爱它。

到此,肯定有人会担心给予孩子太多的自由空间,会不会不利于孩子的发展？这样的担心在生活中还是比较普遍的。产生这样的顾虑不外乎如下两个理由，第一个理由，积极向上的可能生活往往比那些消极的可能生活要付出更多的努力，感受到更多的艰辛，对自己的欲望要有更多的克制，这样看来一个人更容易选择消极的生活。第二个理由，孩子人格还不成熟，容易受外界的影响，行为还需要矫正。总而言之，当我们给予孩子太多的自由选择，孩子很容易朝着消极方向堕落。

其实这样的顾虑是多余的，我们这样做并不就意味着必然导致孩子选择消极的生活方式。主张将学校规章制度与道德原则保持距离，让规则制定和执行充满民主、弹性和宽容，目的在于给孩子提供较为宽松的环境，给孩子以民主无非是为了保护孩子选择自己发展道路的权利，保证孩子拥有更多的发展可能，从而推动孩子主体的成长。

当然有了这些规则不等于孩子就能发展，还需要多种因素的共同作用。在规则之外，还有最为重要的因素，那就是人的因素，特别是学校的整体人文环境和教师的教导作用不可忽视。在实际的教育实践中，应当将规则的规范作用和校园环境的引导作用和教师的教导作用有机结合起来。在规则许可的生活模式中，学校创设一种良好的人文环境，不断熏陶孩子的心灵，选择积极的生活。规则给予了孩子较多的自由空间，教师才有了更多的机会和更大的空间来施展自己的能力，来引导孩子过有品位的人生。师生之间在民主的氛围中各自从自己的角度探讨各种生活模式，判断自身的可能生活，在现实的条件下一起设计未来，争取最大的生活空间、最大的发展机会，从而确立自己人生的最佳可能发展模式。在这样的互动过程中，既有道德评价，也有智慧的启迪、思想的碰撞，师生的主体地位在这里都得到保障和体现。学校的教育也让孩子在成功中感受到成功带来的自由与欢乐，也因为价值的向上而获得了他人的尊重，从而进一步激发起追求积极向上的人生动力。

第七章　品位·兴趣·提升

[引言]婴儿的眼睛，忽闪忽闪的，充满着灵性，充满着对世界的好奇。但是随着岁月的增长，这种灵性失去了，有的甚至表现为木然。我们听多了"兴趣是孩子最好的导师"，听多了"让孩子快乐成长"这样的言论，但现实中孩子的兴趣却没有促成孩子的自由发展。如何保护、引导孩子的兴趣就是一个值得研究的问题。

自由意志表现为个人选择的终极决定权，这个决定权很重要，决定着人生的每一个环节。就教育来说，这个自由意志决定着要不要发展（选择和放弃），要什么样的发展（质和量），怎样来发展（途径和过程），愿意付出多少努力来实现发展目标（动力和毅力），可以说这个自由意志贯穿于学习和成长的每一个环节之中。

每个人都有自由意志，但是这个自由意志仅仅是一个表象，它虽然在决定选择，但是它本身却又是被决定着的——只是很多的时候我们没有意识到。每个人的自由意志的具体表现是不一样的，但是后面又有着怎样的共同的本质？这是需要研究的问题。

做出选择反映的是一个人的价值判断和价值选择，跟一个人的世界观、价值观和人生观相关，也跟个体的爱好相关，还跟个人理性水平有关，当这些要素体现在个人的具体价值判断和价值选择上时就是个人的兴趣。所以，我们对自由意志的关注和研究自然就转化为对兴趣的研究。

一、兴趣的基本作用

兴趣对人的发展影响很大，主要表现为选择作用、聚焦作用和激发作用。

兴趣属于心理学研究范围,心理学对其研究颇多,故在此不准备花太多的笔墨,只是出于行文逻辑的需要,从哲学上稍作展开,特别是兴趣与发展,兴趣与生命,兴趣与教育有关的内容作适当展开。

在心理学上,兴趣指的是一种心理活动,指的是对事物的喜好或关切的情绪,它表现为人们对某件事物、某项活动的选择性态度和"积极"的情绪反应。从人的发展来说,兴趣作用主要体现为以下三个方面。

第一,选择作用。一个人听从自己的内心的声音,从众多的可能选项中选择自己喜欢做的事情。人的兴趣也不是一成不变的,不同兴趣可能起到影响和改变发展方向的作用,从而影响个人的实际生活的方向。

第二,聚焦作用。一个人在选择了某一发展方向之后,他会把自己的精力、时间和外在资源集中投放到这一可能生活上来,希望将这个可能生活变为现实的生活。

第三,激发作用。兴趣可以使人集中注意,产生愉快、紧张的心理状态,调动人的潜力,甚至让人的生命充满激情,对人的认识和活动会产生积极的影响,有利于提高工作的质量和效果。

我们必须注意,这里讲的"积极"、"激发作用",仅仅是人对兴趣对象的积极的能动反应,与消极慵懒、了无生趣的状态相对。但是,这样的"积极"、"激发作用"不等于是对人生的积极作用。举个例子,假如我是酒鬼,一看到酒就"来劲",这个"来劲"就是一种"积极""能动"反应,但是对人的发展不见得是什么好事。同样我也可以沉迷于卡通、电视、电影等等。因此,兴趣的"积极"反应并不保证对人的生活与发展具有积极意义。所以,对不同兴趣我们应该区别对待。

兴趣对人生发展方向有着重大影响这是毫无疑问的,所以,教育教学中对兴趣颇为重视,有人把兴趣看成是个人成长过程中最好的导师,故此,我们有必要尊重、保护、激发孩子的发展兴趣——没有兴趣就没有未来。另一方面也要保证一个人的兴趣不成为他人兴趣的障碍,这时候需要法律的限定,道德的劝说,规则的限制,利益的诱导,教育的引导。

二、由维持生命存在的物质需要而引发的兴趣

"天下熙熙,皆为利来;天下攘攘,皆为利往",究其原因,人非利不

生,非利不长。维持生命存在,这是人的先天本能,也是后天的基本欲望,由此产生了种种兴趣,这种兴趣有什么样的特点? 对人的发展有何影响?

(一)物质需要引发的兴趣的激发与维持

对物质条件的追求的兴趣与生俱来,这种兴趣对人发展的推动作用的大小取决于两个方面,一是外在的物质回报率,二是我们的内心欲望水准。想要用外在的诱惑来刺激我们的发展兴趣,需要有打动人心的"力量",最好要激起人们内心对物质的渴望——贪欲。

我们要想激发孩子的学习兴趣,就必须了解兴趣产生的原因及其种类和发生机制。

兴趣伴随着人的生命而来,婴儿一出生就具有吸奶的本能,而且对吸奶表现出强烈的兴趣。因为吸奶不仅给他带来食物,解决饥饿问题,同时给他带来安全感、满足感。随着婴儿的眼睛的张开,我们会看到婴儿的眼睛总是闪亮闪亮的,充满着好奇和灵性的光辉——而这一点在后来的成长过程中有些人反而消失了,从婴儿的眼神中我们看到了他们对未知世界探求的愿望——尽管他们对世界一无所知。

随着年龄的增长,兴趣开始演化,从一开始的"兴趣的种子"演化出五花八门的兴趣。尽管兴趣种类繁多,但人的兴趣指向基本上可以归为两个方面,一是对外在的物质等功利目标的追求,二是对内心世界的精神追求。功利目标对大多数人来说主要是获取物质财富,这是基本的生存前提;其次还有可能是对异性或者权力的渴望。对内心世界的精神追求或为了明白,或者为了德性,或为了超然,抑或为了其他。总而言之,各种各样的兴趣最终是为了满足我们的生命存在和心灵存在。

年龄的增长并没有消除我们对外在世界的依赖,反而使得这种依赖变本加厉。随着生命展开为生活,一个人在广阔的社会空间展开行动的时候,慢慢地体会到"人非利不生,人非利不长",物质条件不仅是我们生存的物质基础,也是一个人的生命品质的保障。有时候它决定你的生死存亡,有时候它决定你的生活质量、社会地位,有时候它还决定你的活动空间、发展水平、人生阅历,甚至精神状态……这样一来,我们感受到了物质条件的无穷魅力。正因如此,我们对物质的依赖感会越来越强烈,从而转化为一种强烈的

133

兴趣——去拥有和争取物质财富。当追求物质利益成为我们行动目的的时候，就会产生"天下熙熙，皆为利来；天下攘攘，皆为利往"如此"壮观"的景象。

"追求"物质本身不是发展，但要"获得"物质则需要能力，尤其是在资源有限、竞争激烈的社会背景下，能力要求愈来愈高。为了提升获得物质财富的能力，人们"被迫"发展。这样的发展兴趣虽然是生活所迫，但是实实在在地促进了个人和社会的发展。

对物质追求的兴趣对人的发展的推动作用的大小取决于两个方面，一是外在的物质回报率，二是我们的内心欲望水准。

对物质追求的兴趣其根本目的在于物质的回报，因此回报率越高，兴趣越浓。这一点，从升学考试中学生的"拼搏精神"，到公务员考试中的"惨烈竞争"可以得到很好的证明。所以，从这一点来讲，我们要引导社会的发展兴趣，国家必须理顺分配关系，让付出与回报成正比，这样我们的兴趣才会正常发展。所以，孩子的兴趣引导不是由老师的教导所能简单完成的。表面上看，老师面对的是孩子，但实际上孩子靠在社会这座大山上，老师的作用有时显得微乎其微。

现实也告诉我们，回报的满意度往往跟个体的欲望水准有关。欲望越高，对物质回报的兴趣越浓，欲望少一点，则容易得到满足。有人清心寡欲，小富即安；有人则不同，贪心不足，再多的物质财富都难以填平欲望的沟壑。尽管欲望有大有小，但由于物质需要伴随生命存在，所以不管是谁，对物质的兴趣绝对不会没有。

既然回报的满意度跟个体的欲望水准有关，想要用外在的诱惑来刺激我们的发展兴趣，就需要有能打动人心的"力量"，最好要能激起人们内心对物质的渴望——贪欲。传销的教唆活动最为典型，贪婪让人理性全无，似乎富贵就在眼前。这也让我想到前几年有老师在考前动员的时候，贴出"上名校，当大官，娶美女，住豪宅"的标语。这种口号价值上虽然是不可取的，但是还有比这个更大的诱惑吗？其所起的激励作用可想而知。

由上可知，为了满足生命存在而发展，其发展的动力根源不在于我们的内心，而在于我们对外在世界的那种依赖，正是这种依赖让我们"必须发展"。由于与生命捆绑在一起，这种发展的动力还是比较强的——尤其是社会的发展和生活水平的提高让人们对金钱的依赖越来越多。

但是，物质终究不在灵魂本身之内，仅仅是一种灵魂满足的手段。我们在追求手段而发展自己的过程中，所得到的发展不一定是"我所希望"的，甚至可能与我们灵魂本身的兴趣相违背。为了追求物质,被迫放弃灵魂的自身追求,结果,追求物质财富付出越多,我们喜欢的兴趣受到的抑制可能就越多,这种抑制必然带来心灵的痛苦。这时,发展成了异己的东西。

日常情况下,我们因为情势所迫,对命运作适当妥协、低头,对自己的兴趣作适当调整,这个调整本来就是对可能生活重新做出理性选择的过程。对此,不同的人认识不同,有人把这种抉择看成是可能生活的转换,改变方向之后依然过得津津有味,有人则把放弃自己原有的兴趣视为对自己心灵的背叛,心理上无法接受,生命的乐趣也随之而去。从这一点来说,我们必须教会孩子对自身兴趣做出理性分析,学会转换、接受不同的可能生活。

当以发展为手段的时候,一旦追求的物质财富这个目的得以实现,发展的动力将会随之丧失,这时发展兴趣就会很快衰退。很多人在应试教育中发奋图强,如果以考上大学为目的,等到考上大学就对读书失去兴趣;如果以找个好工作为兴趣,那么等到获得惬意的工作之后就不再喜欢学习。而那些沉迷于物质享受的"富二代"更是自小就对学习失去了兴趣。对于物质财富已感满足的人来说,只有让他们面对更加激烈的竞争,产生危机感,才会激发出新的斗志;或者产生更加高远的目标,追求更高水平的生活,产生行动的欲望,这样才能激发出其新的发展兴趣;或者干脆采用遗产税,让他们知道自我奋斗的必要。

根据以上分析,要维持对物质追求的兴趣,首先要刺激人的欲望,第二,要有外在竞争压力,甚至不惜动用遗产税。当然,我们还有必要将对物质的关注引导到对自身心灵存在的关注,形成自我发展的内在动力。唯有如此,发展兴趣才不会消失。

(二)文化、教育不应当为物所累

对物质享受的追求久而久之就成为一个人的习惯,这样的人多了就成为社会的一种风气。文化、教育要承担引领社会兴趣发展的责任,教师要有明亮的心。

按说,为了生命存在,我们去追求物质财富,当物质财富基本满足之后,生命存在已经不再是个问题,我们的兴趣应该转向对心灵存在的关注才对,现实却并不是这样。

现在的物质生产力水平已经达到了前所未有的高度,对于大多数人来说,生命存在已经不再是个问题,按理我们有更多的时间来营建我们的精神家园,追求精神品质了,然而事实却刚好与此相反。放眼现实的世界,本来是作为幸福、自由、快乐的工具的物质现在却成了我们的目的,成了我们灵魂的主宰。太多太多的人在追求物质财富的过程中,太投入了,表现出飞蛾扑火般的莽撞和勇气,为了物质财富,可以铤而走险,可以以身试法,最终沦为物质利益的奴隶。这是我们老师应该让孩子们避免的,为此,对孩子必须加强价值观、人生观教育,让孩子们学会如何面对金钱。

对物质享受的追求久而久之就成为一个人的习惯,这样的人多了就成为社会的一种风气。特别是一群富人的奢靡生活占据各大媒体的显著位置,加上消费主义的盛行,对整个社会风气起到了"引导"作用。慢慢地,他们控制了话语权,成为价值的主导者;慢慢地,这种习惯、风气就演化为一种社会的生活方式,甚至成为一种文化主导力量。当这种风气成为一种文化的时候,那么就可以"堂而皇之"地作用于人们的心灵,"理直气壮"地改变我们的生活,主宰我们心灵,最后我们的心灵迷失在物质世界之中。这就印证了这句古话,"谬误重复多了就变成真理"。一句话,手段变成了目的,主人变成了奴隶,教化成了奴化。

面对国人的精神现状,文化应该承担应有的责任。文化首先需要思考如何促使我们的兴趣再次激发,也就是兴趣本身的发展问题,也或者说文化应当承担提升人们兴趣的品位的责任。然而我们的文化已经在物质化的世界中低下了高贵的头颅,沦为物质化世界的吹鼓手。这一点只要看看低俗的娱乐节目充斥黄金时段,大学教授沦为"教兽",专家沦为"砖家",足见文化现状多么令人担忧。从这一点来说,我们需要文化反思,文化批判,文化自觉,只有这样,我们的社会发展才会拥有光明的明天。

教育本来应该承担反思现实、拯救人类的责任,教育民众,让人明白,让人自由,让人幸福,让我们成为自己的主人。然而现实的教育却匍匐在现实的淫威下,反而成为现实的帮凶,真实的结果却是培养了一群物质的奴隶。究其原因,教师本当以传道、授业、解惑为己任,但是,教师本身就是这种文化的产物,欠缺文化自觉,欠缺独立人格,老师从事教育工作本身也是为了生计,何谈社会责任?不要说我危言耸听,可以这样讲,当前惨烈的应试教育暴露出教师群体性的文化缺失、德性缺失。可以这么说,应试教育弊端有多严重,教师群体的文化、德性缺失就有多严重。而当前的应试教育可谓是登峰造极,如果用两个字来形容,那就是"疯狂"。我们的孩子为什么而读书?现在变得很简单了,就是为了找个好工作,将来谋个好职业,有个好收入，这样就对与考试无关的内容则完全没有兴趣，什么崇高的社会理想，理想的人格追求完全变成了"扯淡"。这样的教育，对孩子的发展兴趣的伤害之深大家可以想见，甚至可以这么讲，当前的教育已经成为国家现代化的重大障碍。所以，要想提升学习者的兴趣，我们的教育必须朝着这样的方向改变：尊重教师，尊重教师的独立人格；教育要克服功利主义倾向，改变应试教育的现状；教师要有文化自觉，有一颗明亮的心；考虑孩子的心灵存在，引导精神追求。

为了物质财富而发展自己，物质财富才是最终目的，而发展只是手段、工具而已。这样一来，人们自然就会想到，只要目的能达成，至于手段又何必在乎呢？发展于是成了选项之一，而不是唯一选项。于是人们会开始寻找最为简单省力的手段和工具。事实上，通过发展来获得财富是最为吃力的，虽然这种方式能够保证你的财富的合法性、永久性。如果其他省力的方式越多，发展的兴趣越淡。在当前的社会里，法制不健全，分配制度存在不公，以及种种潜规则和种种特权的存在，使得"读书无用论"再次成为弱者的哀叹，这时靠外在的利益诱惑来达到激发人的发展兴趣都成为困难。所以，即便要利用物质财富的诱惑来刺激人的发展，还需要公正、公平、公开的制度存在。

综上所述，物质财富是我们生命存在的必要条件，它对我们的发展兴趣有重大影响。我们要激发人的发展需要现实的功利刺激，但是，我们要适可而止，在物质刺激的过程中，应当避免唯物质主义，必须记得我们还有精神需求。要避免这种倾向，文化与教育要承担责任，为此教育必须保持清醒，要有高度自觉，教师要有明亮的心。国家制度也要体现公平、公正，唯有如此，我们对物质的兴趣才不至于成为发展的障碍，即便我们在追求物质享受的过程中，或者物质享受满足之后，我们也会自觉提升和激发新的发展兴趣，源源不断地产生发展动力。也就是说，发展兴趣的维持和提升是一个系统工程，需要制度建设、文化建设和教育建设共同努力。

三、由维持心灵存在引发的精神需要而产生的发展兴趣

人的心灵存在有其自身的需要，而这种需求对人的发展兴趣将会产生什么样的影响？

(一)几种内源性兴趣对发展的影响

我们的好奇心是希望通过认识世界,让自己安心放心;我们为了个人偏好甘愿放弃物质利益,有时会失去很多;我们追求自由,甚至可以放弃生命;我们对自我人格追求只望内心超然。这些内源性兴趣并不为了获取物质利益。

第一种兴趣的产生与我们的生命存在有关,伴随生命存在一同产生的心灵存在有它自己的需要。我们的心灵存在伴随着我们的成长,演化出种种自我需要,产生种种冲动和喜好,从而推动自身的发展。这种兴趣来源于心灵自身,我们可以把它称为内源性兴趣。

好奇心驱使我们关注世界,研究世界,从而增加对世界的了解。人与生俱来具有一种好奇心,这种好奇在于,我们需要明白世界的奥秘,减少我们心中的困惑,获得放心与安心,进而提高行动的效率。

有很多人把认识世界当成手段,认为认识世界最终是为了改造世界,改造主观世界是为了更好地改造客观世界,因此认识世界是手段,改造世界是目的。这种观点把"有利于改造世界"等同于"为了改造世界",因此忽视了心灵的自身需要。对世界的了解将"有利于"我们清晰地认识世界和有效地改造世界,需要注意的是:"有利于"仅仅是一种可能而已,但是不等于一定转化为现实的力量。或者说,好奇心"可以有"现实的功利目标,但"不是一定"导向功利目标,有时候,我们的好奇仅仅是为了获得解释的自由和行动的"自由感",或者说为了做个"明白人"、"放心人",而不是做个"能干的人"。举个例子,我想了解飞机发动机的原理,不等于我要去制造飞机发动机。

有些偏好,明摆着是牺牲自己、服务他人的,但是我们还是乐意去做。偏好是个人的兴趣,是从众多的可能生活中选择自己喜欢的事情来做而已,而不一定是经过功利的比较从中择优,它有时不见得有任何功利目的,有时甚至明摆着要损害自身功利,比如冒险、慈善行动。

对自由的追求,为的是身心的舒展所产生的生命不受羁绊的快感。我存在,我要自由。在追求自由的过程中,可能要冲撞规则,为此可能头破血流,可能粉身碎骨,但是,我在所不惜。

自我人格追求,可能伴随着自我折磨,不一定带来功利目标。自我人格追求是为了自我价值的肯定,获得精神的升华和灵魂的安宁和伟大。自我修炼则是希望达到对欲望的克制，契悟永恒，实现对有限世界的超越，实现灵魂的解脱，感悟纯明心境的美丽。对心灵存在的追求可能伴随着过程的艰辛，这个艰辛可能来自于自身的自我批判、自我否定，可能来自于自我克制以抵御外界的种种诱惑，甚至要牺牲很多现实的功利，也可能伴随着来自外界的种种折磨产生的种种痛苦，严重的还可能失去宝贵的生命。但是在这个过程中，自我感觉到充实、明白、成长、超越，从而感受到存在之美、感性之美、理性之美、德性之美、超越之美，我们得到了精神的满足和幸福，甚至还有一种伟大和崇高的感觉。以上种种感觉是物质享受带来的快感所无法比拟的——有时在物质享受的过程中伴随的却是灵魂的空虚。

（二）唯物质主义批判

在唯物质主义看来，以上精神追求是没有用的，这种观点将生活中的目的性偷换成了哲学上的第一性，否定了精神追求的终极意义。

以上这些发自于内心的兴趣追求，其本质在于心灵的独立和超越，感悟心灵之美，这是人类高于动物的本质所在，本当是人类的最后目的。但是，这种美有时很凄凉很孤独，因为感知过这样的美的人很少——在这样的功利化的社会背景下。这种心灵美是沉浸在物质世界中的人无法感受到的，甚至是压根不知道的。

有的人即便知道这种精神的存在，但是否定它的价值。在唯物质主义看来，这一切全都是虚假空洞的表白，听得最多的就是这样的反问："这有何用？"这种问法是要拿精神存在作物质之用，当然是不可能。的确，这种感觉不能"拿出来"作任何用途。本来么，物质和精神各有其用，精神的东西怎么可以与物质同用呢？而且，精神感受往往很难让他人理解。个人的精神存在有时只有个人知道，无法呈现他人，也无法复制，甚至输出给他人也很困难——即便语言表达清楚，每个人的感悟也是不同的，最多产生的也只是心灵的共鸣。其实，对于那些唯物质主义者，我们一样可以对他们反问，有了物质财富却没有精神的满足，物质财富又有何用？

有人干脆否定这样的精神追求的终极意义。由于任何精神追求都离不开生命的存在这个基本事实，生命存在都需要基本的物质条件，从而给人造成这样的一个感觉，心灵的追求没有终极目的，只是物质追求的派生物而已。甚至有人拿出"物质决定意识"、"物质第一性"来说事，这种观点是把生活中的目的性偷换成了哲学上的第一性。事实上，哲学上的第一性和生活的目的性不是一回事，我们承认物质的第一性，但是就我的目的来说，精神追求却可以是终极性的。

事实胜于雄辩，现实生活中，的确存在着这样的一批人，把心灵存在自由作为自己一切行为的终极目的。在平日的生活中，我们看到一些人退休以后，甚至死到临头，依然发奋读书，潜心修炼，还有人为了道德的目标，可以牺牲生命。这样的行为很难用功利目标来解释。

对人的精神存在的追求的否定是典型的极端思维造成的。其实，极端思维在人的兴趣发展上有两个极点，那就是纯粹的功利主义和纯粹的精神主义。当然，完全的极端主义在日常生活中其实都不存在，都无法维持生存。因为，任何一个人必然存在一定的精神追求和一定的物质追求。在现实的世界中，我们真要找到一个纯粹功利的人是困难的，同样的道理，我们要找一个不需要任何功利的人也是不可能的。极端状态只有在极端环境中才能产生，比如在战争年代，在选择保留生命还是保留人格的二难选择中，有人宁死不屈，有人卖国求荣（或者其他背叛）。

在正常的生活中，生命存在和精神存在都需要一定的滋养，所有兴趣有自身的独立性，只是表现和比重不同罢了。在日常的生活中，二者并不排斥，而且可以相得益彰。比如我们的工作和我们的兴趣统一，就是二者很完美的结合。

当然，我们在反对功利主义将生命存在极端化的同时，也要反对将心灵存在极端化的倾向，这种倾向最为典型的表现就是否认物质存在的意义，最后落入"顽空"境界。但是，现实生活中没有一个人离得开生命存在，少得了物质支撑，所以，我们大可放心，我们在谈论精神追求的时候，绝不会忘掉功利手段。所以，平时的生活中极端的唯精神主义是不存在的。

（三）内源性发展兴趣与生命同一

如果我们的发展都是在内源性兴趣驱动下进行，我们就会感觉到"我为自己的生命而发展"，虽苦而乐。因此，如果我们能把道德要求由外在的强制要求变为自己的内心自觉将会减少行动阻力。

当对内在精神境界的追求成为自我发展的兴趣，成为发展的动力时，这种动力来源于心灵存在，正是"我要"从而"我发展"，这样的发展与生命相一致，直接体现生命的价值。如果我们的发展都是在这样的兴趣驱动下进行，我们就会感觉到"我为自己的生命而发展"，虽苦而乐。

这种内源性的发展兴趣与心灵直接同一，与生命直接同一，这样，发展动力的大小与一个人对生命热爱程度直接相关。一个人越是热爱生命，尊重生命，那么他就越会珍惜生命，对生命越是珍惜，就越想在有限的生命中去创造生命的辉煌，展现生命的美丽。这样，内源性的发展兴趣对人的激发作用就会强烈表现出来。这一点与外缘性发展兴趣大为不同，外缘的兴趣与自己的生命有可能相背离，越发展离自己的目标越远。

由上可知，这种内源性的发展，其出发点和目的地都在于人的心灵，因此我们可以把内源性的发展称为"为自己的发展"，这里的为自己，主要是为了自己的生命、兴趣、快乐、自由、信念和信仰等等，这样的"为自己"不同于"自私自利"，因为在这样的自我发展过程中可能是实实在在地在为了别人奉献自己，君子人格的追求就是这样的典型。君子人格追求的过程就是奉献社会、服务他人的过程，但是这样的奉献社会、服务他人仅仅是在实现自我内心的人格目标，自己和他人都是目的。不同的是，我们把道德要求由外在的强制要求变为自己的内心自觉。

这一观点也正好可以用来解释当前道德教育的低效这一问题。当前的教育缺少了内源性的自我追求，道德说教往往是"要求"我们服务社会，服务他人，把社会和他人作为目的，这时为社会、他人尽责成了一种义务，一种"要求"，这时我们就有了一种"被要求"的感觉，道德责任不再是我们内心的自我要求，结果可想而知，根本激发不出内在的动力。在这样的情况下，道德沦丧也就自然而然了。反观传统文化的内圣之道，对君子人格不断追求，造就了一个国家的纯朴的民风。所以，当前的道德教育应该向传统文化借鉴，强调理想人格目标的自我设定，将外在道德责任变为自我人格的主动追求。

按照以上的分析，人们都热爱自己的生命，也都渴望自由和幸福，理论上都应该按自己的内在兴趣去发展才对，但是，现实并不见得如此。很多人在利益的诱导下，对某些原本没有兴趣的东西产生兴趣，从事不见得让自己快乐的工作。由此可见，当前的发展主要还是在努力维系生命存在，而不是心灵存在。

对物质利益的重视，放在生产力水平低下到影响到人的基本生存的情况下，还是可以理解的。但是社会发展到了今天，我们的生活水平已经从温饱进入小康，特别是社会福利的普遍提高，生存问题已经得到普遍解决，这个时候，人们理应按照自己的兴趣去发展，去提升我们心灵存在，可惜，人们还没有显示这样的自觉。究其原因，外界的竞争实在是太惨烈，人对家庭财富的依赖依然很强烈，制度依然存在着种种不公，使得人们被迫生存而不是主动生存，文化和教育还没有达到自觉，还不能教人从内心生出一种自觉，有时甚至还在助长社会的不良风气。但是我们应该相信有朝一日，当社会发展到生命存在的维持不再成为一个问题，制度的不公逐渐消失，文化和教育开始自觉，追求心灵存在的品质成为时代的主流，那时人的生命质量会上升到新的层面，这也应该是我们教育努力的方向。

根据前面的分析，似乎只有建立起生命存在的安全和质量，心灵存在的质量才会开始提升。但是，我们也应该看到，生命存在和心灵存在并不是楼梯关系——上下层级关系，并不是生命质量提升到一定水准的时候才有心灵质量的提升，而是相对独立的关系。甚至，生命存在仅仅是心灵存在的自然前提，除此以外，一切由心灵做主，即便是在物质贫乏的年代，我们也应该有精神追求。到底追求什么，往往因人而异，不然就不可能发生宁可饿死，也不吃嗟来之食的故事了。所以，不管在何种情况下，我们都应该对心灵存在给予必要的关注，要有一定的自觉。

小　结

通过以上分析不难发现，外源性的发展兴趣与内源性的发展兴趣有以下几点不同：第一，根源上不同，内源性的发展兴趣产生于心灵的需要，关注的是生命的意义，外源性的兴趣则是产生于对外在世界的依赖，考虑的是生命存在。第二，表现形式不同，内源性的发展兴趣表现为"我要发展"，而外缘性的发展兴趣则表现为"要我发展"，"我必须发展"。第三，从结果来看，内源性的发展需求，发展本身就是目的，而外缘性发展需求，发展本身只是手段，而需求的满足才是最终目的。第四，从极端来看，外源性兴趣极端会走向唯物质主义，而内源性兴趣极端则走向"顽空"之境。第五，从激励机制来看，外源性的激励主要是目标要具有诱惑力，内源性的激励主要是强调对生命热爱。

通过这样的分析，我们如果能够把外源性的发展变成内源性发展，会改变内心的感觉，从而减少行动过程的阻力和痛苦。

四、兴趣的生发、维持与提升

人天生具有好奇心，但是很多孩子随着年龄的增长，这个兴趣慢慢消失了。因此，我们有必要研究兴趣的维持与提升问题。

(一)热爱生命是兴趣生发的前提

对生命的热爱是我们发展的原动力，因此教育的过程不仅仅是让孩子们懂得保命、愿意受苦，更要让他们感受生命的美丽，创造生命的辉煌，同时通过死亡教育，珍视短暂的生命。

以上分析了内源性兴趣与外源性兴趣的不同，回到教育，自然地就会产生以下问题：第一个问题自然是，如何让孩子们"产生兴趣"；第二个问题，让孩子们"对什么产生兴趣"；第三个问题与上述两个问题相关联，由前面两个问题衍生出来的：如何不断"在人生过程中产生、提升兴趣"。

根据前面的分析，教育过程中兴趣的培养还得回到本源上来。因为兴趣与生命同一，所以，一个人要有兴趣，首先要热爱生命。当一个人开始热爱生命时，势必产生我要发展的冲动，只有有了这种冲动，自己才会开始自愿自觉，积极主动追求生命的本质。所以，激发受教育者对生命的热爱，保护受教育者的兴趣，就是保护孩子的发展动力，保护他们的未来，说得严重点，也是保护民族的未来。

从这一点来说，我们的教育对生命的重视显得相对不够。首先，我们对生命教育的内容缺少应有的系统的认识，只是感觉有问题的时候去讲一下，所以讲得最多的是安全问题，安全问题的教育实质是"保命"教育。其次，很多的时候，对生命的教育就是教育孩子要勇敢地活下去，要敢于面对一切的困难，不要动不动就轻生，这种教育实际上是"受苦"教育（挫折教育），要我们的孩子吃得起苦。但是，生命的美丽却很少体现。古语说："蝼蚁尚且偷生，何况人乎？"对于一个正常的人，有谁不愿意活下去？所以活下去不是什么问题，活得精彩，活得美丽才是问题的核心所在。只有感受到生命的美丽才会感到生命的可爱，才会去珍惜生命。

生命的真正美丽在于自由的创造。自由的创造首先需要适当的限制，让主体感受到自主权利得到落实,因此,教育必须考虑规则的合理性。自由的创造需要一定的条件保障,所以教育需要考虑适当的物质支持和人力支援。自由的创造更在于主体能力的提升,所以需要培养孩子的行动能力。

目前的教育教学中存在的问题较多,首先是对生命的美丽在于创造的认识严重不足,对学生兴趣发展缺少引领;第二,生命展开的外部条件缺乏,自由度较低,行动机会和活动空间较少;第三,知识传授过多,行动能力传授较少。这些在前面已经多次提到,后面还会论述。希望大家引起注意。

只有知道生命是美丽而短暂的,才会知道生命的宝贵,才会知道珍惜生命。而要知道生命短暂,必须联系死亡,所以,死亡教育应当成为教育的一部分。但是,我们很多人在回避死亡,好像谈到死亡,生命就不美了。缺乏死亡教育,生命变得轻薄。这样的教育带来的后果很严重,第一不知道"死"就不懂得生,不懂得生就很难珍惜生命,也很难去面对死亡,正所谓"不知死,焉知生?"一旦出现死亡威胁就会出现恐惧心理,很难有生死坦然的感觉,很难做出正确的选择。没有对死亡的思考,最容易出现的极端现象就是对自己的死很害怕,对别人的死很"冷血",这样冷酷无情的事件时有发生,屡见不鲜。

反观中国古代教育一向很重视终极关怀,慎终追远,这样的教育会让人感到厚重,不至于肆无忌惮,从而减少为非作歹。这一点值得当前的教育借鉴。

(二)展现鲜活的世界,保护好奇心

兴趣必须有内容才会生长,要让孩子不断产生兴趣,我们就得把一个神奇而广袤的世界呈现在孩子面前,从而让他们产生广泛的探求欲望,形成一个个兴趣点。

在完成第一个任务之后,这时跟着产生的问题是:"对什么产生兴趣?"。

人的具体兴趣不是天生的,而是在后天生活中产生的。比如我们刚生下来,都是有好奇心的,这是生命的本能,是值得珍惜的内在之源。但是仅靠这一点是不够的,我们刚出生时,内心世界一片苍白,所以没有明确的兴趣对象,只能是对呈现在自己面前的某个东西感兴趣,除此之外不会有其他。假如婴幼儿时期没有得到很好的开发,之后好奇心就会丧失。常常见到一些小孩没有得到很好的培养,原本好奇的眼睛失去了光芒,变得空洞迷茫。"兴趣"作为一种情绪,必须指向一定的对象,而这个对象一定是我们能够感知到或者能够想得到的东西。一个人无法想到他想不到的东西,同样也就无法对他想不到的东西产生兴趣。这也就告诉我们,要想让孩子对某一事物产生兴趣,就必须让孩子了解这一事物,同样,要让孩子拥有广泛的兴趣,势必要让他们知道更多。而这样的了解在婴儿时期很重要,这个时期的见识可以激发、维持孩子的好奇心。可惜很多家长并不知道,所以很多孩子的灵性在上学前已经被扼杀了。

据上分析,我们应该开阔孩子们的视野,把一个神奇而广袤的世界呈现在孩子面前,从而让他们产生广泛的探求欲望,形成一个个兴趣点。从教育教学过程来说,我们老师的课堂要能激发孩子的兴趣,最起码要增加孩子的知识空间(包括感性知识和理性知识),满足和激发孩子的好奇心。

当前的教育,恰恰是反其道而行之,使孩子远离丰富多彩的世界,很多孩子"宅"在家里,关在教室里,以至于"宅"成为一种习惯,慢慢地局限了兴趣范围。当兴趣之树得不到内容的应有滋养,慢慢就"枯萎"了。

(三)兴趣的维持和提升技巧

老师要让孩子产生对生命的尊重和热爱,核心在于"生活"、"娱乐"、"成功"、"快乐";人的生命的特殊性在于创造,教育过程要让孩子们在创造中感受到生命的本质,核心在于"理想"、"行动"与"创造"。尊重孩子的兴趣,让他们成为生命的主人,核心在于"尊重"、"宽容"与"民主"。教育是人格的吸引、感召,老师必须具有"可亲"、"可信"的人格魅力,老师还要拥有足够的"知识"、"智慧"储备,"灵活"、"高效"的教育手段,甚至优美的语言表达能力。教育如果失去了兴趣这个源源不断的内生力,失去了长期发展、终生发展的愿望,反过来会阻碍人的发展。

关于第三个问题,如何维持和提升孩子的兴趣,教师要尽到自己的责任。制度也好,分配政策也好,文化建设也好,相对教育者来说,毕竟是存在的,它们会对孩子的兴趣产生种种影响,我们也许靠个人的力量无法改变,但是我们还是要尽自己的绵薄之力,来促进孩子的发展兴趣。对于教师如何促进孩子的兴趣发展相关论述颇多,这里就不再详细讨论,只是做适当概括。

教师的教育教学要让孩子们感兴趣,就得有打动人心的力量,让孩子看到了新的可能生活的希望,看到生命提升的机会,看到增长自由的可能,从而引发好奇心,产生快乐感。

第一,老师要让孩子产生对生命的尊重和热爱——包括自己的生命和其他的生命。唯有对生命的热爱,才会珍惜生命,不断地燃烧自己的生命,形成创造生命的动力,从而关注与生命相关的世界,包括他人——这就是兴趣的起点。要让孩子热爱生命,关键在于学会欣赏生命的变化与美丽,让孩子感到生命带来的快乐。生活是快乐的源泉,所以,我们要让孩子在学会学习的同时,"学会生活","学会娱乐","学会成功",在生活中,在成功中感到快乐。就这一点来说,核心在于"生活"、"娱乐"、"成功"、"快乐"。这些正是当前教育中欠缺的。要做到这一点,课余生活的丰富是必需的,甚至我们的教育教学过程要增加娱乐的成分,这是值得我们探索的课题。

第二,人的生命的特殊性在于创造,教育过程要让孩子们在创造中感受到生命的本质。在感受生命的美丽之后,我们还要努力创造生命。要创造生命,必须让激情来燃烧生命。生命的激情,需要对生命的喜欢,更需要把未来变为现实的积极行动。对未来的企盼形成理想,越是珍惜生命,理想越是明晰,行动欲望就越强烈。所以,我们要对孩子从小加强理想教育,让他们学会期盼明天。而生命的激情需要靠行动来点燃,所以要给孩子自主行动的机会,要让孩子学会行动,在行动中培养行动的能力和创造的能力。就这一点来说,核心词汇是"理想"、"行动"与"创造"。理想的欠缺也是当前教育的一大通病。

第三,尊重孩子的兴趣,让他们成为生命的主人。兴趣是个人的内在情绪,是个人的爱好,具有个体性特征,是自己对自己的可能生活的选择,正常情况下,孩子的兴趣符合道德和法律,不对他人的兴趣构成威胁,所以对孩子自己选择的可能生活老师必须给以足够的尊重,唯有如此,孩子才会感受到发展的自由,自己才是自己的主人。尊重孩子的选择权利,这是激发孩子兴趣产生的基本前提。对于孩子的兴趣我们可以引导,也可以与他商讨他所选择的可能生活变为现实的合理性和可行性,即便是不可行的,我们也不可以强制剥夺,必须在平等、尊重、民主的状态下告诫,并给他一定尝试的机会——当然,对自己和他人构成重大伤害和损失的事情除外。就这一点来说,"尊重"、"宽容"与"民主"是最为重要的。要做到这一点,谈何容易。当前来看,这一点最为欠缺,很多的学习内容都是指定的。尽管有所谓的必修与选修模块,其实都是圈定的范围,孩子的自由度是很有限的。教育过程中的教师权威十足,孩子仅是个接受者,民主意识缺乏,宽容就更谈不上。

第四,教育是人格的吸引、感召,老师必须要有人格魅力。教育是人格的感召,是心灵之间的共鸣和吸引。老师的爱心可以让孩子产生温暖,从而感受生命的美好。老师的亲和力能让孩子的心情舒展,心理上减少防御和抵触,很容易产生快乐感。如果我们能够让孩子产生亲近感、信赖感,那么孩子就很容易被你的教育内容所吸引。古人"亲其师,信其道"说的就是这个道理。如果你的人格能让孩子敬仰,从而在人格上产生共鸣和响应,后面的一切将会变得简单。特别是道德教育,老师的人格魅力特别重要。如果老师本身的人格低于自己对别人的要求,很难对孩子的内心世界产生感召力,孩子会说,你都做不到,还要我们做?当孩子开始讨厌你的人格的时候,就会讨厌你教育的内容。从这一点来说,关键词汇是"可亲"、"可信"。当前的问题是,老师对孩子的要求往往高于对自己的要求,师生的对立情绪比较严重。

第五,你的学识和智慧要让孩子钦佩。如果你的学识渊博,能够给孩子打开未知世界一扇扇神奇的大门,让孩子领略到未知世界的玄妙,发现了未来生活的美好,自然会激发他们探索世界的好奇心,从而产生不断探寻世界真谛的愿望。如果你的教育充满智慧,具有化腐朽为神奇的魔力,具有打动人心的力量,就会在孩子心中激起一阵阵涟漪,从而产生无穷的兴趣。就这一点来说,关键词是"知识"、"智慧"。而当前的问题,教师的智慧还不足,特别是教师局限于学科知识,知识面偏窄,有的教师甚至连本学科的学科思想还不具备,仅仅满足于解题技巧。

第六,课堂语言要具有美感。漂亮的外衣能让一个人变得赏心悦目,引发别人的关注。语言是思想的外衣,漂亮的语言能给人美感,激发兴趣。从老师的语言来说,优美的语言(包括口头语言以及体态语言)可以增加课堂的美感,让孩子迷恋,提升孩子的快感,从而产生学习的兴趣。有时优美的语言能够让平淡无奇的内容平添了很多韵味。就这一点来说,核心词汇应该是"语言美"。但当前,"语言美"在课堂里还是处于一种自然状态。

第七,恰当的方法。恰当的方法能够让人减少理解的难度,从而增加面对困难的勇气;恰当的方法能够增加知识信度,降低理解的难度,从而增加接受度。什么样的方法是恰当的?那就是要根据知识的难度和接受者的接受能力调整出最佳梯度,深入浅出,孩子能够理解,能够探索。方法好不好最后看课堂效果——孩子们在一定的时间里所获得的思维空间和思维空间的增长能力。而知识和接受者却是不断变化的,因此方法的核心词汇是"灵活"、"高效"。(当前的问题在于,客观量化评价还没有形成,本书第三篇将会展开研究。)

当前值得我们思考的问题是,兴趣本来是生命力在意志上的反映,是对生命的尊重和珍惜,也是对生命品质的追求,按理说,生命不息兴趣不止,而现实的情况却不是这样。现实的社会中,很多人了无生趣,毫无发展兴趣,很多孩子进入学校之前已经失去了读书的兴趣,我们的学校教育也同样制造了不少问题孩子,这一点应该值得我们重视。我们应该反思,社会、家长、学校、老师各自应该负有什么样的责任。教育本来是兴趣的激发者、引导者,但偏偏当前的教育却走向了反面。当前的教育在全面发展的旗号下,在应试教育的大背景下,无视生命的存在和生命的需要,不考虑个体的兴趣,从源头上扼杀了兴趣的产生。教育的内容、形式、方法不能导致可能生活的改变,不能带来未来生命的希望,所以,无味的课堂不能激发孩子的学习兴趣,而且越教育越没有兴趣。结果,我们的教育虽然让孩子获得了一部分知识和能力,但让他们失去了兴趣这个源源不断的内生力,失去了长期发展、终生发展的愿望,反过来阻碍人的发展。这一点,从大学生进校之后的表现可以得到证明,从民族的读书之风也可以得到说明。作为教师的我们应该问问自己,我们究竟是为民族创造了未来,还是抹杀了民族的未来。我们每个人都应该思考:我们在孩子教育中的功过如何评价?

五、兴趣的品位、可行性、坚持和永续生成

兴趣产生之后,还会有一系列的问题,比如兴趣的品位如何?不同的兴趣应当如何组合?兴趣的可行性如何?人的一生兴趣如何才能不断生成?

当孩子有了兴趣之后,我们又该干些什么呢?这个时候,我们首先要关注兴趣的价值问题,即品位与度;其次是兴趣的可行性问题,即兴趣转化为现实的几率;再次是兴趣维持问题,即兴趣与毅力的关系;最后,新的兴趣如何不断生成的问题,即如何让人的一生充满发展兴趣。

(一)兴趣的品位与度

有品位的兴趣应该让人健康、向上、高尚、安宁,但是有品位的兴趣

也要有个度,通过恰当的组合,形成健康、幸福、自由的人生。与此同时,我们要反对道德霸权、自然主义、完全自由主义、完美主义以及简单的快乐原则。

关于兴趣的价值评价——或者品位问题。从法律上讲,法律不禁止就是许可。发展兴趣作为我们可能生活的选项,只要我们的兴趣不成为他人的兴趣的障碍,就具有选择的权利。当然,法律许可的,不见得道德上是倡导的,我们还要想办法把我们的发展兴趣引导到道德的轨道上来——但必须以宽容为前提。

什么样的兴趣是有品位的?首先我们要考虑兴趣对生命的意义。一个人的兴趣是多种组合,不同的兴趣具有不同的功能,具体的某一个兴趣应当具有强身健体、拓展知识、增长能力、充实心灵、提升灵魂、和谐社会中的全部或部分效能,最后推动人的自由的增长和社会的和谐。比如,体育锻炼可以强身健体;努力学习、广见博闻可以拓展视野,增加知识空间,提升技能;文艺活动可以丰富我们的感情;反思、静修可以调整身心,让灵魂安宁,提升人格。所以,有品位的兴趣应该是健康、向上、高尚、安宁的。

谈完了兴趣的品位之后,还得谈一下兴趣的度。一个人需要多种兴趣的滋养,就像一个人需要多种维生素一样。但是,当一种维生素过多之后,就会走向反面。一个人的兴趣也是如此。如果一个人的兴趣只在运动上,没有读书的欲望,那么就会阻碍知识和能力的增长;一个人不断读书,不落实际,可以学富五车,也可能只是无用书生;一个人只是不断反思静修,没有行动,就会落入"顽空"之境。因此,哪怕再好的兴趣,也要掌握分寸。所以,我们要针对自己的需要恰当设计我们的兴趣组合,特别是要根据孩子的成长和个性特点来选择孩子的兴趣组合,这是一个非常值得研究的课题。

在此,为了保护兴趣的存在,我们必须反对道德的霸权。一定时代的道德要求本身的合理性就是一个值得审视的问题,过于道德化的要求可能会阻碍个人兴趣的发展,或许他的兴趣会给人类开辟出新的发展空间。

同时,我们也要反对完全的自由主义。在自由主义旗帜下,各种兴趣似乎都是可以存在的。特别是现在网络背景下,各种激发人的阴暗面的东西大为流行,淫秽、色情、暴力等图片充斥各大网站,都是以自由主义为借口。自由本来就值得分析,具有多方面的意蕴。当自由作为一种权利时,应该尊重,但是我们必须清楚,自由权利不能保证兴趣的价值方向。自由主义盛行削弱了人的羞耻之心,激发了贪婪之欲,减少了上进的动力,消解人的灵魂。

所以,自由主义值得我们警惕。

我们还需要警惕简单的快乐原则。人活着应该快乐,如果缺少价值理性的保证,快乐会阻碍人的成长。我们看到很多家长,在孩子小的时候,他需要什么就给什么,其借口就是"学前,孩子要快乐,学习是学校的事情"。快乐当然是应该的,但是,简单满足的快乐,将会对孩子的发展产生阻碍。人的发展就像爬山一样,一个人要培养积极向上的兴趣则是需要付出巨大的努力,努力的过程可能伴随着痛苦,而低级庸俗不求上进的兴趣就像往山下滚,不需要费力气,很容易获得快乐。当简单满足成为人生习惯的时候,一个人将对学习知识这种费力气的发展失去兴趣。所以,我们在给予孩子快乐的时候,一定要鼓励孩子去做一些具有挑战的事情,让他们感觉到战胜困难获得成功原来是那样的快乐,这样的快乐建立在自由的增长上面,将会促使孩子的兴趣和快乐同步增长。

兴趣发展还要反对自然主义的无为态度。自然主义的兴趣发展,就是在已有的条件下,不加人为设计,让孩子随其自然地接触生活,这样的氛围比较宽松,没有压力,可以让孩子自然发展。但是,这样的兴趣发展,往往受到孩子家庭生活和学校生活的影响,带有局限性。自然主义的兴趣发展主要反对人为设计,实际上人的成长是离不开设计的,只是我们的设计需要考虑孩子的发展现实。

兴趣发展也要反对完美主义。完美主义对兴趣要求比较高,对孩子的要求表现为什么都要发展,什么都要发展好。典型现象就是家长带着自己的孩子自小奔波于各种培训班、补习班之间,生怕孩子有哪个方面不如人家。一开始,孩子也蛮有兴趣,孩子们也表现得聪明能干,但是后来孩子疲劳了,最后就会表现为厌学。一个人的兴趣是多种多样的,每样兴趣水平都要达到一定高度,这是不现实的。对某些东西略知一二就够了,而对某些兴趣,则可以重点发展。其实发展兴趣,仅仅是给生命充实内容,不同的兴趣,给人的感觉可能是相同的:读书内容不同,都可以提升人的逻辑思维水平;学习不同的音乐技能,都可以培养人的乐感;工作性质不同,获得的都是生活的需要;修行方式不同,提升的都是灵魂的品质。所以,我们要根据自由的需要来设计我们的发展兴趣组合。

如何提升兴趣的品位,关键是文化背景要有品位。兴趣的产生需要一定的文化背景,良好的兴趣是在一种宽松的人文背景下慢慢养成,所以,我们要让孩子们接触健康、向上、高尚、安宁的内容,以耳濡目染的方式,使之慢慢地变成孩子们的生活。

(二)兴趣的可行性问题

兴趣的实现受到主客观条件的影响,因此我们在孩子兴趣的培养过程中应当考虑可行性,不计后果地培养兴趣是不可取的。

对于第二个问题,关于发展兴趣的可行性问题。现实性是我们生存和发展的条件,所以一个人的发展兴趣应当考虑其转化为现实的可能性,而一个人的发展兴趣最终能否转化为现实,受到主观条件和客观条件的制约。主观条件主要包括个人的意志品质、智力基础、心理素质等等。客观条件包括自身身体状况、物质条件和客观规律,以及作为制约人的外部规章制度——往往作为外界的抵制或者支持力量而存在。我们的发展兴趣首先必须是符合客观规律的,比如符合自然规律,事半功倍,否则事倍功半,甚至根本无法实现。面对社会发展规律,我们也要顺势而为。至于物质条件、外部支持力量的多少,我们则可以争取。没有条件,极力争取,但是要考虑我们的能力。如果没有可能完成,尝试一下也无不可,当然最好不要浪费时间。当然,如果我的兴趣不能成功,但能为别人的成功提供台阶,那也是有价值的,值得去努力。不管怎么说,我们在孩子兴趣的培养过程中应当考虑可行性,不计后果地培养兴趣是不可取的。

(三)兴趣的坚持

毅力与忍耐难度之间的差值决定一个人能否将兴趣坚持到底,因此,兴趣的维持最好的方法是通过提升对生命的热爱来增强毅力,通过提高能力降低忍耐难度。一句话,让兴趣变成动力,让动力变成行动,让行动获得成功,让成功变为快乐,让快乐变成爱好,让爱好成为生活。

对于第三个问题,兴趣的维持。兴趣并不是一经产生就会永不放弃的,有人因为外在的诱惑而放弃,有人因为艰辛而放弃,有人因为其他原因而放弃。

兴趣的维持需要毅力,而维持的时间跟以下几个因素有关。目标与现实的差距,个人的能力,这几个因素决定目标实现的时间,这个时间也是目标对于个人的必须忍耐的绝对难度。

$$忍耐绝对难度 = 实现目标需要的时间 = \frac{目标 - 现实}{能力}$$

每一个人心理对某件事情所能承受时间就是一个人的毅力，一个人毅力与忍耐难度之间的差值决定一个兴趣能否维持到底。根据这样的分析，我们在培养孩子的兴趣的同时，必须培养孩子的毅力和能力，二者缺一不可。

不要让放弃成为一种习惯。由于毅力和能力的原因，我们内心总有一些兴趣最终要被我们放弃。刚开始放弃的时候，我们还有一种负罪感，常常会自我谴责自己"我怎么如此沉沦"，时间久了，就习以为常。当放弃成为习惯的时候，一个人生命的使命感、责任感开始衰退。所以，我们在帮助孩子培养兴趣的时候，也要考虑这个兴趣的放弃对孩子品性的影响，我们要尽量鼓励孩子的坚持，从而提升他们的意志力。

如何保持发展兴趣，根据前面的分析应该可以从以下几个方面来看。

首先，要提升对生命的爱，展示生命的精彩。因为内源性兴趣的放弃其实质是对生命的背叛，所以，我们要提升内源性发展的兴趣关键在于提升对生命的爱，知道人生只有一次，我们唯有发展，才能展现生命的精彩。所以，我们的生命教育应当与人的兴趣挂钩，与人的发展挂钩，与人的价值挂钩，这样，生命才会有一个创生的过程。哪怕失败了，我们也要重新寻找新的发展目标，因为我们不会放弃生命。

第二，要善于抵抗外在的诱惑。因为内源性发展也会受到外在诱惑的干扰，所以，发展的过程是自我目标重新设定的过程，是自我批判、自我否定、自我教育、自我克制的过程。在这个过程中，自己越来越明白自己的方向和目标，意志力也得到提升，从而可以提升抵御诱惑的能力。

第三，提升自己的能力和意志力。意志品质很重要，一方面帮助我们克服外在的诱惑，同时帮助我们学会坚持。当然，我们不应该把自我发展变成纯粹的自我折磨，只有能力的提升我们才能达到成功的彼岸。能力的提升一方面帮助我们获得成功的喜悦，另一方面也降低了对意志力的要求。

第四，兴趣的维持需要坚实的行动。兴趣的实现就是可能生活变为现实生活的过程，一个人要想把发展兴趣变为现实，需要坚实的持久的行动，如果没有行动，最终这种发展兴趣只能是一种希望、一种美好的想象。所以，一定要培养孩子的行动力。

第五，行动的维持往往离不开成就感，所以我们要告诉孩子方法，提升其行动的效率，让他们的兴趣所指向的可能生活逐渐变为现实，获得成功带来的快乐。所以,维持兴趣的最好方法就是教育孩子达到成功的方法,提升他们的行动能力。

一句话,让兴趣变成动力,让动力变成行动,让行动获得成功,让成功变为快乐,让快乐变成爱好,让爱好成为生活。

(四)兴趣的永续生成

兴趣的永续生成目前研究较少,笔者认为要保证一个人的兴趣永续生成,一方面需要对人生不同阶段的发展特点加强研究,有所针对地进行兴趣培养,同时通过外在的制度形成外在压力,通过文化建设,倡导自我实现,提升人生境界,产生内在动力。

第四个问题,新的兴趣如何不断生成,或者能否让一个人一生充满发展兴趣? 对于这样的问题,研究者甚少,作者认为以下两点是需要做好的。

首先是要加强研究人生不同阶段的发展特点,找到不同阶段发展的兴趣所在。这一点往往并未被不同阶段的教育者以及社会管理者所重视,孩子的兴趣在幼儿园之前被很多家庭教育所忽视,表现为兴趣发展盲目,缺少理性和系统考虑,要么孩子疏于教育,要么孩子从小忙于各种培训班。到了学校,学校教育关注知识传授,个人的发展兴趣被工厂化的教育所忽视,这一点为大家所熟知。工作之后的终身发展的兴趣培养与维持,没有得到社会管理者的重视。一个人工作之后,他的发展兴趣完全出于个人需要。发展兴趣的引导离不开制度和文化,制度上要加强诱导,增加兴趣发生的外驱力;文化上要加强引导,产生内心的自觉,形成内驱力。

其次,要让一个人终生保有发展的兴趣,必须要有终生发展的动力。前面分析时提到有两种力量可能成为一个人发展的动力。第一种力量来源于对名利的追求和外在的竞争压力,对名利的永不知足或者外在压力的始终存在,迫使人们为了生存条件改善而不断去努力,但这种发展更多地局限在能力发展,而心灵的境界提升往往不在考虑范围之内。第二种力量来源人的内心,来源于对生命的珍重。所以,要让一个人拥有不断发展的内在和外在的需求才会不断形成发展兴趣。因此终生发展的兴趣,需要良好的制度环境和文化环境,就教育者来说,我们要引导孩子人生境界的不断提升和人生价值的不断增长,引导孩子在关注物质利益的时候不要忘了精神需求,努力追求自我实现,追求人生的高境界。

结　语

　　总之,兴趣的产生离不开社会的公平公正的制度环境,只有公平公正的
制度才会激励人们通过自身努力发展自己改变命运;兴趣的方向受到制度
的诱惑,所以要制定合理的制度为兴趣的"各向发展"提供制度保障;兴趣更
是与家庭生活息息相关,家庭生活是孩子兴趣形成的最初的内容来源;我们
还要通过文化的引导、教育的诱导让孩子们学会处理好生命存在和心灵存
在的关系,处理好物质追求和精神追求的关系。所以,我们必须要有大教育
的观念,如果没有整体教育观,仅靠学校教育往往事倍功半。

第八章　公平·可能·保障

[引言]一颗香樟树的种子掉进砖缝里，长啊长，最后就长成了一棵小小的树苗。我们把它移到外面的土壤里，它就迅速长大。人的成长也一样，需要必要的外部条件。我们应该创造怎样的物质条件来帮助孩子成长？

前面我们探讨了规则与人的发展的关系，接下来我们开始探讨物质条件与人的发展之间的关系。

一个人的发展需要多种客观的物质条件，而每种客观条件对人的发展所起的作用也是不尽相同的，这样就产生了一个值得研究的问题：如何配置资源来满足不同个体的发展需求。由于资源不可能满足所有人的所有发展需求，这就产生了教育资源配置的效率与公平问题。

教育资源的配置关乎人的发展、家庭的幸福和社会的和谐，重要性不言而喻，对此研究者甚众，故本书不想做详细的表述，只是根据行文的体系需要作简要的表达。

笔者认为制约教育公平的因素由近至远可以分为四个方面：第一个方面来自自我的身心条件，第二个是自身家庭条件，第三个是出生地客观条件，第四个则是国家制度条件。下面根据这四个方面因素来思考如何实现教育公平。

一、坦然面对先天不公，实现个体的最佳发展

假如让姚明去打乒乓球，让邓亚平打篮球，结果会怎样？由此我们看到，每个人都有自己的先天局限性。我们要学会接受自己的生命现实，尊重他人的生命现实。教育要根据不同的个体特征配置资源，促成人的发展。

　　人生来面对的第一个不公就是自己与生俱来的先天条件。一个人什么时候,以什么的面貌、状态来到这个世界都是由不得我们自己的,当我们意识到这个世界存在的时候,我们都有一种被迫无奈的感觉——我怎么以"这样的状态"来到了这个世界?伴随着这样的感觉,我们发现有很多东西已经非自我力量所能改变,并且这种无奈很有可能将伴随我们的一生。

　　影响我们发展不公平的先天因素,主要有两个方面,一是基因,二是先天发育状况。基因是决定我们的发展潜质的必然性因素,而先天发育状况则与发育过程中的偶然性因素相关。这两个因素中,相对而言,基因的影响更具根本性,因为先天的发育状态也许在后天还可以通过技术来修正,但是我们无法改变和选择我们自身的基因——至少当前的科学是无能为力的。总而言之,一个人就是在这些先天的偶然与必然因素共同作用下来到这个世界的。

　　先天因素对个人发展的影响主要有以下几个方面,首先表现为,不同的个体发展潜质不同。一个人的发展与先天潜质有关,不同先天条件决定了不同的后天发展潜质。比如,我们羡慕泰森的体质,爱因斯坦的智商,贝多芬的乐感,但是我们无法将这些优异的素质集合为一体。第二,就同一个人来说,在不同的方向发展能力也是不一样的,或者说先天因素对个人不同兴趣的满足度不同,这样,先天特质与个体兴趣方向不一致也会产生矛盾。假如邓亚平偏偏喜欢打篮球,姚明喜欢打乒乓,这将是一件非常痛苦的事情。第三,对于大多数人来说先天的差异性还仅仅是发展潜质与发展兴趣之间的矛盾,而对有些人来说则是永久的伤痛。有一部分人因为先天的残缺,失去了众多的发展机会,特别是基因缺陷带来的先天畸形、智力障碍等,对于这些人及其家庭来说,都将是一种沉重的打击。

　　这样的不公一旦存在可能将是终生遗憾,但是要消除这种先天不公,对于今天的人们来说,还是一个有待研究的课题——在这样的先天不公面前,大多数还是束手无策,但是不等于说我们无所作为。当前,我们可以做的就是依靠科技的力量进行基因筛选,让那些带有基因缺陷的孩子不要降生到这个世界,同时,加强孕前孕中课题研究,以及普及相关科学知识,提高大众科学素养——特别是准备做父母的成年人,尽量让那些有基因疾病的胎儿不要降生到这个世界。这是对自己负责,也是对自己的孩子负责,对社会负责。

　　假如我们带着先天不足来到世界,又当怎么办?除了在现有技术可能的条件下进行修正外,更应该加强整个社会对生命的认同感。我们必须认识到每一个人生来都是不完美的,我们要以自己的不完美来共同创造完美的世界。所以,我们要学会坦然接受自己的生命现实,在这样的现实基础上开展自己的生命历程,寻找合适的发展方向。同时尊重和同情他人的生命现实,尤其是对那些先天不足的人保有一份同情和怜悯。在此基础上,让每一个人都得到应有的教育,展现生命的美丽。

先天不公是教育必须面对的真实境遇,因此,教育应该为每个人的发展提供相应的资源配置,这一点应该不成为问题。真正的问题在于,既然每个人的发展潜质是不一样的,自然每个人的发展需要也就不同,所需要的资源也不会相同。因此,教育的公平就是为每一个人的可能发展提供其所需的资源,而不应该是提供一样的资源。

当前存在着一种认知倾向,就是把教育公平理解为教育要为每一个人提供同样的机会、同样的资源,这样的观点貌似公平、公正,其实质是把教育公平曲解为平均教育、等同教育,其建立的基础就是每个人的发展需要和潜力是同等的。这种抽象的公平是对人的发展现实的无视,将对人的发展造成最大的不公。

平均教育其危害有三:第一,超常的儿童得不到足够资源,发展受限——吃不饱;第二,发展能力低于平均水平的孩子往往被赶鸭子上架——吃撑了;第三,不考虑发展的差异性,个性得不到发展。最终教育资源没有得到很好利用,造成资源浪费。

在此特别呼吁,我们的教育应该关注天才儿童。大多数儿童生来是普通的,但是有一些儿童的确有过人的禀赋,这些天才儿童是人类的希望,他们的成长状况如何直接关系到一个国家和民族的核心竞争力——一个民族甚至人类的高度往往取决于少数精英人才的高度。他们的禀赋不同,他们的发展需求超越众人,对于这样的儿童国家理应配备优质资源,促成他们的发展。

二、弥补家庭不足,促成孩子的发展

一个人生下来之后在当前的情况下没有可能交给社会来统一管理、统一教育,因而,他的生存和发展始终不可能摆脱家庭的影响,所以,人生下来碰到的第二个不公来源于家庭。

　　家庭对一个人的发展的影响主要有以下几个方面：第一是家庭生活的生活方式，第二是家庭本身的教育能力，第三是家庭给孩子发展所能提供的客观物质条件，第四是家庭成员所能调用的社会资源。

　　家庭生活本身就是教育的一种最为真切的形式。从文化的内涵来看，家庭生活是家庭文化的综合体现，包括家庭成员的宗教信仰、思想内涵、语言表达、生活起居、交往方式、行为举止等等，家庭生活通过耳濡目染对孩子的成长产生深远持久的影响，特别是童年的家庭生活对孩子的生活习惯、思维方式、价值取向、人生态度、心理素质等会产生深刻影响，这些影响一旦形成，甚至终生难改。

　　当前，"生活即教育"的观点随着整个社会对教育的重视慢慢深入人心，但是对于绝大多数家长来说，还没有真正意识到，如果意识到并重视的话，他们必然会反思自己的生活方式，改变自己的生活习惯。所以，真正能够自觉改变自己的生活来达到改变孩子的未来的家长当前少之又少——很多的时候，改变生活是家长对孩子的要求，究不知，正是家长自己的日常生活才造就了孩子今天的生活。至于要全社会对"生活即教育"的认识达到"理性认识"，并形成共识，目前还有很大难度。

　　因此，国家应该从宏观层面有所思考，有所作为。比如，加大科研投入，对家庭生活与孩子的发展之间的关系展开研究，进行舆论宣传，进行社会普及，让家长们知道他们自己现在的生活与孩子未来之间的关联，产生为了孩子而修正自己的自觉，从而达到孩子教育与家长教育同步协调的目的。

　　接下来，家庭对孩子发展产生直接影响的就是家长对孩子的教育——家长的教育包括育儿思想和育儿能力。家长的育儿思想对孩子的发展影响极大，决定着孩子最初的发展方向，特别是在孩子主体性尚未确立的情况下，孩子的发展可能是父母给予的或者代为选择的。这样，孩子的发展就取决于家长对孩子发展的重视程度，对孩子的尊重程度，以及对孩子发展兴趣和能力的研判水平。而育儿能力则与家长本身的知识和能力有关，这决定着孩子从家庭中获得的知识和能力。

　　父母被称为孩子的第一任老师，但是，这个老师的水平差异巨大。首先体现在教育理念上，当前有这么几种倾向值得关注。第一种倾向认为孩子的教育是学校的事情，家庭主要任务是教给孩子基本生存能力，其他的基本可以不管。这样的家长比较多，特别是家庭经济条件比较差、父母文化程度比较低的家庭，因为生计问题，教育尚未提到议事日程上来，结果孩子没有得到应有的发展,白白错过很多教育机会。第二种倾向认为家庭不是学习的地方,家庭生活要让孩子感觉到自由、快乐。这种类型的家长在"给孩子自由、快乐"的旗号下,对孩子的需要尽量满足,但对品性培养考虑较少,甚至放任自流。这样的教育观念,开始的时候可能会让孩子聪明起来,可是接下来孩子在品性上将会暴露出一些问题,如刚愎自用不服管教,缺少基本的规则意识,等到学校教育开始的时候,家长往往感觉孩子很难适应,这时家长可能会对自己的孩子失望,失去耐心。第三种倾向,就是对孩子管教甚严,家长包办孩子的选择,甚至家长把孩子的所有时间都做了安排,结果,孩子毫无自由可言,从而激起孩子强烈的逆反心理,有很多极端事件的发生与这样的家庭教育有关。

至于家庭的教育能力,差距甚大。理念是一回事,执行又是一回事。由于家长本身的文化素养不一样,执行能力也不一样,即便执行相同理念的结果也大相径庭。从文化丰富程度来看,有的家庭文化氛围浓厚,有的家庭简直是文化沙漠,第一种家庭成长的孩子见多识广,第二种家庭成长的孩子则是孤陋寡闻,差距显而易见。

所以,当我们成年人即将成为孩子父母的时候,必须要有清晰的"父母角色意识",必须清晰地意识到为人父母应当具有的内涵与外延,知道孩子成长过程中自己的地位和作用。可惜,"父母角色意识"的形成对广大年轻父母来说尚处于自发状态,缺少应有的培养。这样的结果,"父母"角色不可能很成功,往往是失败的"家长"教育出失败的"孩子"。加上计划生育政策,很多父母失败之后连改正的机会都没有,结果是,"父母"角色难以成熟,整个社会都是失败的父母。一代代失败的家长培养出一代代失败的孩子。

基于这样的认识,要达到教育公平,政府和社会应该加强家庭教育的研究,一方面普及正确的教育理念,另一方面为家庭教育提供援助。

家庭物质条件对孩子的发展影响甚大,决定孩子的先天条件能否转化为现实,也决定家长的教育理念能否付诸实施。不管在哪里,只要经济条件宽裕,家庭可以突破地域、学校的限制,完全根据孩子的发展潜能和发展需求,为孩子寻找到最好的教师来满足孩子的发展需要。在当前的政策下,经济条件优越的家庭,可以放眼世界选择最好的学校。比如可以通过购房入户,让孩子进入城市最好的学区,可以花重金把孩子送出国门,在国外选择最好的学校。

家庭可以调用的资源也是孩子发展的外在条件之一,有时甚至可以达到金钱达不到的效果。比如家庭的人脉可以为孩子提供较多的发展信息,寻找好的老师，甚至运用特权选择好的学校。当前，经济条件也不是万能的，小学、初中就近入学，你可以通过购房入户来突破地区限制，但是，高中教育就不可以这么做了，需要看孩子的学习成绩。在统一取消借读生之后，经济条件已经难以突破这一限定。但是，在当前的社会情况下，对于那些掌握社会特权的人群则可以运用手中掌握的权力突破各种限制，从而获得各种优质的教育资源。比如，教育局早已明文规定高中禁止招收择校生，但是重点学校每年依然还有几个择校生，这些孩子都很有来头，甚至他们的家长拿着市长、市委书记的条子来找校长，这是校长无法抗拒的力量。

对于大多数的家庭来说，特权无从谈起，随意选择学校、教师也无能为力，只好将就地发展。对于那些连生存都倍感困难的家庭，孩子很小的时候就可能为生计而奔波（曾经出现4岁的孩子要照顾家中残疾老人的案例）。在这样连生存都困难的情况下，发展肯定是一种奢望。

根据上述分析，要解决家庭条件对孩子的发展带来的不公问题，就要消除家庭条件对个人的影响——在家庭财产私有的情况下完全消除则是不可能的，但这应该是我们努力的方向。国家首先要消除教育中存在的种种特权现象，为教育公平提供制度环境，这一点当前已经初见成效，但是还有待进一步治理。第二，要从物质上提供保障，消除因为家庭经济条件带来的发展不公。要完全解决这一不公问题，在当前的情况下没有可能。孩子的教育要完全不受家庭条件限制，除非孩子的教育完全社会化，让孩子出生之后，一切教育需求由社会来提供，并且，要集中全社会最优秀的教师为全体孩子提供教育援助。这样的教育目前来看还仅仅一种理想。曾经柏拉图在他的《理想国》中就是这样设想的，两千年过去了，社会已经有了巨大的进步，这样的理想依然给人感觉遥不可及。但是，不管怎样，这是我们教育发展的方向，国家应该朝着这样的目标努力。国家为此已经作了巨大努力，不断加大教育投入，义务教育也由过去"每个家庭有义务让孩子上学"变为如今的"免费教学"。甚至国家已经开始考虑适学儿童的生活境遇，在一部分地区开始供应营养餐，国家还对家庭经济条件比较困难的孩子进行经济补助，提供助学金，希望缓解家庭经济压力。相信随着国家经济实力的提升，国家会做得越来越好。

当然，就理想的公平发展来说，当前的政府所作所为还是远远不够的。首先当前的免费教学还仅仅局限于义务教育，之外的其他教育不在国家的保障之列。高中教育、大学教育、职业教育以及其他的教育还需要家庭经济条件来保障，这对于经济条件一般的家庭都是巨大的负担，更不要说对那些经济困难的家庭了。至于学校教育之外的发展需求,政府根本不在考虑之列——如孩子的特长培养。对孩子的家庭保障与孩子教育之间的关联更是没有得到周全的考虑。未来,随着国家经济的发展,国家财政的充实,国家可以全面考虑孩子的教育问题,将教育和社会保障制度结合起来,逐步提高免费教育的水平,在条件许可的情况下可以覆盖高中甚至更高水平的教育,使得每个人的发展不受制于自身的经济条件。尤其是在社会生产力提高之后,人的自由时间将会增加,教育应该成为人打发自由时间的方式(改变现在业余时间就是无聊时间的状态),应该成为自由和幸福增长的基地,成为转移剩余劳动力的场所。这将会对整个国家的发展模式、人的生活方式产生重大影响。

三、合理分配资源,提供公平的发展机会

南橘北枳,成语,出自《晏子春秋·内篇杂下》:"橘生淮南则为橘,生于淮北则为枳,叶徒相似,其实味不同。所以然者何?水土异也。"意思是淮南的橘树,移植到淮河以北就变为枳树。比喻环境变了,事物的性质也变了。同样,同一个人所处的环境不同,教育的条件也不一样。

人生下来碰到的第三个不公,就是他生在哪里。一个人出生在何处是由不得自己选择的——是父母帮你选择了。出生在哪里本来不应该成为一个问题,但是当出生地与户籍制度相挂钩的时候,出生地就跟教育资源相关联,不同的出生地往往拥有的教育资源相差很大,教育质量大不一样。当前看来,这种不公还非常明显,主要表现为地区差异,接下来是城乡差异,直到校际差异。

第一,当前我国的教育投资主要由地方财政负担,地方财政有钱,教育投资就可以多一点,反之就少一点。要让每一个人的发展的制约仅仅是来源于自身,那么唯有改变这种教育经费的拨付方式,加大中央财政统调力度,对落后地区加大投资。至少在当前高考制度下——省内竞争的情况下,做到全省统一调拨资源,特别是加快资源薄弱学校的建设,势在必行。

第二,当前大城市依然是人才聚集之地,优秀的教师还是比较喜欢呆在大城市,所以,大城市的整体教育水平高于农村,为了实现教育公平,就必须让落后地区以及广大农村的孩子能够聆听到优秀教师的教导,在当前的技

术下我们完全有能力做到。首先,开展大范围的支教活动,让城市中的优秀教师到欠发达地区、农村学校传经送宝,或者直接给孩子们上课。再者,国家可以投入资金,建设国家免费的教育资源网,聘请国内最优秀的教师上课,把课堂录像公诸网上,让孩子自由点击,浏览学习。每个学校建设网络教学教室,把网络教学作为日常教育教学的一部分,甚至可以改变过去的授课方式,在课表中规定每周网上听课时间,让孩子接受网络教学,这样孩子们可以聆听到国内最好的老师的教学课程。从国家层面来说,国家应该掌握最优秀的教师资源,建设国家级和省一级的教育教学平台,把各个学科最好的教师配备到网络课堂中,让最好的师资实现全社会共享。这样一来我们可以利用网络打破时空限制带来的教育不公,甚至可以改变传统的授课方式,孩子可以网上听课,老师课堂答疑。

第三,当前资源分配不公,除了校园建设之外,管理也会带来资源不公。当前教师流动性较差,往往优质(重点)学校拥有较多的优秀教师,如果进入这些学校不是靠的家庭背景和经济实力,而是通过公平竞争入学,那也算是一种公平(前面论述也提到让每一个人享受同样的资源实际上也会造成新的不公和资源浪费)。但是,如何提高教师的流动性,让孩子就近入学,都有获得优秀教师的教导机会,这也是值得研究的。真的要做到这样,唯有校长去行政化,教师统属教育局管理,学校不再掌握人事权力,学校的权力仅仅在于维持学校的日常管理。这样,教师可以在全市流动。当然,这样一来,也会带来教师生活的不方便,这又是后话。

四、制定科学合理的制度,释放每一个人的发展潜力

假如韩寒来参加今年的高考,结果会怎样? 足见制度对人的发展有巨大影响。因此,我们要不拘一格选拔人才。

对一个人的发展产生影响的最外层的不公就是国家制度,当前很多制度限制着孩子的教育公平,比如户籍制度、考试制度。

户籍制度主要是把孩子限制在户籍所在地,从而限定了他可以享受的教育资源。当前,要解决这一制度的限制还有点困难,只有解决前面提到的地区、城乡教育不公之后,户籍制度才不再是阻碍发展公平的因素。

考试制度也关系到教育的公平,特别是考试内容体现不出不同能力之

间的公平性。前面已经提到过,考试制度具有诱导性,可能将人的可能生活引导到片狭的空间中去。为了避免这样的结果,考试制度要考虑到人类的各种可能生活,考虑到各种能力需要——当然,招生考试也应该兼顾社会需要,因此考试制度要给予各种能力共同发展的机会。当前的考试内容局限在一定的范围,而且有一套既定的标准,个体的特长往往得不到承认,很难得到展现。假如韩寒这样的人才来参加高考,估计很难通过。所以,考试制度要体现公平,必须在考试内容上体现出对不同能力的尊重。为此,我们应该加大人才的特征与考试内容之间的关联性研究,特别是对某些方面表现突出的孩子要网开一面,不拘一格选拔人才。

第九章 内涵·自由·教育

[引言]第五章从哲学层面讨论了我们应该拥有怎样的发展,应当拥有怎样的自由,为我们的自由与发展提供了宏观指导;第七章讨论了自由的内在前提:兴趣,为我们如何提高孩子的发展动力提供了出路;第六、八章讨论了自由的外在条件——规则和物质,为我们可能生活的展开提供了保障。但是,我们的教育如果停留在这样的层面,自由其实就是毫无意义的空壳而已。就个人发展来说,自由还没有具体的指向;就教育来说,自由的提升缺少应有的把手。接下来我们应该去探索自由的外延,或者说找寻我们应该拥有的具体的自由形式和内容。这样一来,自由的重要性转变为自由具体是什么,怎样去实现这些具体的自由这样两个问题。

相对而言,就自由具体是什么和如何实现这些自由这两个问题,自由具体是什么显得更为优先,因为这个问题不清楚,后者也就变得茫然。事实上很少有人系统思考自由的具体内容,所以也带来了发展的茫然,造成了教育的狭隘和无序(学校教学内容、考试内容不断变化),结果就是个人的可能生活的"遮蔽"。所以,我们要发展人的自由,首先要研究人的自由的具体内容和形式。在接下来的研究过程中,特别重要的任务就是"揭蔽",让我们看到我们过去没有看到的自由的内容和形式。当然,自由的"揭蔽"受制于一个人的文化的内涵。每一个人的文化往往又都带有局限性,所以,这一工作笔者希望得到更多人的支持,一起来努力。

同时,不同的自由实现的方式不一样,所以,在谈论自由内容的时候,我们也要跟着讨论相应的自由实现的方式。

一、生命自由

生命是我们一切自由的生理前提，而生命自由不仅仅是给我们这样一个前提，生命的本身还包含很多的其他意义。

（一）生命之"有"：安全

一位哲学家与一个船夫之间正在进行一场对话："你懂数学吗?""不懂。""那你至少失去了一半生命。你懂哲学吗?""不懂。""那你失去了80%的生命。"突然，一个巨浪把船打翻了，哲学家和船夫都掉到了水里。看着哲学家在水中胡乱挣扎，船夫问他："你会游泳吗?""不……会……""那你就失去了整个生命。"可见，生命是一切自由的前提条件。

就个人存在而言，首先是生命的自由，因为生命是人的一切活动的基础，珍惜生命似乎是人的本能。但是，本能不等于理解，我们需要真正获得生命的自由，必须对生命有一个全面的认识。

生命自由，首先要"有生命"。生命的"有"，就是我们要"保有"生命，"维持"生命，即要继续活着。

要做到这一点，首先要减少危害生命的因素，这就是我们必须要进行安全教育。提供安全保障应该成为学校的基本责任，孩子的自我保护意识、保护能力应该是学校教育的基本内容。

意外伤害是生命不可承受之痛，可能导致生命的终结，我们经常听到孩子因踩踏而死、被水淹死、被火烧死、被电电死、被车撞死，还有其他的危害生命安全的事情时有发生，这样的事情对于任何生命都是无法承受之重，对家庭来说也是巨大的伤害。关注生命自身存在，首先要避免伤害。所以，我们给孩子必要的保护，要告知孩子可能遇到的种种危害，教会孩子如何避开这些危害，掌握必要的逃生技能。

安全教育当前得到了应有的重视，家长和学校都对孩子作了一定的教育。但是，问题依然存在，主要表现在欠缺系统性、前瞻性、实效性。系统性欠缺表现在没有对危害生命的种种灾难以及求生方法的整理，其实这样的教育花不了太多的时间；前瞻性欠缺表现在没有对可能出现的安全事故事先做出预测,往往变成事后提醒,这种提醒是建立在惨痛的经验教训的基础上;而实效性的欠缺主要表现在缺乏能力训练,往往是老师嘴上说过就算了。

真正的重视应该是对孩子可能碰到的各种安全事故,根据不同的年龄段进行适当教育,增加安全常识,提升逃生能力。从相互帮助的角度来说,我们还要让孩子学会一些常见的救护知识,这样可以减少伤害的发生。

(二)生命的存在状态:运动与静止

当代都市,酒吧里灯红酒绿,欲念横生;而传统中国文化倡导"宁静致远",文人雅士参禅打坐的很多,那是多么的安详。这样的生命存在差异实在是太大了,这种差异会带来怎样的不同结果?

当生命存在不再成为问题的时候,我们应该关注生命存在的形式。哲学上讲运动是物质的存在方式,于是有人便说运动是生命的存在形式,或者说"生命在于运动"。但是,懂得辩证法的人还应该记得,在承认绝对运动的同时,不要忘记相对静止的存在。我们说运动形态与事物的本质同一,而相对静止则能保持事物的质的稳定。如果我们把哲学上的观点运用到生命中来,是不是可以得出这样的结论,在运动中展现生命本质,在静止中维持生命本质的稳定? 也许前面一句话大家可以接受,而后一句话,大家不一定能很好地理解。正是这种理解上的偏差在生活中和教育中产生了种种误区,表现为重视生命的运动形式的研究和训练,而很少关注静止的研究和训练。

当前,学校体育教学充分说明了这一点。体育是学校教育的重要部分,体育课的核心就是通过肢体运动来增强孩子的体质。所以,体育课有种类繁多的运动项目,比如各类田径、球类运动、体操运动、武术等等。我们看到了各种各样的"运动",有没有看到关于"静止"的训练? 没有。

孩子的确喜欢运动,运动中生命得以确认——我运动我存在——生命的激情得以爆发——我的生命我做主,生命的美丽得以绽放——生命的力量、自由、舒展在运动中张扬。尤其是在竞争对抗的运动中更加容易感受到生命的创造性。

静止是生命的另一种存在形式,往往被我们所忽视。谈到静止的时候,通常会想到的是休息、睡觉。休息、睡觉,其实我们可以理解为运动的"暂时放弃",还不是真正的生命的静止状态。真正的静止状态应该像运动一样,是身心一起参与的。这时或许有人开始好奇，身心一起参与的"静止"是什么样的？其实说出来大家都听说过，只是现在很少有人练习了。

打坐、参禅、练气功、冥想等方法，我们大家都知道，过去我们称其为"修炼"。在这种存在形式中，肌体的力量是没有用的，需要的是"放松"，知识是没有用的，需要的是"无识"；人的欲望是没有用的，需要的是"无欲"；思想也是没有用的，需要的是"无思"；自我也是没有用的，需要的是"无我"。与前面提到的运动形式具有质的区别，从根本上来说，这两种生命存在的差异在于对生命存在和心灵存在的侧重点不同，所以，方法大为不同。因为在打坐参禅的过程中我们可以"观照"自己的内心，在平静的状态下，内心里面会不断冒出自己的想法，这时我们可以发现自己的内心世界存在的种种问题，从而有针对性地调整内心世界。这样有助于抑制心理冲动，恢复心理平衡；克制内心的欲望，提升道德境界；身心合一，感受心灵的光明与祥和，达到暂时的超越。这种入静的过程同时会带来肌体的变化，也会带来身心的全新体验，甚至对身体起到修复作用，而这种变化与体验对于那些没有经验过的人来说是很难理解的。由于一般人不理解，知道的人又说得很神秘，造成打坐、参禅、练气功、冥想之类的修炼方式被神秘化了，以至于人们避而远之。

这种存在形式可以说是对日常存在形式的反叛，练习起来比较困难，要坚持更难，原因有二，一是时代的节奏，一是文化的影响。

在古代自然经济条件下，生活的节奏比较慢，大家有时间可以这么做，而现在竞争压力大，节奏快，诱惑多，人们没有那个时间，很难放下心中的一切，让自己的内心安静下来。

文化会影响人们的生活习惯、生活方式，与文化相违背的东西往往很难被人们接受。自从西方打开我国的大门，我们发觉文化需要现代化，而文化现代化的过程实质就是"西方化"、"科学化"。一百多年过去了，我们这个国家已经从指导思想到社会制度，从穿衣打扮到日常生活都与西方亦步亦趋。在这个过程中我们因为欠缺文化自信，没有太多地思考与鉴别我们的传统文化，造成很多传统文化不加鉴别地被抛弃了。当传统文化被抛弃之后，与之相适应的生活方式也不再具有生存的文化空间和心理空间。看似简单的修炼方式在古人那里还是比较普遍、比较容易做到的生命存在的形式之一，到了现在就很难被人接受。如果我们现在还有人打坐参禅，很有可能被当成怪物，当成笑料，有时还会遭到"科学"大棒的挞伐。

一种文化有它完整的价值体系。我们可以这样来解读欧洲文明，欧洲文明注意个人的现实利益和现实的感觉，所以价值观上会崇尚个人主义，崇尚物质享受,崇尚竞争拼搏,到了政治制度,对内就是民主,对外就是掠夺,在拼搏的过程中自然需要肌肉的发达,奥运精神"更快、更高、更远"就成为最好的注解。所以这样的文化价值观,不可能让人静下心来。反观我们的传统,因为要维系整体的存在,所以强调伦理,要求人人"大公无私",而要无私就要反观自己,学会克制,所以倡导慎独、反省。要内观自己,这时在体育上就会强调"松静自然"、"天人合一"。这种方式既能健身,又能养性。所以,我们不要简单地看待体育运动,还要看到体育运动后面蕴藏的价值取向,以及对人的身体和心理的综合影响。

片面强调生命在于运动,无视相对静止的存在,已经给社会带来了相当的恶果。我们已经静不下来了,我们要不断地寻找运动来充实自己的时间,不然,我们就会感到空虚和寂寞。所以,"空虚寂寞冷"成为一个时代流行词。因为不能面对孤独的自己,需要不断地折腾,于是才有了所谓"生命不息,折腾不止"的说法。很多老人退休了还在不断折腾,不能忍受安静。正是对"静止"这一生命存在的忽视,导致了心灵的无序,所以现代社会,心理问题越来越多;由于无法收敛自己内心的欲望,道德问题也就日趋严重;满足于激情的释放和暂时的快乐,我们也就无法发现心灵本身的至美。很多心理问题、道德问题、人格问题,从深层次来看,其实是文化问题,我们必须要警觉啊!

只有当我们的肌体的运动暂时静止下来,我们才可能有时间对我们的心灵存在有真正的关切和发现,我们才会发现心灵存在的问题,从而修正我们的心灵。可以这么说,通过运动获得生活资料,这是人和动物相同的地方,只是人类的能力更强。而让自己进入静止状态,反观心灵这将是人类高于动物的所在,这也是人类从动物性走向神性的通道。

(三)生命存在的质量:健康

寒冷的早上,大人们还在梦乡,汽车站台上一个个幼小的孩子戴着眼镜,打着瞌睡,背着书包,我们看到了觉得可怜吗?

当生命存在之后,我们需要生命的自由,而生命本身我们通常是感觉不到不自由的,只是在疾病发生时,我们的健康出了问题,我们才会发现,生命的自由没有了。所以,我们不要等到身体感觉不行的时候才来关注身体。对生命自由的关注就是要关注生命本身的质量,而生命本身的质量问题就是健康问题。所以,我们的教育要注意孩子的健康问题。

首先,教育本身不应该伤害孩子的健康。我们谁都知道健康的价值,正常情况下,主观上没有人是希望我们的孩子不健康的,也没有人想危害孩子的健康。但是我们的意愿与事实之间还是有出入的。当前我们的孩子健康素质越来越低,眼睛近视程度越来越高。这一点已经是众所周知的。究其原因,我们的教育为了其他目的超前透支了孩子的健康。因此,要提升孩子的身体素质,不应该超前透支孩子的健康,这一点已是社会共识,这里也就不多讲了。

我们要让孩子的生命健康存在,首先是要学会珍惜健康,维护健康。现实生活中,我们看得太多了,身体健康的时候毫不珍惜身体,放纵自己,不注意休息,挥霍健康(这种例子在现代社会比比皆是,比如酒吧、迪厅、网吧等无节制的生活方式)。对我们教育的启示就是从小要教会孩子健康的生活方式。健康的生活方式的教育有利于健康,也有利于家庭美满和社会的和谐。而这些学校关注得明显是不够的。

接下来,要让孩子们懂得让身体健康的方法,拥有让身体健康的能力。当前的学校教育非常重视体育锻炼,但是体育锻炼与健康的关系研究太少,不同的锻炼方式对人体健康的影响在当前的体育教育中还没有得到应有的重视,由于缺乏这样的常识,我们运动导致了健康问题的产生。这一点,特别是在运动员身上得到充分体现。可笑的是,学校用运动成绩来考核孩子的运动能力,而不是用身体素质的检测来考核孩子的健康品质,更为可笑的是不同的人用同样的运动标准来衡量。举个例子,不管高矮胖瘦用一个标准来衡量扔铅球、跑步,公平吗?有道理吗?有意义吗?

适当的锻炼有助于健康,所以我们应该让锻炼成为孩子喜欢的习惯,并让锻炼成为生活的一部分。而当前的情况是很多孩子活动课躲到一边看书去了。其中一个原因,运动还没有成为生活的一部分。所以,我们要自小培养孩子的运动习惯、运动兴趣和运动能力。

再就是,任何生命都会出现健康问题,所以我们要教会孩子一些基本的养身技巧,学会健康生活,减少疾病的发生。当前人们已经习惯于把身体的疾病交给医生来治疗,这样的人生态度是消极的,结果也是糟糕的,我们自己吃了好多不该吃的药。因为人的健康是多种因素共同作用的结果,比如,肌体本身的因素,自身的心理因素,外在的环境因素等等,解决健康问题,需要环境力、肌体力、食药力、念力等共同作用,单靠药力是达不到理想效果的。事实上,有很多的病不用吃药也能自愈的,还有很多病,比如,心因性疾病,吃药解决不了问题,还有一些慢性病,长期吃药,养成了对药物的依赖性和抗药性。还有一些病根本无药可治,比如心病。结果可想而知,我们将健康问题交给医生,很多最终不能解决,需要我们自己的努力。所以,教育应该把身体健康的修复方法告诉我们的孩子。

但是,当前的教育基本上没有这样做,也不可能这么做。当前的体育教育基本上就是照搬西方的,所开设的体育项目主要就是跑步、球类,以及体操(这也很少),其他几乎没有。所以,所能起到的作用,最多也就是体育强身,减少疾病,但是面对疾病往往束手无策,但是传统文化却有很多办法。

我们口口声声说是传统文化是瑰宝,却视而不见,逐渐被遗忘。传统的修炼方法(或者说锻炼方式)是一门有待发掘的巨大宝库。按照传统修炼方法,比如打坐、参禅、调息、导引和气功,我们可以通过放松,排除杂念,达到身心合一,提升正气,最后慢慢自我修复损害机体。这种方法的确可以达到却病强身、延年益寿、休养身心的良好效果,尤其对那些慢性病、药效甚微的疾病效果更佳。当前的教学活动中,还能见到这样的传统修炼方式吗?把这些优良的方法抛弃了,真是可惜啊。

(四)从感受生命到热爱生命、珍爱生命

很多学校喜欢让孩子带绿色植物到学校来,孩子一批批带来,然后一批批地死去。这样的教育教会孩子们什么?教会的只能是对生命的冷漠和占有。美化了环境,毒化了心灵。

生命存在不仅仅是一个事实问题,同时也是一个价值问题。我们很多的时候把关注生命理解为"活命",这种理解是不够的,因为生命存在不仅仅是一个身体存在,还有心灵存在。比如植物人,他活着有何意义?或者假如我们就是终日在睡觉中度过,这除了恢复体力之外,其他的意义何在?

生命存在的意义就是让我们有了感觉,有了存在感。这里套用笛卡儿"我思故我在"的说法,"我感觉我存在",正是我的感觉我才"发现"了"生命存在",或者说,这个世界到底如何,只有进入我的心灵世界才有了意义。

世界本在那里,每个人感觉到的世界不一样,所以生命的感觉很重要,而感觉的获得则与一个人的感觉能力、方式、方法有关,也与我们的心态有关。所以,我们有生命,也要有生命的质量。我们要改变感觉到的生命质量,有必要从我们的感觉能力、方式、方法和心态入手。

我们的教育在婴幼儿阶段就应该注意培养孩子的感觉能力，这种感觉能力是多方面的。比如，眼睛的视觉、鼻子的嗅觉、耳朵的听觉、嘴巴的味觉、皮肤的触觉和我们其他内在的器官组织对肌体的感觉等等，甚至我们的内心都可以去捕捉生命的变化和奇妙，以及对世界的那种直觉。

我们可以感受人生的生老病死，感受植物的盛枯荣衰，感受一年的春夏秋冬；我们可以感受万物的五彩纷呈，宇宙的轮回更替……

我们可以在运动中展现自己，感受生命的激情；也可以放松自己，享受自己的悠然自得；打坐参禅，感觉内在的生命律动……

这一切，离不开我们的净心和细心，在这个感知与品味的过程中，我们将会理解时间，理解生命，理解人生。

只有如此去感悟生命，我们的心灵才会变得细腻，变得丰富，才会知道生命的美丽。也只有如此，我们才会珍惜生命。唯有知道生命价值的人才会感激生命，感激父母。只有生命饱满的人才会去创造生命的美丽。

当前的教育不能说不尊重生命——因为谁都知道生命的重要，但是当前的教育不是很关注感知的培养，更是缺少从生命的价值来重视感觉的培养，对感知的培养当前主要局限在满足认知的需要，所以培养的主要是观察力，或者有人考虑到了生命的价值，但缺少系统的考虑，特别是在幼儿阶段，本应该得到很好发展的感知能力因为都在提前学习知识而被忽视。

对生命的美丽的发现需要我们与生命的接触，我们在教育中应该让孩子们多接触自然，接触生命。我们的教育很少让孩子回到自然，特别是上学后，为了忙于功课，很多孩子都宅在家里，难得接触自然，久而久之，"宅"就成了一种生活习惯。

正因为对生命的感受能力的欠缺，或者对生命关注得不够，很多人很难真正全面感受生命的美丽。对生命感受不到美，就会对生命很冷漠，有时候会表现得很冷血。"冷酷"居然成了时代的流行词，正是当今时代最好的注解。当对生命变得冷血的时候，就会视生命如粪土，可以随意残杀生命，荼毒生灵。这时毁坏环境已经是全球问题，甚至对天真无邪的孩子下手、弑父杀母的行径也屡见不鲜了，而且手段越来越残忍（这些就不列举了）。

总的说来，对生命的美的感觉是对生命珍惜的感性基础，离开了这一点，所有的道德教育都是苍白无力的，缺乏生根发芽的条件，这需要我们好好重视，值得我们去研究。

造成当今这样的局面的深层次原因，不外乎几个方面。第一是社会的功利化，造成人们追求物质利益，激烈的竞争环境使得我们失去了那份悠闲和优雅,忘却了生命存在本身。第二是文化的遮蔽。我们经常听到生命的意义在于创造,其实质就是把生命当成了手段。我们需要在有限的生命中去创造价值,这固然没有错,但是在运用生命创造价值的时候我们还要学会回归。在肯定生命价值在于创造的时候,往往同时也认为人的自我价值需要外在的回报来满足。但是,这种满足更多的是为了维持我们的肉体存在,而生命存在不仅仅是指身体存在,还包括心灵存在。当我们的生命仅仅是完成某种目的的工具时,生命本身没有成为目的,生命自身的自由没有上升到最高意义的层面。正是这样,我们心灵那种自我满足的美感往往就感觉不到了,我们的快乐还是来源于外在的满足。我们的教育正是这种社会状态的缩影和社会文化的体现。我们做教育工作的应该好好反思。

当人类发展到今天,众多问题的爆发都指向了一个问题,人究竟应该怎样活下去?为什么而活下去?这两个问题不解决,人类的未来将会一片黯淡。面对当今状态,我们的教育应该让孩子多接触自然,多观察生命,特别是从小去养殖动植物,并有自己的宠物,懂得关心它们,照顾它们,久而久之就会对生命生出一种责任,那种责任就会慢慢变成对生命的热爱。

再次顺便指出一个普遍的现象,现在很多学校喜欢让孩子带绿色植物到学校来,孩子一批批带来,然后一批批地死去。我们的老师很少反思,这样我们教会了孩子们什么?教会的只能是对生命的冷漠和占有。虽然美化了环境,但是毒化了心灵。所以,我们的老师要真心善待生命,要从我们的日常生活中培养孩子的爱心和责任心。

(五)生命的历程

这是一个享乐主义盛行的时代,这是一个注重当下快感的时代,永恒价值已经被人们抛弃,然而生命总是向未来展开。所以,教育应该关注生死,关注过程。

生命是一个过程,只有树立过程思想,我们才能理解过去,把握今天,设想未来。与生命过程有关的问题很多,这里就教育而言,主要是两个问题值得关注,一个是生死问题,另一个则是个人的历史定位问题。

生命是暂时的,总有终结的一天。对于活着的人来说,死亡将是一个不可避免的事件,它的到来意味着"我"的结束。而且它的到来是不定期的,就像身边的定时炸弹,什么时候爆炸,我们是不知道的。当死亡真的来临时,我们又是没有感觉的。因此,面对死亡,我们感到无知和无奈,很多人会生出一种恐慌和无助。而这种感觉直接影响到我们的"生",如何面对"生与死",这就是一个非常值得研究的问题。

对于生和死,孔夫子有过"未知生,焉知死"这样的论断。对于这样的片言只语,笔者认为必须放在孔夫子的整体思想中来理解。首先孔夫子不是不知道死亡,他说"逝者如斯夫,不舍昼夜",这已经实实在在地说明时间在流逝,不可阻挡。再说,人总要死的,死根本不用管,管也没有用,真死了,你也管不着,而活着则有很多不确定因素,有很多问题需要面对,必须面对,所以,我们还是不要去管那个死的问题了。这跟孔夫子"子不语怪力乱神"的现实态度,与"知其不可而为之"的积极人生相一致。生和死本来是相对而言的,我们按照同样的逻辑,可以说"未知死,焉知生"。孔夫子的真正的生活体现了"生与死"的辩证关系。正是在生命的短暂性面前,我们懂得了生命的价值,知道了奋斗的意义。

与孔夫子的表述相反,海德格尔提出"向死而生"(人活着是"倒计时")的生命哲学,如果按照孔子的话语逻辑,海德格尔的观点就是"未知死,焉知生",这种哲学对那些浑浑噩噩过日子的人来说如当头棒喝。"向死而生"告诉我们人生是有限的,似乎我们生下来就已经被罩上一层"悲剧"的色彩,然而正是在这个有限的生命中,我们才感觉到生命的无限价值。因为有死的存在,我们才知道生命是不可重复、独一无二的,所以,我们要好好珍惜。我们在看清了人生的有限之后,要通过自己的努力,争取人生自身发展的无限,让有限的人生绽放出了生命的异彩。

孔子与海德格尔表述很不一样,看似相反,但共同之处在于,生命是短暂的,我们要珍惜生命,不要浪费时间,不要给人生留下遗憾。体现了生命时间上的有限性与人的创造的无限性的辩证关系。

如果我们割裂了生与死的辩证关系,就可能走向极端。一种极端观点认为,一切都是暂时的,没有意义的。很多宗教教人放下现实,去超脱生死,契悟永恒。一种极端观点认为,生命短暂,所以要及时行乐(享乐主义在时下还是比较流行)。

如果一个人只是知道生,不知道死,我们就不会对未来有担忧,似乎充满快乐,但是最终还是会面对无法逃遁的死亡,不知所措。小孩子就是这样,很快乐,整天浑浑噩噩,如果到年长之后,还是没有死亡的意识,就会缺少紧迫感和使命感。

总结上面的分析,生死观是生命教育的重要部分,没有了生死观的教育,一个人的生命就会缺少厚重,也会缺少内在的奋斗动力,甚至缺少了德行升华的基础。但是我们的教育中很少让孩子直接面对死亡问题,这是我们应该反思和改变的问题。

生命是一个历史过程,是一个历史阶段。因此,这样生命就有了一个历史定位问题。历史定位问题,就是我们要学会用发展的眼光看问题,把握两个阶段,第一个阶段是人类社会的发展阶段,只有明白这个阶段,我们才能把个人的生命与人类的生命合一;第二个是我们自己所处的人生阶段,只有明白这个阶段,才能知道自己该做什么。只有把握这样的两个阶段,我们才能给自己定位,才会有真正的历史使命感,我们的生命自由才会可能。而这样的教育在我们平时的教育中越来越淡,在生命教育中很少提到。缺少这样的定位,我们的教育就缺乏高度,我们的生命可能就会很茫然。

二、理解自由

我们"面临"这个世界的时候,我们心理上需要一种"明白",这种明白包括对世界的现象的了解和对本质的理解。有了这种"明白",我们才会踏实和放心。

(一)重新认识经验性知识的价值

一个学生物学的大学生,到了农村,小麦和韭菜不分。类似例子很多,充分说明在认识世界的过程中,经验性知识不同于理论知识,具有不可替代的价值。

当生命有了健康之后,生命展开为生活,这时候我们的生命存在和心灵存在必然与外在的世界发生关系。心灵存在与世界发生关系需要对世界进行解读,当成功地解读世界的时候,我们的心灵存在获得自由的感觉;生命存在与外在世界发生关系(当然离不开心灵存在的参与)的时候需要达到理想的效果,这时则表现为行动的自由。接下来我们探索理解自由和行动自由。

理解的自由。我们"面临"这个世界的时候——我们不一定需要去改造这个世界,但需要一种心理上的踏实和放心,而这种踏实和放心建立在我们对世界的"真实存在"的了解的基础上,或者说基于对世界的真实存在的了解而获得的踏实和放心,就是我们的理解自由。

与理解自由相对应的是迷茫。迷茫经常出现在我们的生活中,因为生活中我们会遇到很多不知道的情境。我们可能会面对"一类新事物"无从解释;可能来到一个完全陌生的空间,不知所措;可能因为事物的变化超出了我们的想象而感到惊讶。总的说来,迷茫是因为不同寻常,超出我们的记忆或者理解,从而让我们失去了心灵的踏实和放心。

迷茫产生的内在原因在于我们的"无知",无知的原因可能是经验的缺乏,因为没有经历过某件事情,缺少对基本信息的熟悉;可能是文化的差异,无法理解他人的"言语"或者其他表达方式;也可能理论的欠缺,对事物的本质缺乏了解。

我们面临的种种迷茫可以分为深浅不同的两个层次,一是对偶然性、现象的迷茫,另一个则是对必然性、本质的迷茫。举个例子来说明。比如,我们路边看到一块石头,这块石头是偶然性,外观很特殊。如果我们只满足于知道"这是石头",我们不会感到迷茫。但是,如果我们再问,这块石头"是什么材质的",这时候立马就会有很多人迷茫了。如果知道材质之后,我们再要追问,"为什么这样的材质比木头要硬呢?"这时,刚才还清楚的人立马又有人迷茫了。对第一个问题的回答只要常识,而对后面两个问题的回答,需要化学知识,而且越来越专业,尤其第三个问题,如果没有一定的化学知识肯定无法解释。这样,可以看到我们对于一个事物理解的自由水平的差异了。

当然,对于偶然性和必然性问题的无知产生的迷茫是不一样的,解决的方式也不一样。如果是偶然性问题,我们可以用相似事物的知识来帮助我们了解,而一旦是本质、必然性问题,在一定时间内(或长或短)可能就是无解了,会使人不知所措。事实上,本质、必然性的认识能够帮助我们解决一类问题,比偶然性的知识应用面要广泛深刻得多。

迷茫的极致就是懵懂。懵懂就是连问题也提不出,无所适从。只有意识到"我对××无知",才会提出问题,提出问题没有答案,这时会迷茫。如果连问题都提不出,那么应该说具有更多的迷茫,因为提不出问题,寻找答案的门都没有。这种懵懂状态只有发生在全新事物突然出现、完全超出了自己的认知范围的时候。

懵懂的存在正好说明,自由的提升可能伴随问题的增加。事实上,一个人对世界提出问题的数量和质量与一个人的知识背景相关,往往知道越多,能够提出的问题也会越多。问题的数量与质量直接体现一个人对世界的理解水平。

用图说明，我们的问题都来源于已知与未知的边界，知道得越多，这个边界就越大，在已知的边界处我们都可以问，"已知之外是什么"。当这个圆小到一点的时候，我们只会问世界是什么了，这就是小孩子经常问的问题。小孩子对世界可以说一无所知，所以他什么问题都问不出。一个自小局限在山坳里的人，对外界毫不知晓，只会问山外面是什么，再细一点的问题就不会了。而一个周游世界的人则会提出很多很多问题，这些问题是那些从未离开山坳的人无法理解的。因此可以这么说，提问题的细化和深化反映了一个人的认识水平，也可以反映一个人的认知能力。

我们迷茫的对象来源于我们的"已知"与"未知"的边界，这样一来，看上去似乎知道越多越迷茫。事实是不是这样呢？这就要看情况了，如果在相对封闭的空间里如图 9-1 右图，未知世界是有限的，我们很容易熟悉。在现实的生活环境中虽有变化，但总体来说是比较稳定的，所以通常我们的知识增加到一定程度，迷茫感很少。比如我们在自己的家里完全自由。而在开放的空间里，我们就会有很多很多的迷茫。而且知识越多，迷茫越多。这样一来，一个拥有丰富文化背景的人比一个没有文化的人产生的问题更多。

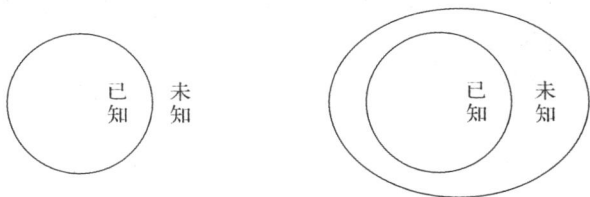

图 9-1

这就会产生一个悖论，解释自由度越高的人越不自由。人们通常认为一个人对世界认知越多，那么解释自由度应该越大，这是肯定的，但是同时伴随的是他的迷茫也会越多，迷茫越多，那么不自由的感觉越强。但是迷茫的增加是由已知范围逐步扩大带来的，所以我们的认知清晰范围增加，而我们的懵懂相应会减少。所以看一个人的气质，欠缺文化知识的人给感觉是懵懂，而有文化的人则是清楚、明白，同时伴随的还有问题与思考。

我们的无知与担心、想象力相结合，就会产生恐惧，这也是我们心理上的不自由。由于我们对偶然性、现象层面的暂时的未曾谋面，会对它"无语"。比如突然面对一群陌生人时，我们有时会表现出害羞的心理，这种担心是很浅层的,这仅仅是暂时的"无语",因为可以通过努力交往,或者试着用自己所知道的一些必然性知识来去解释。但是,同样一个人在黑暗的环境里,我们的心理感受就很不一样,假如这时突然发现了一个人,我们会有恐惧感,因为此人会不会对我们进行攻击,我们不知道。其实,黑夜独行,没有一个人出现,我们也会害怕。或者因漆黑什么也看不到,或者隐约看到奇形怪状的东西,这时我们会产生莫名的恐惧,这种恐惧来源于"不知道"。正因为不知道,我们就会想象,在想象中包含了对你可能发生伤害的种种可能——这些伤害可能也许压根就不存在。这里的担心是我们的猜测和无知一起作用的结果——想象力愈大,"想象出来的可能"越多,害怕越大。说到底,这种惶恐的程度与你担心的对象对你所构成的伤害程度成正比。

通过上面的分析,"无语"、"无知"、"无解"都与我们心中知识的缺乏有关,从而让我们面临世界时缺乏底气,加上担心和想象就会造成惶恐。所以,要消除我们"面临"世界时心中的惶恐,获得对世界的解释自由,就必须增加我们的底气,而这个底气就是我们对世界的"熟悉",这个熟悉包括对世界必然性的把握,也包括对偶然性的了解。我们的教育就应该朝向这样的目标来努力。

从偶然性知识的增长来说,就是我们要有广泛的经验知识。当有了广泛的经验知识之后,我们看到世界才有真切感;当见多识广之后,我们即使面对陌生的世界,也会有一种似曾相识的感觉——因为我们可以把经验知识进行适当迁移,帮助我们面对新的情境。

经验知识的获得有两种途径,一是来自我们亲身感受的直接经验,二是来自于他人的间接经验。这一点是大家所熟知的。

直接经验非常重要,这是我们用来解释世界的最为直接的感觉基础,特别是一些基本的感觉元素永远无法靠别人的描述来告知。比如,颜色。先天盲人是不会知道五彩缤纷意味着什么,对于色盲来说有些颜色意味着什么,一辈子也难以理解。同样,味觉也是如此,身体的内感也是如此——这里也顺便提一下,一个从没有入静的人无法理解进入身心合一状态时那种身心体验。感性认识也无法靠本质、必然性知识来替代。比如我们看不到红色,你告诉红光的光谱是没有任何用处的。所以,为了更好地理解世界,一个人必须尽可能多地获得各种基本的感性经验元素,因为这种经验认识是我们理解世界的起点。

一旦直接经验的某些元素缺乏,必然带来我们理解的困难,这时不是理解能力有问题,也不是智商问题,其实就是感性基本元素的贫乏造成的。而要解决这样的问题,最好的办法,就是让他直接面对事实,去感受真实的世界。有些孩子在课堂上谈到某些问题很懵懂,显得孤陋寡闻,这就是见识较少,缺少经验。所以,我们要补足孩子的这一缺陷,让他们走进自然,走进社会,参与实践。

直接经验很重要,但是我们一生中所获得的知识主要是来自他人的间接经验。因为个人的生命是有限的,而世界无限广大,我们可以利用别人的经验来帮助我们了解世界的丰富性,从而提高认知效率,增长我们的自由度。

可以这么说,我们的教育就是在课堂里以浓缩的方式呈现人类认识世界的过程,以压缩的方式呈现整个宇宙。真能如此,我们的孩子就会大大提升对世界的解释自由。

经验的缺乏,给我们教学过程带来困难,特别是孩子有一种雾里看花的感觉,理解也不真切。所以,教育应该重视偶然性知识的教育。

当前的教育对经验的重视是不够的,主要是受到科学主义、功利主义等观念的深刻影响。

自从西方文明打开我们的国门之后,我们开始向西方学习,其中最为重要的内容就是"科学",几十年来对科学的推崇体现在教育过程中就是强调学科教学,尤其是强调自然科学。曾几何时,"学好数理化走遍天下都不怕"的口号甚嚣尘上,现在稍微好了一些。人文学科重视度不如自然科学,但是教学内容依然强化学科教育。新的教改发现了生活,学科内容后面加上了生活,这是一种转变,应该值得肯定。但是以规律性的知识教育为主要内容,以生产力的提升为最终目标,这样的传统习惯还没有发生根本性改变。尽管新一轮教改强化生活意蕴,但是,改变生活靠的还是那些规律性的知识。因为骨子里我们还是坚信科学技术是第一生产力,还是坚信科学改变生活。在这样的思想指引下,作为对偶然性的认识的经验知识肯定不是我们的教育重点,甚至有被忽视的嫌疑,轻视则是事实。当然,教育教学过程中,我们也会关涉一些偶然性知识——因为不可能完全脱离偶然性知识来开展教育教学,但是偶然性的知识还不是我们教育的目的,往往是作为手段而出现,目的仅仅在于帮助我们能够更好地理解有关必然性的知识,或者告诉我们理性认识发挥价值的场所——必然性知识的运用离不开偶然性。

科学知识——对必然性的认识的确重要,我们不可否认它的价值,也不可贬低它的地位,但是在重视必然性知识的同时,千万不要忽视偶然性知识的价值。我们必须清醒地认识到以下几点。

首先，两种认识互相不可取代。我们认识世界既需要认识现象也需要认识本质，感性认识和理性认识谁也替代不了谁，因为二者认识的对象不同，对偶然性的了解不可以靠必然性来补足。即便我们掌握了所有的科学知识，如果我们的内心世界没有了感性的内容，内心世界将依然显得苍白，当我们面对世界的时候，依然可能出现"无语"、"无知"的状态。比如，我们知道"人是社会关系的总和"，但是当我们面对一个个具体的人的时候，我们能认识吗？当我们知道"社会存在决定社会意识"，面对社会种种社会关系，我们又能说什么？所以，偶然是偶然，必然是必然。如果掌握本质、共性就能解释一切的话，那我们只要去熟读哲学，岂不一切 ok 了？

再者，就生活而言，我们面对的世界是丰富多彩的感性世界，而感性世界是具体的，是多样的，这才是真实的生活。理性知识在解决问题的时候仅仅作为一种技术支持而存在，但不能完全解决问题，甚至有时候我们根本不需要它。很多的时候，必然性是隐藏在后面的，我们可能不需要与它直接打交道。比如家庭电器我们只要会用就行，电路是电工铺就的，电器设备是工厂生产的，怎么生产的，哪里生产的，原理是什么，我们都不需要知道。所以，我们生活中需要科学，离不开科学，科学在我们的生活中起到最后的支撑。这种支撑是对于人类而言的，是人类通过分工合作来实现的，但是生活的时候，我不是人类，而是"我"这个具体的个人，我只要"会生活"就可以了。所以"会生活"与"懂科学"、"要科学"不是一回事，我们必须清晰地认识到这一点。

再从生产力来说，理性认识本身并不就是生产力，必须与具体的实际相结合，形成丰富多彩的产品，才能满足人们的用途，这个产品化的过程需要"创意"，"创意"则是与我们的丰富的感性知识是分不开的。试问一下，当前我们国家自主创新能力的欠缺与我们对感性认识的轻视是不是有关系呢？没有广泛的经验积累，想象力何来？（关于知识与创新的关系留待后面详细论证）

总之，对于感性知识我们应当给予必要的重视。只有对感性认识给予足够的重视，才能满足我们的生活需；将感性认识和理性认识结合起来，学习效率才会提高。从学习者的兴趣来说，感性知识丰富多彩，学习起来兴趣盎然。理性知识学习过程要绞尽脑汁，孩子学习起来非常痛苦——当然也需要。如果我们的教育能够把二者结合起来，孩子的内心世界将会变得丰满多彩，学习起来也会轻松有趣。

除了科学主义在教育中的影响之外——这一点当前认识的人还比较

少,伴随科学主义更深层次的是功利主义的现实目标,认识世界为了改造世界,认识世界沦为了手段,或者在实践至上的观点之下,"能力本位"取代了"知识就是力量"的说法——"知识就是力量"本来就是为了改造世界而提出来的,但现实居然容纳不下这样的观点,生怕知识成为不了能力从而成为多余之物。教育的目标一定要带来某些功用,假如没有什么现实的价值,就没有什么教育的价值。

这样的思维犯了一个直线式的致命错误,把"有用"等同于"必用"。其实,有用的可以用,也可以不拿来用,也就是说"有用"不是"一定用"。事实上,我们学习的很多知识一辈子也用不着。按照功利主义的观点,岂不浪费?用功利主义来看待知识,只要工作生活够用,就可以不用学习了。这种观点影响了一大批人,很多人对工作之外的知识就缺乏兴趣,工作之余不再读书,原因就在于此。这样一来,人类的理性降格为一种工具,人类就沦为手段高明的动物。

总的说来,知识的作用被功利化的现象普遍存在,知识对心灵自由的价值没有在教育中得到充分重视,尤其是对偶然性知识的轻视比比皆是,从而产生很严重的后果。一是人们对广泛的知识缺乏了兴趣——不喜欢,二是造成灵魂世界的苍白,心灵世界的萎缩。这样也影响到我们的生活自由和创造自由。

(二)如何增加经验性知识

世界是多彩的,生活是具体的,每个群体都有其生动的差别,每个生命都有其丰富的个性。面对具体的生活,多彩的世界,增加乃至重视经验知识无疑才是真正的生活教育。如何增加经验知识?

这几年城市学校增加了春游和秋游,拓展了孩子的视野,放松了孩子的心情。家庭也慢慢地重视孩子的阅历的增长,外出活动也越来越多,只是家庭亲历活动往往受制于家庭条件,相对而言,城市的孩子比农村孩子到过的地方多得多,富裕家庭的孩子比贫穷家庭的孩子到过的地方多。以上这些无疑是值得肯定的。

但是我们对于直接经验的重视尚属初始阶段,还缺乏系统的研究,甚至当前对它的研究还是空白,还没有清晰地意识到个人需要怎样的直接感性经历,孩子的直接感性经验的积累大多数是在生活中自发形成的。这样造成孩子的直接经验缺乏系统性，主要有两个表现，一是直接经验的不完整性，即有所欠缺；二是与人的发展不匹配。这样的不系统性会影响到人的解释自由的增长，还会阻碍理性思维的增长。现实教学过程中，有些孩子很聪明，智商很高，对理科学习没有问题，但是进入人文学科，很难学好，原因不是理解能力有问题，而是他缺乏理解的基础——直接经验。

直接经验主要是提供给我们解释世界所需要的最为基本的感性要素，特别是一些别人无法传递的基本感性要素，我们必须亲历。我们的亲历活动要往这个方面进行精心设计，这个设计能够给我们解释世界提供尽量多的感性基础。这个设计就是一个系统工程，一方面要考虑完整性，另一方面还要考虑人生的发展阶段。这个工程很大，在这里不可能充分展开，笔者仅仅是提供一种构想，即我们大致需要哪些基本的最为直接的感性经验。

直接的感性认识依赖于我们的感知器官和感知能力，在内外因素的共同作用下，形成感觉，可以理解为主客观共同作用的结果。尽管我们对世界的感性认识丰富多彩，但是这些丰富的认识却是由一些基本的感性元素构成，我们在认识世界、理解世界的时候必须具备这些基本的感性认知元素。所以，我们要想办法让我们的孩子具备这样的基本感性元素，同时要培养他们的感知能力。

在认识世界和理解世界的时候，以下认知元素是必须具备的，如：形状、颜色、味道、时空、触感、声音等等，与此相关的感觉能力是与生俱来的。有些感觉及其能力则是后天形成的，与我们的内心世界有着紧密的联系，比如我们的情绪，如喜怒哀乐悲恐惊，还有很多复杂的情感心理，比如吝啬、慷慨、害怕、勇敢、妒忌、豁达、悲观、绝望等，与社会生活相关，动物世界可能就没有那么复杂。再如人的自由感和美感，与人的文化内涵相关，不是每一个人都能感受到心境美、语言美、道德美、理性美、超越美的，所以低境界的人很难理解高境界的人的内心世界。我们要想方设法增加孩子们理解世界的认知元素，特别是要增加孩子的情感体验。也只有熟悉这些人格要素，我们才能揣摩、理解他人内心想法，我们的内心才有可能觉醒，形成正确的价值取向。

到当前为止，我们的老师和家长还没有清晰地认识到孩子的发展过程不同阶段需要不同的认知元素，这样会造成孩子认知元素的缺乏，这已经影响到我们的教育效果和人的成长。甚至在一种文化的影响下，可能会造成一个民族的认知元素的缺乏，这将会影响到一个民族的成长，对此我们必须警惕。所以，我们尽量要保证一个民族的认知元素和一个人的认知元素的完整——除了天赋的局限之外——类似色盲等。

有人可能会认为这样的发展要求是不是太高,其实认知元素的培养是不需要多少时间的。不像那些高深理论的学习,需要一点点积累,一步步推理,认知元素的学习和积累有时只需要一次经历就够了。

除了以上这些基本的感性认知元素和能力外,还有一些具有特殊意义的事物我们对它需要作直观的了解。理论上讲,对世界的感性认识,都是我们用认知元素构建起来的,但是这些认知元素如何构建、如何组合,往往又是无以言表的,所以认识具体事物需要具体感觉。如何让孩子们对外在世界的特殊性有个了解,可以从自然界和人类社会两个方面来讨论。

对于自然界,我们要让孩子们观察自然界的构成。自然界太大了,我们不可能每个地方都能到达,亲身感受一番,所以我们要尽量增加孩子理解世界的基本构成元素。哪些元素是我们理解世界的基本单位呢?首先是浩瀚的宇宙,日月星辰。通过对宇宙的观察,我们可以感悟到宇宙的无穷和神奇。接下来是地球的风貌,我们要让孩子去欣赏各种自然风光,高山大地,沙漠湖泊,江河湖海,风雨雷电。复杂多变的自然界又由基本的物质形态组成,所以我们要让孩子从小学会区分构成这个世界的基本组成单位——动物、植物以及其他无生命的物质,培养孩子们的观察力。要让孩子理解奇妙的自然界,就要把自然界还给孩子,让孩子们跟自然界有个亲密的接触。

由于世界的无限,我们只能尽力而为,可以在经济许可的情况下,带着孩子观察、旅游有特点、有代表性的地方。为了提高认知效率,我们可以带孩子去动物园、植物园、各种主题公园、博物馆,因为在那里人类有意识地整合了我们需要认识的对象。我们还要观察万物的生长变化,去感悟生命,所以,我们从小可以种植花草,饲养小动物,这种生命过程只有亲自经历才会有感觉。

对于人类社会,我们需要了解人文风光,需要了解各地习俗,如有可能,我们需要周游世界。(当然周游世界基本上不可能,我们可以选择典型,提升知识的迁移能力。)孩子们要了解社会,需要适当地观察工矿企业、国家机关。孩子们要了解历史,可以去参观各种历史博物馆。孩子们也要与人交往,应该让学校在这方面开放一点。对于人类社会,我们一方面要观察自己,另一方面要观察别人,因为有些东西自己是无法去体验的——特别是与伤害、死亡有关的事情。

以上的内容仅仅是简单列举,这么多的内容已经给人感觉很多了?其实感性认识只要经历过、观察过就够了,有时连解释都显得多余,不需要像理论知识那样要花很多时间。这样，一天下来就能够看到好多内容。再说了，这么多内容贯穿于孩子的成长过程之中，又不是一年两年内完成的。人生需要经历的很多，如何安排人生的经历，这里提出几个原则：

系统原则。教育是一个系统工程，我们在孩子亲历活动的设计过程中要考虑孩子发展的不同阶段的特点，以及孩子发展的规律，也要考虑家庭的条件，还要考虑学校与地方所能提供的各种条件。在孩子的成长过程中，家庭、社会、学校都应该承担相应的责任，只有形成系统的合力才能促成孩子的良好发展。

循序渐进。孩子的发展有一个过程，我们为他们准备的活动，要考虑他们的接受能力、兴趣发展。任何超越他们能力，不在他们兴趣之内的亲历活动都可能是无效的，或者低效的。

寓教于乐。亲历活动本身重在经历，主要让孩子们在活动的过程增长经验知识，而不是理性认识——理性认识还真的需要靠课堂完成，所以亲历活动大可不必搞得很严肃，尽可能增加趣味性，让孩子们从中感到快乐，增长兴趣。

经济原则。孩子们的亲历活动都需要一定的付出，我们只要让孩子对某方面的事物有那么一点亲身的感受，为其以后理解事物提供认识基础即可，所以我们不需要太讲究，应该考虑付出与回报的比例，尽可能节省时间、金钱。

由近及远。与经济原则相关，我们要考虑真实的生活，在设计亲历活动的时候，可以由近及远。

典型原则。由于世界的无限，要在有限的时间里提高效率，就要认识典型。

直接经验是我们理解世界的最最基本的认识基础，但是光靠直接经验是不够的。接下来我们来谈谈增加间接经验知识的途径。世界如此之大，无奇不有，我们个人拥有的物质条件是有限的，更不要说时间和精力了，所以，我们要想办法运用有限的时间和精力对世界达到较为广泛的认识。这在过去是不可能的，但现在就变得简单易行了。我们尽可能利用现代技术，多维展示，给孩子真切的感觉。而这种手段在增加孩子们感性知识的过程中，还能从多方面培养孩子的内心世界，特别是培养孩子的气度，让他们胸怀世界。

作为教育，我们要把整个世界交给孩子，最好的办法就是运用现代技术把整个世界进行系统整理，有序呈现。

所谓系统整理,就是要对世界进行分门别类,按照门类进行筛选,再利用现代科技呈现。比如,我们可以从时间的角度来看宇宙的形成,让孩子们对宇宙的形成、万物的演变、人类的历史有一个比较清晰的感性认识。我们可以从空间的角度展示世界的多样性,包括各个国家的自然风光、文化特征。我们还可以以浓缩的方式呈现人类的发展历程、思想的演进。

所谓有序呈现,就是这些材料的播放和设计要考虑孩子的兴趣和接受能力,要随着孩子的年龄和接受能力的增长,选择恰当的内容播放。

说白了,借用现代技术,把万物演化、人类历史、世界风光、各国风情、思想变迁以浓缩的方式、有趣的形式呈现出来,按照孩子的兴趣、发展特点有计划地播放,变成一种新型的课程。多种工具都可以运用在其中,现场互动,课堂更加生动、亲切而热烈,让孩子们有真实的感动与回应,而不是被动地吸收。这样的教学每一堂课都是真实的生活,不是机械生硬的重复。让孩子稚嫩的心灵经过它们,能够有所感动,收获累累,这样教师也就达到了教育目的,同时展现了自己对课程的理解与设计。

这样的课程建设,不需要考试,最多搞一些知识竞赛来提升孩子的观察能力,以及提升专注度。这种课程可以和学科知识相配合,相得益彰,一方面放松理性知识获取过程中的紧张心理,另一方面帮助我们对所学的知识有一个感性的认识,从而帮助我们从抽象走向具体。

如果做得好,一定比当前的教科书更加有益于孩子的知识拓展,也有益于孩子的心灵空间的增长。这样的课程将会大大改变我们的视野,扩展我们的思维广度,提升民族的创新能力。接下来会影响到人的心态、价值观,从而形成对精神世界的追求,推动整个社会的精神文明。这样的课程可以对孩子起到潜移默化的作用,很容易培养起对美的感受,也很容易培养出对自然界的关心,对人类的责任。这样的教育也会在潜移默化中改变我们的德育方式。过去的德育通常表现为老师告诉孩子应该做什么,现在则变为让他体味到自己该做什么,比老师的说教更有说服力。因此这样的课程建设可以说是精神文明建设很有效的形式。

尤其在互联网发达的今天,这种课程的影响将覆盖全社会,而且还简单高效。这种新型的课程希望引起有关方面的重视。这样的课程意义非凡,当然做起来也有一定的难度。因为这样的课程建设,任何一个学校都没有能力实现,而企业也不会主动投入,因为这是完全免费、公益的内容,工程浩大,需要的资金也是巨大的,只有国家出面来完成。对于这样一个非常巨大的系统工程,需要国家认真规划,精心设计,把它作为国家精神文明建设的重点项目来投入,并给予足够的资金支持,这应该是可以实现的。这样的工作,认真做好,可以说是功在当代,利在千秋。

(三)对知识课程建设的思考

科学是有用的,但如何用科学、学科学,这是一个值得研究的问题。

前面花了相当的笔墨来讨论感性知识,或者偶然性知识的教育问题,发现我们对偶然性知识教育在理解上存在误区,在课程建设上存在轻视。接下来我们探讨自由对必然性知识的需求问题,以及由此引发的对课堂教育的思考。由于必然性知识在当前教育教学过程中得到了相当重视——表现在当前的学科教学上,所以,必然性知识的重要性就不需要花那么多笔墨了。

需要指出的是,当前在科学教育教学中存在的问题主要在于没有认清科学之用。在前面的分析中,已经讨论了科学对于我们的不同用途,我们需要有的放矢。

科学理论的用途是广泛的,主要分为认识层面和实际运用层面。就认识层面而言,科学理论可以作为理解之用、操作设计之用和理论探索创新之用。(注:实际运用层面留待下面讨论)作为理解之用的科学与作为理论创新研究之用的科学要求是不一样的,作为理解之用的科学技术知识要求最低,属于科普层面,只要有个大致了解就可以了,不需要多么详细。比如黑洞理论,对于绝大多数人只要知道黑洞形成以及特点那么一点知识就够了,满足一下好奇心,并不需要像物理学家那样精确计算。对于我们来说,绝大多数的科学知识只要达到略知一二就够了,只有从事相关技术开发和理论研究的人对相关理论才会有较高要求。也许有人说,这样的一知半解有何意义,的确从实践角度来说对科学的一知半解没有丝毫价值,但是给人的心灵感觉是不一样的,那就是:"对这个世界我不是白痴",这个价值还不够吗?总之,教育要考虑人的心灵需要。

既然如此,那么在教育教学过程中,就不能统一要求,应该区别对待。当前的教育目标就是没有做好这样的工作,而是以全面发展的最高目标要求每一个孩子,力图把每个孩子都塑造成全能型的理论研究人才,显然是拔高了标准。结果我们的课堂大多数时间用在理论的研究上面,对于很多思维能力有所欠缺的孩子这是一件非常痛苦的事情,也浪费了太多的时间,而真正有用的知识却没有得到应有的教育。

另外，就像前面提到为了增加理解自由，增加偶然性知识的课程，同样为了增加理解自由，笔者认为，应该把科普教育作为一种课程纳入中小学教育。科普教育的内容就不容多讲了，凡是理论和技术的历史进展都可以进入孩子的视野。一样的，不以考试为目的，而是重在新技术、新理论的推介为重点的科普宣传，以孩子喜闻乐见的形式进入课堂，将会调动学习者的巨大兴趣。同样，这样的新型课程需要国家的投入才能完成，希望国家教育部门引起重视。

这种课程的意义是明显的，主要有以下几点：最为直接的是，科普教育可以提高全民的科学素养，促进科学思维，对人的科学世界观的形成起正面推动作用；同时科普教育将拓宽人的视野，增进人的理解自由，增长人的发展空间，增加可能生活的机会，为人的发展以及今后的事业奠定基础。科普教育由于其本身的科技水准还不至于直接产生多大科技创新和技术进步，但是科学技术的普及可以推动技术的运用，因为在很多的时候，我们不需要亲自做，我们只要能够"想得到"，别人能做得出，我能运用得好，通过社会系统推动技术创新，从而提高社会生产力。

总结前面对于理解自由的分析，笔者从偶然性和必然性两个层面提出新增两种课型——偶然性知识的介绍和科普宣传，这种课型在当前来说还是一个全新的教育内容，作者在此只是抛砖引玉，希望各方引起足够重视，如能将此付诸实施，这将是人民之幸、民族之幸、国家之幸。

但是，我们在推广以上两种课型的时候，也应该清晰地认识到，我们需要广泛了解世界，但是不能停留在泛泛的水平。一个人需要科普知识，但一个人的思维不能停留在科普水平。如果我们满足于偶然性知识和对科技的一知半解，对于国家民族来说危害也是极大的，因为那样的话，整个民族将会变得肤浅，思维变得扁平。

科技普及和科学理论的教育并不矛盾，做得好可以相互助益。理论学习将会提升我们的思维的深度，加深对偶然性知识的理解；偶然性知识的学习，将会拓展理论的运用范围，使理论获得实际价值，二者的结合都将会增加思维空间。所以，偏废任何一方都是不利于科技创新的。这一点将会在思维空间理论中得到进一步的论证。

当前，我国的科学理论教育的难度和深度可以说世界领先——尤其中小学，而国家创新能力却没有得到相应的提高，究其原因，这和我们对科普教育长期不重视是分不开的，当然也跟对偶然性知识不够重视有关，值得我们深思啊！（后面的分析会告诉大家，只有深度，没有广度的知识依然没有思维空间，不具有创新价值。）

对于科学理论的教育本书不反对，但是在科学理论的教育过程中本书希望坚持实事求是原则，必须接受以下三个事实。第一，每一个人在认识上都是有缺陷的，不是每一个人都能成为技术的设计开发者、理论研究拓展者；第二，一个人工作的时候不需要掌握所有的理论和技术，一个人只要掌握他所从事的工作"够用"的理论就行了，个人的不足可以通过社会分工来补足；第三，一个人在今后的工作中还需要学习，在孩子阶段不必学完所有的理论，如有不足，还可以通过再学习来补足。

另外，我们必须清醒地意识到，让每一个人成为全才必然减少其花在喜爱（或者擅长）的方面的时间，从而削弱人才在其所喜爱的（或擅长的）知识技能方面的高度。事实上一个国家科技上的高度不是由人才的数量堆起来的，而是由少数精英人才的高度决定的。比如原子弹的发明，可能就需要几个像钱学森这样的人就够了，其他人只是设计和生产人员。（国家的生产力是由国民的整体来决定，这是两个不同的概念。）

所以，笔者认为，进入中学阶段，对于孩子进行适当分流是必要的，而不要等到大学。对于那些适合理论研究的人才给予充分的尊重，同时把科技创新作为一个教育内容引入中学教育，从而形成科技创新和理论研究的习惯。当然，这样的教育方式必将带来考试模式的巨大转变。

三、行动自由

我们知道怎么烧饭有营养，但不需要知道营养成分的化学和物理性质。如果我们要把食品中的营养成分分离出来，烧菜的能力又是派不上用场的。所以，不同的行动需要不同的能力，教育要面向实际的行动需求。

理解的自由是我们对世界做到心中明白有数——知道是什么和为什么，这种理解往往停留在脑海里，我们不一定想去付诸行动去改变世界。但是，人生不可能只停留在脑海里，我们必须行动，这时候我们自然需要有行动的自由。

行动自由最终表现为主体在行动中成功地实现自己的愿望。这时对我们的要求不是一般性的知识，因为一般性知识还不一定能解决具体问题；行动所需要的是处理现实问题的能力和方法：自身肢体的运动能力，对外界的操控能力。这种能力主要体现为将自己的想法变为现实的水平上，这种水平主要体现为"变现"的速度和质量，速度体现为时间的长短，而质量主要体现在精细化的水平。

理解自由和行动自由有联系，知道是什么和为什么有助于我们明白，帮助我们提升行动自由度。但是，理解自由与行动自由是有区别的，而且在实际生活中理解自由和行动自由还是可以分割的，更不应该等同起来。实际生活中要达到某种目的，往往只要知道怎么办就可以了。比如，我们知道怎么烧饭有营养，但不需要知道营养成分的化学和物理性质。如果我们要把食品中的营养成分分离出来，这又不是一般的理解能力可以帮助的。由此可见，我们的行动是多种多样的，对我们的知识和技能的要求是不一样的。所以，我们的教育要面向行动的现实需要来思考我们的能力培养。

在笔者看来，行动自由，从教育来说主要应该面对这几方面：第一是我们的日常生活的自由，第二是我们的工作自由，第三是交往自由。这几种行动自由显然要求是不同的，但是，我们的教育教学过程还没有清醒地意识到这一点，自然就不知道如何处理这些不同的自由，在教育过程中势必带来混乱。

（一）生活自由

教育改革突然对生活重视起来，但是生活还是围着学科转，生活还没有成为轴心，怎样才是真正重视生活？

日常生活的自由就是我们处理日常生活的能力，这是最最基本的行动自由，应当成为教育的一部分，但是，这一点却最最容易被忽视。过去，我们的教育更多的是为了生产实践，我们的日常生活被轻视或者被忽视了。现在，我们忽然发现，生活才是目的，教育只有围绕生活，才是真正以人为本。因而"学会生活"也成为教育的目的，强调生活也顺其自然成为新教改的一大亮点。教育为了体现生活的意义，生活两个字得到了充分强调，每一本教科书的书名上都写上了生活。如《经济生活》、《文化生活》、《政治生活》、《生活与哲学》，连科学也与生活挂钩。当生活与学科结合之后，希望通过学校教育，把生活理性化、科学化，充分发挥学科知识的用途，这一点应该说是合理的。但是还必须看到在强调教育要服务生活的时候，我们不管在理解上还是在执行上依然存在着误区。

首先,这样把每门学科都与生活挂钩,强化了用学科知识去解释生活、指导生活,这一点值得肯定,但是这样做又无视了学科本身存在的价值——为了人的理解自由,使得教改带有功利主义倾向。

第二,不知道生活与其他实践的区别,生活依然没有得到应有的重视。这样的教改只是将过去知识要服务于生产实践转变为生活实践,扩大了实践的范围,这样似乎涵盖了一切实践,这样的理念显然比过去有了进步。但是必须看到,我们在强调生活的时候,并没有把日常生活和生产实践做出明确区分。如果不做区分,日常生活往往得不到应有的重视,我们还是不知道日常生活需求什么——日常生活与生产实践对知识的要求差异是很大的。所以,我们强调教育要服务生活,尤其要体现日常生活的价值,必须将日常生活与生产实践区分开来,理清日常生活概念下的具体内容,然后区别对待。

第三,当前看上去很重视生活,以至于每本书上都要写上生活两个字,这样做实际上还是让生活围绕学科知识转,无非是强调知识的生活价值,还不是科学知识围绕生活转,还没有真正搞清楚生活教育和科学教育的本质区别。从本质上讲,科学教育并不是为了日常生活的行动自由,更多的是为了理解自由和生产实践。现在很多学科都挂了生活的名,但是日常生活真的需要这些吗?不见得吧。日常生活需要的是技能而非知识。比如,学习物理学功能转化,我们可以理解电梯,但是在使用电梯的时候,我们会计算电梯的功率吗?不需要,我们只要知道按钮就行了。我们烧菜,知道放油,但是不需要知道油的分子结构。再比如,炒股票,老奶奶不懂经济学,赚钱不一定比经济学教授差。原因在于,生活是偶然的,我们需要的是生活技能,这种技能能够帮助我们顺利生活,而不是解释生活。

所以,教育要服务生活,应当突出日常生活本身,关注生活技能,让科学围绕生活转,而不是让生活围绕学科知识转。一句话,日常生活的行动自由应该是生活技能教育,这才是教育服务生活的重点——这恰恰是现在教育的盲区。

相比于生产实践,日常生活才是目的。一切生产活动仅仅是为了维持日常生活所需,而不是目的。生活才是目的,因此,日常生活的技能教育在我们的教育中应该得到应有的重视。但是现实并不是如此。通常情况下,我们的日常生活能力是靠家庭和社会来完成,但是家庭和社会对生活的理解往往受到家庭成员的生活观念、生活水平和生活能力的影响,从而带有很强的局限性。由于每个家庭的生活观念多元,生活水平和能力各异,而且对孩子的生活能力的培养又不自觉,大多数属于自发、盲目状态,造成孩子生活能力不系统、不完整,方向也不一定正确,其结果可想而知:孩子的生活观念、生活能力势必带上这样那样的缺陷。

比如,现在很多家长为了孩子有很多的时间用于学习书本知识,将来考个好大学,家务活基本不让孩子干,久而久之,孩子日常生活处理能力欠缺了不算,连干家务的欲望也不会有了。这样的孩子长大之后,基本上不愿意干家务。假如成家,父母离开,怎么办?要么请保姆,要么叫钟点工——很多城市居民时兴请保姆、钟点工,表面上是社会分工、生活品质的提高,其本质就是把自己当成老爷。但是家庭的维持不能这样,每个人在自己的家庭生活中应当承担责任,这样才像个家。如果我们谁都不愿意干家务,家庭矛盾就会发生。有时候就是因为这样一点点家务劳动,家庭里面纷争不断,甚至很多家庭因此而破裂。现在离婚率直线上升,与生活能力欠缺不无关系。

当前国民的生活能力已经成为一个巨大问题。生活能力不仅仅是处理家务的水平,还涉及生活中的方方面面。随着改革开放,国家富强了,人民也富有了,但是人民富有之后却不知道如何生活,或者说,人民处理生活的观念和能力没有跟上物质发展的水平,以至于富有之后不知道如何处置突然增加的物质财富。直接的结果就是,物质财富的增加并没有提升人民的幸福指数,人们的生活水平的提高并未同时提高生活品位。最为可悲的是,有些人富有起来之后,不知道更上一层楼,不知道贡献社会,而是沉迷声色犬马,热衷吃喝嫖赌。再有,技术发展了,可是我们成了技术的奴隶,成了各种各样的"技术控"(如手机控、电视控等等)。这样的生活态度会对我国的经济发展方向产生影响,对社会存在和人的存在也产生巨大影响。当前缺乏精神境界的生活态度已经成为一种普遍的社会现实,对国家的长期发展必将产生深远持久的影响。所以,我们有必要从国家未来发展和人民生活幸福的高度来思考教育的责任,思考如何培养我们孩子的生活能力,提升生活品质。

接下来我们应该研究的内容是日常生活能力应该包括哪些?生活能力涉及面真是太广了,可以说,一个人除了工作之外的时间基本上都在生活,也就是说人生绝大多数时间是在生活,而不是工作,所以生活的内容很广泛。至于生活的具体内容,实在是太多了,最为基本的,就是吃喝拉撒,饮食起居,这些活动是一个人的生存基础;接下来就是体育锻炼、学习活动这样的发展性活动,决定一个人的生活和工作的技能;再接下来是个人的休闲、娱乐、享受性生活,这些活动反映一个人的生命质量。这些活动体现一个人的人生态度,关系一个人的生活质量,也关系到家庭的稳定和幸福、社会的和谐与安宁。

人的生活是由许许多多的偶然组成,面对生活中的种种偶然,我们需要生活的智慧和技能,所以教育要针对这些生活问题,展开设计,可以为孩子一生的幸福提供帮助。

本书主要是从哲学层面来研究教育,而对生活的具体内容的研究不在本书的讨论范围之内,这里只是作为一个引子,希望引起大家的重视。至于如何教育,笔者认为应当注意以下几点。

第一,普遍性与特殊性相结合的原则。生活教育有共性,也有个性,我们要照顾大多数人,兼顾少数人。

第二,阶段性原则。人生每一个阶段需要增长的生活能力是不一样的,我们需要根据孩子的生活境遇给予培养,比如幼儿可能是以吃喝拉撒为基本内容,大一点则可以教会孩子娱乐活动,再大一点可以培养烧饭做菜的能力,再大一点教会孩子理财的本领,而人际交往则贯穿始终,特别是到了成年阶段要教会孩子如何谈恋爱甚至如何组织家庭……

第三,可操作性原则。生活是具体的,我们告诉孩子的不是理解世界的知识,而是生活技能和生活智慧,要能够在实际生活中派上用场。

第四,与时俱进原则。生活的内容随着时代发展在不断增加新的内容,所以,生活教育要跟上时代的步伐,不断提升孩子们的生活能力,帮助他们解决遇到的新问题。

第五,品质提升原则。生活不仅仅是简单模仿,我们跟孩子们谈生活,培养生活能力,一方面是为了适应生活,还要学会改善生活,提升生活。不但要让他们拥有已有的可能生活,还要学会开创明天的可能生活。

第六,模拟与现实相结合原则。生活教育必须面对现实,只有面对现实生活,我们才知道如何面对现实,所以我们在培养孩子的生活能力的时候,一定不要把孩子从生活中割裂开来。但是,不是每一个现实我们都可以接触,我们可以模拟现实情景,让孩子们一起思考如何应对。

至于如何具体设置课程,其实就是要教会孩子们碰到不同生活问题时,能够有效应对。由于生活问题有时很琐碎,我们可以把生活问题归类整理。一是开设专门课程,二是编写操作手册,让孩子们知道碰到某些问题时,具体该怎么做。如果条件允许,我们可以进行演习。

总而言之,教育只有真正地重视生活本身,社会发展的最后意义才能实现,才能提高精神境界,提升生活品质,改变社会风气,建设和谐社会。

(二)工作自由

对生产实践的重视是我们教育的传统,但是教育应当如何服务于生产实践,提升一个人的工作能力,这是一个值得思考的问题。

行动自由,除了生活自由之外,接下来很重要的是工作自由。工作自由对于个人来说就是劳动能力,对于社会来说就是生产力。工作是一个人的谋生手段,生产力是社会存在和发展的基础,所以工作自由的重要性不必多说。我们的教育强调服务于生产实践,是有道理的——只是为了强调它而忽视其他就不对了。

教育应该服务于生产实践,这不是问题,问题在于我们应当如何服务于生产实践,如何为孩子们将来的工作自由做好准备。

从实际出发是我们一切工作必须遵循的基本原则,如何培养孩子们的工作能力,也不例外。我们要培养孩子的工作能力,达到工作自由,必须看到这样的几个事实。第一,每个人都要工作;第二,每个人的工作能力不同;第三,每个人的可能生活与工作环境是具体的、特殊的;第四,每个人一辈子不可能从事所有的工作;第五,一个人一生可能只从事一份工作,也可能会随着时间的改变而改变当初的选择。根据这样的事实来设计我们的教育,才是真正的从实际出发,才能做到因材施教;如果不面对这样的事实,我们的教育就会走向理想主义。接下来根据这样的事实,我们来开始思考和设计我们的教育教学活动,提升孩子们的工作自由水平。

根据第一点,每个人将来都要工作,都应该工作,教育有了第一个要求,那就是,我们必须让孩子们知道将来必须工作,热爱工作,并积极为将来的工作做好准备。

劳动首先是一种意识。教育为工作自由服务,首先应该准备的就是热爱劳动的品质。当前来说,教育应该培养孩子"爱劳动"的品质已经成为一种共识,这一点应该不再是什么问题。但是当前"该劳动"、"爱劳动"的教育停留在思想中、口号中,这样是没有效用的。"我该劳动"的价值要求只有变为"我爱劳动"的日常生活的习惯才真正落到实处。但是,当前我们的普通学校教育中对于劳动精神的培养还是缺乏真正的准备,缺少劳动展开的条件。基础教育阶段,孩子除了学校搞卫生,几乎没有什么劳动的内容。缺少劳动内容的劳动教育,很难培养孩子的劳动意识。

似乎有一种观点在支撑着当前的劳动教育,中小学教学只是基础教学,以传授知识为主,工作能力要留到大学或者职业教育中去培养。这样把劳动品质和职业素质等同起来是不对的。其实劳动精神的培养应该伴随着人的成长,这一点却是当前教育的遗漏。

劳动都是具体的。谈到爱劳动,就会产生接下来的问题,到底做什么劳动,即我们要思考劳动对象、劳动过程。过去强调生产实践有狭隘理解的倾向,主要表现为学校教育较多考虑工业生产,很少关注农业和服务业。原因在于,虽说农业是基础,但是工业是主导,是一个国家的技术装备的来源。教育教学过程对农业关注度不高,在教育教学过程中很少提到,只是到了大学读农学专业的时候才有可能提到。在农村就是读到高中毕业,很少学到农业技术。很多农村孩子高中毕业,如果考不上大学,回家务农的话,接受的教育基本上派不上什么用场。服务业不直接产生物质财富,自然教育教学关注度更低,只有在职业教育中才得到体现。

对于我们具体的个人来说,具体的劳动对象和劳动过程就是具体的职业理想,应该在教育过程中逐步培养孩子们树立起具体的职业兴趣目标,从而拥有使力的方向。但是,当前的教育过程中没有注意职业意识的培养。

劳动是一种能力,是一种技巧,是一种具体的操作智慧,不同于作为理解自由的知识。由于教育受到"知识就是力量"的影响,教育过去一直在强调知识教育,以为传授知识,就能推动生产,实际并不是如此,知识转化为生产有一个过程,即知识转变力量,必须把知识转变为技能。如图 9-2 所示。

图 9-2

由图 9-2 可知,离开具体的实践,我们就缺乏将知识变为技能的机会,我们的教育就培养不出将知识转变为技能的习惯和能力。所以,我们在传授知识的同时要给予机会,让孩子们通过实践把知识转变为技能。

过去的教育一直强调教育为生产实践服务,但是现在突然强调生活,似乎降低生产实践的地位,让人产生这样的疑惑那是不应该的,教育服务于生产实践这一点永远都不应该动摇,这是必须首先认识到的。只是我们在服务生产实践的过程中,必须理清生产实践和生活实践的差异,到底应该服务到什么程度,如何去服务的问题。

根据第二个事实,每个人的工作能力是不同的,我们必须从每一个人的"差异"的现实出发,这才是真正的"以人为本"。由于每个人的先天与后天因素的共同作用,每个人的现实可能生活也是不一样的,我们的教育必须面对这一事实。因此,我们必须对教育的对象进行分析,根据他们的能力和兴趣进行设计,为他们寻找合适的可能生活,并为他们创造可能生活提供条件。

根据工作性质和要求,我们大致可以将工作分为三类:第一类,探寻未知领域的工作,主要是理论创新,发现新的本质和规律,为人类发展寻找新的可能。第二类,产品研发与设计类,主要是利用已知的理论改善已有的产品,或者开发新产品(物质产品和服务产品),满足人类的现在和将来的需要。第三类,是生产加工类。主要是根据设计者的意图,把产品生产出来,最终满足人类的需要。

以上三类工作,对人的劳动能力要求是不一样的,第一类工作对人的思维突破能力要求很高——当然也需要一定的操作能力,必须能够站在人类对某一问题认识的高度上,才有机会获得突破,可以说,他对某一问题的认识就代表着人类对这一问题的认识,这样的人绝对是人类的精英。对于绝大多数人来说,不可能具有这样的思维能力。如果我们的教育要让每一个人成为这样的人,那是不可能实现的,因而也是不应该的。第二类工作,由于开发产品的技术含量有高有低,所以可以从事这方面工作的人还是很多的。对于这类工作,需要想象力和创造力,可能还需要严密的计算能力。而想象力的形成不是靠单纯的理论教育可以达到的,必须要丰富的感性知识作为背景。所以培养第二类劳动者和第一类劳动者是很不一样的。第三类,则是生产加工类,这里不需要理论创新和技术创新,但需要认真的服务精神和精细化的加工制作能力。当然可能也需要工艺创新,把设计者的意图最佳实现出来。这是对生产加工者的要求,有的需要一定的技术,只是很多要求不高,稍作培训就可以上岗。当然要形成精品,技术积淀也是很重要的。

以上这三种能力在社会发展过程中,都是必不可少的。但是,不得不承认,人类历史首先记住的往往是第一类人,伟大的思想家、科学家和艺术家永远是人类历史长河里璀璨的明星。第二类人当中伟大的技术发明家,也是人类崇拜的对象。而第三类人往往是默默无闻的,在社会中就是所谓的蓝领。尽管我们承认人类的消费产品(物质产品和服务产品),最终都是靠他们来完成的,我们应当承认他们的价值,但是那是从整体来说的。正因如此,现实很少有人愿意从事第三类工作,我们的家长也很少愿意把自己的孩子培养成蓝领工人——现在的职业高中往往是家长们无奈的选择。家长有这样的想法可以理解,但是,作为老师和社会管理者,不应该对这样的风气推波助澜,而应该想办法纠正。

但是教育在实际的操作过程中走向了这样一个误区,教育一开始就朝着理论研究者方向培养我们的孩子。我们的孩子从小学到高中都在学习理论,很少学习设计制作和创新,更少考虑对技术工人的尊重和培养,尤其是对动手能力的培养从小就被忽视了。这样一来,绝大多数孩子被要求做他做不到的事情,这些被过高要求的孩子就像被吊着脖子走路一样,是很不开心的、很不幸福的,最终也是失败的。结果,我们的教育培养了一大批失败者、痛苦者。真正的教育应该培养各行各业的成功者,这样社会才是成功者的乐园。教育的后果也是很严重的,技术研发创新力不足,产业工人技术水平不高,劳动力结构失衡,这些是制约我国经济发展的瓶颈因素。

我们的教育本来应该倡导人格平等、职业平等,但现实往往与这样的价值方向相反。在这样的状况下,制度与教育应该一起来纠正这种社会风气,但是制度和教育都没有做好应有的价值引导——制度恰恰是社会不良风气的始作俑者。

根据以上的分析,教育必须承认受教育者自身存在的差异,从其自身能力出发,设计教育内容。学校教育应该参与孩子的未来设计,帮助他们找到未来的成功之路,寻找到属于自己的幸福。根据这一点,我们的学校教育需要分流、分层,切忌以教育的公平名义,实行一样的教育。这貌似公平,实质却是巨大不公平的缔造者。只有从个体自身的能力需要出发的教育才是真正的公平。举个例子来说,有段时间,学校要培养孩子们的劳动技能,结果不分男女,不分城市农村都开始做木工,不管孩子本身的素质都去制造鸟笼子,都去做台灯。这样的劳动能力培养有意义吗?我们应该根据孩子的素质和能力,有的搞研究,有的搞设计,有的搞制作,这样具有分工的劳动才能够激发孩子的创造力和劳动能力。一句话,根据自己的能力和兴趣来选择工作,做到工作开心,这才是硬道理。

根据第三个事实,每个人的可能生活与工作环境是具体的、特殊的,教育必须考虑个体的生活环境,这个环境包括他的社会环境和家庭环境,劳动实践也要根据外在条件来设计。比如,农村孩子和城市孩子的劳动对象应该有所不同,相对而言,城市孩子接触服务业和工业比较多一点,农村孩子接触农业多一点。劳动教育就地取材,一是教育成本低,二是感觉上比较贴近实际,有效果、有价值。当然,教育也要随着社会发展,设计符合时代需要的劳动教育,提升孩子的劳动素质。一句话,脱离时空条件的劳动教育,代价太大,但价值不大。

根据第四个事实,一个人一辈子不可能从事所有的工作,我们可以自然得出这样的结论,一个人没有必要为所有的工作做好准备,也就没有必要掌握所有的职业技能。这种观点说出来大家都可以理解,也能接受。但是我们的教育一直存在着这样的理想,那就是受教育者应该朝向全知全能来发展,这样他们将来就可以应付各种各样的工作环境,可以满足各种各样的任务需要——如果真的能够做到,那是再好不过的。最好的证明就是"螺丝钉"精神。过去我们听过这样的号召,要我们甘心做颗螺丝钉,叫我干啥就干啥。这种要求已经暗示了人有适应各种环境的能力,如果没有这样的能力,我们不可能做到叫我干啥就干啥的。其实这种观点无视了人的主体性,也无视了人和人的差异以及人的能力局限。随着社会的发展,知识爆炸,科技进步,这样的要求越来越不可能实现了。如果要求全知全能,只能是浪费时间,导致专业技术不精,各项技术平面化,在应对某一专业工作的时候因为技术不精,效能低下,个人在社会中缺乏竞争力。因此,我们不应该要求每个人全知全能,而应该提倡每个人把自己的强项做强,然后通过相互配合,分工协作,最后系统优化,产生全社会的整体优势。

一直以来,教育管理者和教育者没有将理解自由与工作自由很好区分。掌握知识是为了理解自由,掌握技能是为了运用,二者的作用不同,代价也是很不一样的,技能的掌握相对于相同知识的掌握需要付出更大的代价。比如,一个人想要理解飞机飞行的原理,那就去学习有关知识,最后会有一种明白的感觉,但是我们如果学习开飞机的技术,可以不需要理解飞行原理,但必须有操作飞机的经验。但是学习开飞机的技能所需要的代价和掌握飞行原理所花费的代价是不一样的。在现代互联网发达的今天,我们要知道某一知识,只要搜索一下就可以知道了,而技能培养所要付出的代价明显要大得多,如果我们要掌握一门技能,则需要经过很多次的实际操作。在操作过程中,因为经历有了感觉,因为熟练有了技巧,甚至成为一种本能。而这样的每一次操作都是以物质和时间为代价的,但从理解的角度来说并不增加新的内容。如果我们学会了开飞机,但是没有飞机开的话,所学技能将没有任何价值——除了获得一种经历。由上可知,工作自由跟解释自由很不一样,解释自由多一点有利于自身的思维空间增长,而技能的掌握以运用为目标,如果最后没有实际运用,就是一种浪费。因此,我们要学习自己可能需要的技能,而不是什么技能都要学。

　　根据以上的分析,学校的课程设置,理解自由要广一点,而工作自由则要精一点,而且工作自由一定要基于社会分工的基础上。当前的课程设置,没有很好的分工,也没有区分理解自由与工作自由,每一门课基本上都是往深里讲,都以理论研究人才的标准来要求。比如,高考,一个人精通某一门学科,但是其他科目不行,总分就不行,肯定考不上好的学校。但是这个人考不上好的学校,不等于说这个人将来工作能力不行。

　　接下来重点分析我国课程设置中的巨大浪费,那就是全民学习英语。全民学英语,可以说是我国教育中的最大浪费,也可以说是新中国的最大浪费。

　　外语作为工具性知识,首先不同于数理化生政史地,外语和母语一样是一种语言,是一种工具,是用来盛载内容的。内容是我们需要的,只要我们能掌握内容,工具完全是可以忽视的。现在,对工具的执着已经超过了内容本身。现在全国的孩子从小学三年级就开始学习英语,有的孩子从小就在培训机构培训,各级各类的升学考试也是必考英语,甚至职称考试还在考英语,我们国家对于外语考试的"热爱",已经走火入魔了。何以如此,很多的时候是考试机构的利益在左右着国家的教育走向。看看孩子从小到大多少时间要花在英语上,造成孩子们多少痛苦。花了如此大的代价,结果绝大多数孩子仅仅是学了点半吊子的英语,既没有提升理解世界的能力,也没有增加对世界的理解,最后毫无用途。如何对待外语,完全可以通过让部分人士专业化,甚至专业英语也可以由专业英语工作者来完成,用不着每个人都去学习英语。如果,有专门的人才来进行翻译,社会绝大多数人将会节省很多时间。如果把这么多时间让孩子们发展其他爱好的话,特别是用来培养孩子的动手能力和创新能力,那么我们国家的创新力将是世界一流。真能这样,试想一下,十三亿的中国人将会创造出怎样的价值?

　　根据第五点事实,一个人一生可能只从事一份工作,也可能会随着时间的改变而改变当初的选择。我们发现,小时候我们树立的职业理想,往往会随着主客观的变化发生改变,真正转变为现实的很少。这样一来,自然会产生一个问题,原来我们设计人生,为未来所做的准备还有何意义呢?笔者看来最少具有以下几个方面的意义。

　　第一个意义,职业理想本身是一个载体,理想的实现过程是一个学习过程,一个成长过程。人生奋斗的目标本身对于一个人来说还不是根本目的,人的自我实现才是最后的归宿。我们从小树立的职业理想或者奋斗目标,

197

其实仅仅是一个载体,相当于我们课堂教学的情景和案例,或者研究性学习的课题,只是这个课题比较大、比较真实,有可能在将来转化为现实,而且可能伴随我们好多年,甚至可能伴随我们终身。通过这个载体,孩子们慢慢地适应未来,开创未来。在这个过程中,孩子们借助这个具体的目标研究自己的未来之路,探索自己的成功之路。这样,一方面丰富了人生,另一方面获得了能力的提升。

第二个意义,即便以后改变原来的人生规划,但有一种东西却是有用的,那就是专业精神和学习能力。一个人在追求职业理想的过程中,专业精神和专业能力得到了很好的培养。对于一个人一生来说,专业精神的培养可能比专业本身更重要,因为这种精神内蕴是具有普遍价值的专业方法、发展技巧和发展能力。而缺乏人生职业理想奋斗经历的人往往欠缺专业精神,仅仅满足于泛泛了解,专业发展力没有得到应有的训练和提高。

第三个意义,理想对于人的发展具有导引作用、聚焦作用和激励作用。一个人有目标的时候比没有目标的时候学习动力更强,方向感更明确,精力投放更为集中,这样比较容易在某一方面产生感悟,可以把他从事的领域做精、做深。

第四个意义,一个人职业目标的放弃和纠正恰恰是人对自己重新发现的过程,是自我成长过程中非常重要的组成部分,所以,在教育过程中不应该惧怕放弃。

接下的问题是,我们要让孩子拥有职业理想,会不会让孩子失去现在?失去童心?

我们国家需要学校培养"接班人",家长希望孩子"光宗耀祖",一切都"要从娃娃抓起",孩子从小就肩负了很大的责任。因为这些责任,孩子们失去了自己的生活,失去了童心,失去了当下的快乐。我们希望孩子保存童心,活在当下,活在快乐中。我们要孩子树立职业理想,是不是有违这样的宗旨呢?

其实,任何当下都是朝向未来的,不是凝固的,孩子的快乐和理想是不矛盾的。保护孩子的童心和现在,主要是不要给孩子太多的压力,我们要让孩子有所想象,有所期盼。但是理想的塑造无非是让孩子有个目标可以去准备,从而产生带动作用。如果没有未来的理想支撑,孩子就会"定"在"当下",他的想象力最终可能会流于迷茫。在一种宽松的氛围里,鼓励孩子做自己感兴趣的事情,并能持之以恒,这样对孩子的发展大有好处。

当然,我们究竟从什么时候开始培养孩子们的职业理想,或者未来目标,那是可以根据孩子的具体特点,或早或晚,因人而异,不可强求。但是可以从广泛到聚焦,从朦胧到清晰。这样对孩子的发展不会有什么不良影响。所谓广泛,我们的职业理想就是建立在广泛的兴趣和知识的基础上;所谓聚焦,就是让孩子开始有所选择,有所放弃。这个过程,人生目标开始从朦胧到清晰,由开始我想做什么,慢慢变成我应该怎么做,接下去把自己的理想变成一个一个的行动方案,最后通过行动来落实。

在这个过程中,家长和老师是知识的提供者,条件的满足者,方向的引领者。我们要给孩子尽可能多的机会,尽量拓展孩子的可能生活,为他们的未来规划提供更多的选择机会,并根据孩子的行动给出指导,尽量指导他如何克服困难,寻找到通往成功的道路。我们可以经常问孩子,"你这个方法哪里出问题了? 还可以修正吗?","你的行动缺少条件嘛? 考虑周全吗? 还需要什么条件?","你还能想到其他什么方法?","你看看人家怎么做的? 人家的成功之处在哪里?","你是不是可以试试这样的方法?"最后,我们还可以问"你的目标是不是太过远大? 我们是不是要做长期准备?""我们的目标最终能否实现?"在这个过程中,我们帮助孩子克服困难,推动他们认识和能力的发展。整个过程中,我们绝对不可以做孩子兴趣的打压者。

可惜的是,当前很多家长、老师还没有这样的意识,我们的孩子对于人生理想、职业理想根本没有什么规划,当孩子们到了初中高中,我们问他们将来做什么,他们往往一脸迷茫。因此,我们的孩子不是为理想而读书,而是为了谋生而读书,这样的发展是没有兴趣的,缺少内在驱动力,往往感觉到的是外在的压迫。这是我们当前教育的普遍问题,希望得到家长、学校的重视。

接下来,我们要面对的问题是,人生职业可能会发生变化,我们又该怎么办?

首先我们要分析造成人生职业理想转移的原因。人生职业理想目标转变的原因是多种多样的,归结起来,不外乎以下几种。

第一种,外在条件的缺乏,无法继续。面对这样的情况,我们要让孩子们知道生活中会有这样那样的挫折,要学会面对和接受这样的现实,在现实条件不足的情况下,可以暂时放下,先做其他可以完成的事情,将来有条件了再来重新开始自己的理想。也就是说,我们要让孩子们学会在现实和理想中权衡。

第二种,原来的职业目标已经完成,这时,我们要鼓励孩子挑战新的课题,人生不息,工作不止。

第三种，可能是自己的能力不足，越做越困难，最后失去了成功的快乐。这个时候我们一方面要鼓励孩子的勇气，教会他们前进的方法；如果还不行，我们要帮助孩子，以免孩子们深陷失败的痛苦不能自拔，让他们知道人生有时需要放弃，要鼓励他们重新选择，并帮他们做好参考，直到他们寻找到合适的未来生活。

第四种，可能是一个人缺乏职业理想执行的毅力，基于这种考虑，我们要培养孩子的恒心和毅力。理想实现的难度也会影响到一个人的耐性，在孩子们束手无策的时候，我们要想办法提供帮助，提升孩子的能力，使他们渡过一定的难关，享受到成功的喜悦，从而产生继续前行的勇气。

其次，人生的设计更多的价值是一个学习的过程，不一定能付诸实践。所以，在为未来准备的时候也不能一棵树上吊死，我们也要为孩子们的职业改变做好必要的准备。

第一种准备，多准备几项工作技能，这是最为直接有效的。这种准备对条件许可的人来说是可以的，特别是大学生面临择业时可以这么做。正因为这样，很多大学生在毕业之前争取拿到更多的技能证书。但是，话得说回来，再多的准备也不能保证你的技能足以满足工作需求，而且这样的准备工作对于广大中小学生就不适用，因为他们还没有到达准备就业的年龄。再说对于每一个人的一生来说，想以先定的几种职业技能去应对变化的实际往往也是枉然，所以为了应对工作岗位的变化，以下几种准备可能更为可靠。

第二种准备，就是求变精神与求索的能力。生活中，一切事物都在变化、发展，我们要善于发现世界的变化，跟上世界的潮流，所以我们需要求变精神，才会不害怕时代的进步，才敢于迎难而上。面对社会的变化与发展，我们需要求索的能力，我们要敢于面对新生事物，我们要敢于发现新问题，挑战新高度。如果没有这种能力，我们会吃老本，终究会被历史所淘汰。

第三种准备是广泛的基础知识。掌握一项技能比学习与其相关的知识需要付出更多的代价，但是技能如果不付诸实际使用，其功能可能还不如知识更有价值——让人产生理解自由。为了应对将来可能出现的不同工作，我们最好学习具有普遍意义的知识，这至少将来可以帮助我们去理解工作中碰到的问题。基础学科的理论知识对我们理解很多问题具有帮助作用，所以，中小学教学以基础知识的学习为主，附带职业理想教育，这样，我们的孩子将来有更大的适应性。只是当前的知识学习偏重于理性知识，解题训练代替了能力训练。这样的教学模式造成孩子知识面不够宽，能力训练不足,时间大量浪费,学习者毫无兴趣。

第四种准备是将知识变化为实用模型的能力。知识可以帮助我们去解释世界,但是,面对现实问题,光靠理论知识是不够的,尤其我们要走向实用的时候。面对实际的情景,需要把必然性知识与偶然性的问题结合起来,这个过程需要我们运用分析和综合的思维方式化抽象为具体。这个过程实际上就是方案猜想与论证的过程,也就是我们通常所说的建模的过程。由此可见,建模能力是知识走向运用的重要环节,离开这一环节,知识就只是停留在理解中。但是这种能力在当前的教学中被解题能力所取代,甚至,我们很多老师尚不知道建模是怎么一回事。这是与教育服务生活、教育服务生产实践的理念相背离的。

第五种准备,就是我们行动能力。将知识转变为模型还仅仅是一种思维能力,工作中我们都需要行动能力。人的行动力是多方面的,涉及一个人的反应速度,身体的力量和协调性,对外界事物的操控能力,动作的精细化程度,以及与人合作沟通的能力等等。这样的行动能力的培养在当前的教学中主要是通过体育和科学实验以及社会实践来培养的。但是,孩子的行动能力在当前的教育中还没有清晰的认识,欠缺系统训练和目标设计。这样的结果,就是孩子将来从事工作的时候,有想法但转化为行动的能力欠缺,很难达到理想效果。这种欠缺对一个国家的产品质量已经造成了很大的影响。

(三)交往自由

人只要活着就要与人交往,只有在交往中我们才会成为一个人,知道自己可以成为一个什么样的人,怎样做好一个人。交往是一个人生活的实在内容,如何在交往中获得自由,成为一个被人悦纳的人?

人的生活是人的生命能动的展开过程,这个展开过程必然伴随着与外部世界的交往,因此交往是人生中非常重要的内容,我们需要在交往活动中获得自由。

正因如此,交往是社会学和心理学研究的重要内容,同样也是教育学关心的重要内容。由于心理学和社会学多有研究,这里只是根据行文要求和本人的理解,作如下解读。当我们从教育学上来关心人的交往时,我们首先要考虑交往对成长中的孩子的价值。

首先，人际交往让"人格"得以形成。人不同于动物的地方在于不能仅仅靠本能来生存，需要精神成长。人生下来仅仅是人形动物，具有成为人的可能。正是通过人际交往，开始模仿、学习，慢慢地脱离了动物的特征，学会了人的生存方式，具有了人的情感和思维。也就是说，通过人与人的交往，将自己看成人类的一员，获得了归属感，即交往让我知道"我是一个人"。

其次，人际交往培养了我们做人的本领，让社会悦纳。交流是人际交往的重要内容，交往让我们打开了心灵的大门，让交往的双方相互走进了对方的心灵世界，学会了理解和包容，获得了的精神满足。交往的过程就是尝试的过程，在这个过程中，我们慢慢发现自己用怎样的方式才能被他人悦纳，或者说交往让我知道"学会做人"，即"我该怎样做人"，以及"如何做人"。

再次，人际交往帮助我们人生定位。交往的过程也是与人竞争、合作的过程，在这个过程中，我们发现自己的优点和缺点，在对比中找到自己的相对优势，从而可以重新思考自己的奋斗目标，调整自己原有的兴趣和方向。即交往让我知道"我该做什么人"。这个定位有助于我们不断调整我们的人生设计。

最后，交往可以促进交流，获得心理的满足；促进合作，形成团体的力量，实现自己的目的。交往让我们"成功做人"。

把自己看成是一个人，将自己归类到人，把自己和其他动物区别开来，这一点应该在学前阶段就已经完成。只要一个人生下来不与社会割裂，做到这一点应该不是什么问题，出现像狼孩、鸟孩这样动物化的情况可能性不大。

如何让自己成为社会悦纳的人，考虑一个人怎样做人，以及如何做人，涉及两个方面的问题，一是做人的原则，二是做人的艺术，因而不仅仅是价值观的问题。

一个人要被他人所悦纳，必须具备一定的德性和做人智慧。德性是方向，交往智慧是德性展现的能力，只有通过交往我们的德性才具有行动的价值。所以，德性和德性智慧在教育过程中要兼顾。

对德性和德性智慧的重视是我国教育的传统。古代儒家教育重视洒扫应对，其实质就是重视日常生活中具体的交往行为方式，在交往的过程中不断提升交往技巧和交往智慧。原因是，只有在交往的过程中，孩子的价值取向、思维方式、个性品质才会逐步展现出来，教师才会看到，才有可能给他及时指点。这种德性智慧的生成过程需要教师的不断点化，这种点化只有小规模办学背景下才具有可能。

当前的道德教育，由于规模化教学的需要，往往重视一般道德原则的教育——与偏重知识教育相一致，欠缺具体的交往内容。为了涵盖一切生活内容，道德原则很抽象，抽象到人的行为要"符合人民的根本利益"，"符合社会发展的规律"，这样的原则在生活中如何运用？我们可能会无所适从。道德原则固然需要，然而当我们面对具体行动的时候，道德原则不见得有用。我们日常生活面对的是具体的人际交往，即面对的是一个个的具体个体，而非"人类"。每一个人都有自己的利益诉求、行为方式和心理特点，我们与他交往不可能拿着抽象原则要求自己，要求别人。所以，用抽象的道德原则教育孩子，暴露出教育简单化的倾向。所以，我们需要的是在交往中培养待人接物的智慧，只有这样的智慧才能让我们被社会悦纳。当然，教育中偶尔也提到了"公共道德"、"职业道德"、"家庭美德"、"个人品德"这些内容，但是很多的时候，教材出现了这些概念，往往是点到为止，既无内涵，也无外延。这样的道德说教，由于缺乏具体的内容，基本上没有实用意义。总之，离开了交往实践以及对德性智慧的点拨，德育就会变得抽象、空洞、低效。

因此，教育必须面对现实的背景，寻找出合适的方式，甚至要根据现实背景做出必要的妥协。我们要根据交往的对象、范围的不同，对人的行为要求提出较为具体的规定，以使我们的行动更加方便有效。下面，我们来分析随着交往关系的改变，做人的要求应当作出怎样的改变。

当我们"人"作为最为一般的"物质"而存在，我们需要持有的态度就是珍惜资源。我们需要利用资源，但是也应该知道万物平等，我们迫于无奈需要消耗资源，而所消耗的资源都是从自然界和他人——包括子孙后代那里借来的，我们不具有浪费的资格。这一点在一些宗教中体现得比较好，那就是每次吃饭之前要祷告、感恩。如果这种观念深入人心，就有可能实现人与自然的永续发展。

当我们进入生命层面的时候，我们需要的是对所有的生命都有一种尊重，要有慈悲心。人类要维持生命存在，肯定要杀生，所以我们要有一种忏悔意识。可以不杀生时不要杀生，真的要杀生，要尽量减少它的痛苦；杀生之后，也要充分利用它们的价值，不要浪费。宗教一般都有一种忏悔意识。当我们在大快朵颐的时候，如果有这么一种意识，世界一定会和平不少。如果我们对所有的生命都有了尊重，自然对人就会生出怜悯之心、同情之心。

当我们作为人类的一员的时候，应该明白我是"人"，应该做人该做的事情，这就是人的"类意识"。但是当前孩子的"自我意识"过浓，"类意识"很淡。

　　要培养孩子的类意识,首先要学会把自己和他人都看成是人类的一员。我们要有一种人人平等的心态,要祛除特权思想,对他人有起码的尊重和包容。当我们在考虑自身权利的时候,也应该知道,他人拥有的权利和我自己的权利同样重要。我们可以不为他人奉献,可以跟他人公平竞争,但我们绝对没有为了自己的利益剥夺他人利益的权利。因此,我们的自由不该成为别人自由的妨碍,如能做到这样,人人平等、相互尊重才有可能。

　　其次,要有人类的共同意识,作为人类的成员,我们都应该为"人类"的存在和美好作出自己应有的贡献。人与人的行为是相互联系的,我们需要共同面对同一个世界,尤其是在全球问题越来越严重的今天,作为人类一员更应该具有全球合作意识。这种意识表现在道德教育中,就是我们要为这个世界承担责任,这种责任是不分国界的,是作为一个人应有的素质,其主要内容包括对人类的生存环境的担忧与责任,对人类未来的思考与责任,以及人道主义精神。

　　当我们进入社会生活,与人交往时,这个交往环境就是公共空间,对我们的要求就是公共空间意识。比如马路、网络、娱乐设施等,我们要学会尊重别人,不伤害别人;懂得相互礼让,特别要学会给别人预留空间,维护公共秩序;讲究诚信,不信谣,不传谣;我们应该注意自己的行为举止,文明修身。

　　当我们作为民族的一员的时候,我们需要的是民族大义,特别是本民族遭受外来民族侵略的时候,我们需要挺身而出。当前很多人动则移民,缺少基本的民族情感。

　　当进入国家范围,我们作为一个公民而存在,这时公民意识产生了。公民意识主要表现为两个方面,一是作为"国家的一员"应该共同面对"别的国家",这时要求我们具有基本的"国家意识",这个国家意识表现为:知道国与国之间存在利益的冲突,公民必须对此有一种基本的警惕;同时对国家要有基本的忠诚,并愿意为国家承担责任,希望通过自己的努力让国家强大起来,这就是爱国主义情怀。另外一个方面,当我们作为公民面对自己的政府的时候,国家和公民都应当明白自己应该承担的责任。作为公民应当具有基本的法制观念、权利和义务意识。(当前很多人讲的公民意识其实扩大公民意识的外延,把本不属于公民意识的内容加到了公民意识中)。

　　在公民社会,法制观念是一个人的基本素养。在当前的情况下,法制意识的淡薄是很明显的。当前的教育,高中阶段虽有一门课"法律与生活",但属于选修课,只有很少的一部分文科生选择。想想这样如何培养公民意识、法制意识?如何树立法律在人们心中的权威?社会上各种违法犯罪问题层出不穷,与此有无关系?这是一个值得思考的问题。

在经济往来中,我们需要坚守的则是诚信和公平的基本商业道德,不要强卖强买,坑蒙拐骗。

当工作时,作为一个单位的一员,我们应该遵守职业道德,学习职业技能,提高劳动效率。但是我们在单位工作,付出劳动和获得汇报是一种市场交换,理应遵循等价交换原则,因此公平是职业道德的核心。所以企业经营管理者不该过于强调奉献精神和感恩思想,而应该制定公平合理的分配制度,营造温暖的企业文化精神,让员工感觉到大家庭的温暖。

在家庭,我们要有家庭角色的定位,要有家庭责任、家庭美德,尊老爱幼,夫妻互敬。

在他人和法律管不着的地方,我们需要一点狭道柔肠,那是对他人的同情的一种具体表达,不等于说是无私奉献。

面对自我,我们要学会慎独,学会反思,观照自己的灵魂,不断提升自己的精神品质,做一个有修养、有境界的人。

……

通过以上分析,我们的道德要求应当明确化、具体化,才能对行动起到引领作用和规范作用。

接下来,我们还要谈谈交往的具体形式——礼节。内容需要一定形式来承载,不同的人际交往的要求应该通过具体的形式来体现。正是因为这样的原因,古代中国非常注重礼节,礼仪教育成为我们传统教育的很重要的一部分,造就了礼仪之邦的盛誉。然而现在我们把这些礼节当成封建糟粕一起抛弃了。平等仅仅是人格,但是不同的人应当承担不同的责任,具有不同的义务,因而对于不同的人在交往过程中礼节要求应该不一样。我们在抛弃承载等级观念的封建礼节的时候,不应该否认人际交往的原则需要具体的礼节来承载这样的基本思路,不应该无视礼节教育对于社会规范意识培养的价值。缺乏必要的形式,那些做人的要求就沦为可有可无的说教。正是因为缺少了相应的礼节这种形式上的要求,现在很多人就变得肆无忌惮。所以,我们的学校应该重视基于平等观念基础上的礼节教育,我们必须在现代理念的基础上重建文明礼节。

从学校交往中最为常见的两对关系中,我们可以看到现在礼节败坏到了什么程度。第一对关系,就是师生关系。我们反对过去的师道尊严,孩子和老师之间随便起来,轻松起来,这是值得肯定的;但是这样一来,老师自我要求也降低,孩子对老师尊重之心随之下降,当孩子对老师的敬重之心没有了,失去的却是对整个"他人"的敬重。还有一对关系,就是男女关系。现在的社会,男女平等,女人在男人面前连起码的女人的羞涩都没有了,男人在女人面前连起码的男子汉形象也不要了。男女生开始中性化,男不男,女不女,这样的状态对家庭的稳定、社会的和谐不见得是什么好事。所以,学校教育应该考虑新时期的师生交往规范和男女生行为方式,让孩子在校园生活中养成起码的文明礼仪和起码的角色意识。只有这样,通过一定的形式才能把规则内化于心,体现于形。

交往除了规则、礼节之外,还需要交往的艺术。而所谓的交往艺术,就是我们在不同场景下的恰当的交往行为的选择。而这个艺术我们可以通过案例教学、模拟交往和分析来感悟,通过同学之间、师生之间以及与社会的交往来提升。

比如,爱情问题。爱情问题是人类永恒的话题,是中小学阶段男女交往最正常不过的内容。随着社会的进步和开放,我们对中小学生谈恋爱的态度慢慢发生了转变,但是我们做老师的好像还是羞于启齿,很难做到与孩子平等大方地讨论恋爱问题、婚姻问题、生育问题、家庭问题。不管是过去的堵,还是到现在的默认都是一种不太负责的态度。其实青春期的孩子应该公开坦然地谈论爱情问题(但不等于鼓励纵容他们谈恋爱),因为那是他们人生中非常重要的组成部分,对他们的未来幸福与否有巨大的影响。而这时他们往往是缺乏经验的,应该得到老师的指导,否则容易走错路,甚至误入歧途,遗憾终生。所以,做老师的应该通过教育帮助孩子们树立正确的爱情观、婚姻观、生育观、家庭观。但是,现在的教育是严重缺失这一环节的。这样孩子们年轻的时候不会恋爱,长大了不会成家,成家之后不会当家长。现在,整个社会很多人不会恋爱,不会组建家庭,剩男剩女越来越多,离婚率逐年提升已是一个不争的事实,对于14亿人口的大国,这样的问题将逐渐演变成一个严重的社会问题。这些问题的产生虽然有很多原因,责任不全在教育,但是教育应当承担应有的社会责任。所以,老师们应当与孩子们坦然地去谈论如何恋爱、如何生育、如何组织家庭。只有这样,我们才能很好地帮助孩子度过青春期,提高人生的幸福指数。

关于第三点,交往的定位作用。交往的定位作用,指的是在人际交往中,交往的主体通过比较可以确定自己的绝对优势和相对优势,从而找到自己在社会中的位置,确立自己努力的方向,并结合自己的兴趣,选择属于自己的具体的人生目标。有了这样的定位,人生的目标才具有可行性,才能激发一个人的内在的动力,才能实现属于自己的成功和幸福。一句话,一个人只有做适合自己的、力所能及的事情,他才会在交往中感觉到自由。

当前的教育是忽视这一点的,这跟我们的教育缺少分工意识,缺少人生设计是一致的。每个人没有自己的奋斗目标,都在跟别人比,最后比出来的结果是大家都是失败者。要改变这样的状态,我们要在交往中确立自己的位置,寻找适合自己的职业理想和奋斗目标,甚至要安于平淡,这样,每个人努力做到自己的最好。这样每个人都是成功的、自由的、幸福的。

至于第四点,交往让我们成功做人。所谓成功做人,就是要像人一样活着,开心地活着,这时交流就变得非常重要。因为我们作为人,需要交流,只有在交流中我们才可以倾吐心声,释放心理能量,获得心理平衡,找到知音,获得共鸣,得到心理满足。但是现在的学校管理,为了方便,讨论的机会都很少。尤其是在应试教育背景下,为了赶进度,老师一言堂,对课堂的要求就是安静,这是有违人性的。当然交流是需要一定的活动过程,所以,除了课堂教学要有互动外,还要增加活动类课程,管理上也要改变,体现人性。人是社会的动物,人的生活离不开社会,通过交往可以形成一定的群体,产生团体的力量,去改变自己,改变世界,从而实现自己的梦想和实现他人以及社会的目的。当然,社会交往过程中也可能会有风险,所以,我们学校应该对孩子的交往加以指导,树立防范意识。

要达到这样的目的,国家应该加快教育改革,减轻孩子课业负担,增加活动时间;建设一批社会化课程,让一些企事业单位、社会团体建设一些面向中小学的课程;对当前的社会办学要加强管理,改变无序状态——当前的社会办学纯粹为了赚钱,破坏正常的教育秩序;打破校际限制,尤其是在现代技术基础上,建设跨地区、跨学校的开放性互动课程。这样的交往可以扩大眼界,开阔胸襟,促进孩子交往能力的提升,形成更大范围的团队,提升团队意识和合作精神,当然这样做也能培养孩子的创新能力。

四、心灵自由

心灵自由是我们每一个人的梦想,但是,真正获得的却少之又少,原因何在? 路径何在?

(一)我们应当重视心灵自由问题

心灵自由我们都想得到,但是心灵自由到底是什么? 又是什么原因

207

让我们心灵失去了这种自由？这却是一个非常值得研究的问题。

前面，我们研究了生命自由、理解自由、行动自由、交往自由，接下来我们要研究最后的自由，就是我们的心灵自由。

心灵自由，我们的教育好像已经遗忘了，但是我们又不能说教育没有涉及。对于人类心灵自由的描写，往往散布于文学艺术的欣赏中、政治老师的说教中、心理老师的讲解中，当然其他老师也会提到。这些课堂内容的确可以对人的心灵自由产生影响，但是仅仅靠这些，还是解决不了人的心灵自由的问题。总的说来，学校还没有把心灵自由作为一种专门的能力来培养，自然也没有对应的教育内容，甚至连我们很多老师自身对心灵自由都缺少应有的关注和认知。

尽管我们教育对它关注度不高，教师自身对它也不是很了解，但是心灵自由却很重要。

第一，心灵自由是每一个人的期盼。心灵自由不同于专业技术、生活技能，专业技术和生活技能只是部分人现实的需要，也不是每个人每时每刻都要面对的。而心灵问题则是我们必然面对、无法逃遁的问题——每一个人只要清醒就要面对。只要一个人有意识存在，他的心灵要么是自由的，要么就是不自由的，甚至在我们睡梦中都要受到它的影响。

第二，心灵自由对于人类也很重要，那是人类最后的归宿。前面讲到的种种自由只有在获得了心灵自由之后才有最终的意义，否则有可能成为人类的共同负担。因此，心灵自由是解决人类一切问题的最后的钥匙，只有解决我们的心灵问题，才能解决人类的整体问题。比如，生产能力的提升丰富了物质产品，同时引发了人类的贪婪，物质的富足并没有带来幸福，同时却导致资源的匮乏和环境的污染。而这些问题的解决仅仅靠技术是不行的，需要我们从内心深处产生克制，获得心灵自由，才有解决的希望。

第三，心灵自由是人类的最高本质。人和动物的区别在于人类有思想，而思想如果停留在工具的层面，仅仅表示我们人类比其他动物获得产品的能力强一点，只有人类心灵自由了，人类才真正从动物性中解脱出来。因此，对心灵自由的追求才是人高于动物的本质所在。

心灵问题不管我们重视不重视，我们时刻都在面对它。

有一对关系，只要醒来就会立马呈现，那就是人的心灵存在与心灵之外的存在的关系。因为当人感知到"自我"的时候，"非我"随即产生。

"我是什么"这一问题，我们暂且不谈，甚至很多人说不清楚，但是"我"

的"感觉"告诉"我"，"我"是的确存在的，即"我知故我在"，我的"知"和"我"的存在直接同一。

这种感觉是我的，不是别人的，别人在我的心外。也就是说，我的心灵是独一无二，而且无可分割的，也是不可复制的、无法取代的。

对于我来说，这个感觉太重要了，可以说那是"我"全部的意义，或者所有的意义只有通过这个感觉才能得到肯定。世界如何，我的所作所为好不好，最后的价值在我的心中就是一种感觉而已。我的心灵存在尽管对外在世界具有依赖性，但是世界对于我的价值只有通过我的感觉才能得到确证，甚至可以说，世间一切只有通过"我的心灵"才有了"意义"，这个意义是对"我"的意义。所以，"我"对世界的判断是终极性的，是"我"最真实的状态。

这样一来，"我"是世界的终极裁判者，似乎世界由我做主，我是多么的自由。而现实却不是这样，我们感觉到的恰恰是种种不自由。所以我们有必要研究心灵自由。

要理解心灵自由，首先要理解心灵是什么？按照人类的习惯性思维，一问到是什么，就会把它设想为某一种物质形态。曾经有人在寻找心灵的时候，把心灵当成类似肝脏、心脏这样的具有物理特性的东西，比如松果腺，但是，后来发现不对。也有人把心灵称为灵魂，人之所以会有思想，就是因为肉体中附有了灵魂，这个灵魂可以离开肉体，进入其他的躯体。不管是把心灵当成器官，还是当成灵魂，都有一个共同的特点，那就是把心灵当成了一种"存在物"。这样的认识慢慢被人们抛弃，但是当前依然存在。

其实心灵不是具体事物，佛教早就把心认识得很准，"菩提本无树，明镜亦非台，本来无一物，何处惹尘埃"。这已经明确知道心灵本身不是具体的东西，但可以反映一切。

马克思主义哲学不谈心灵，但有一个对应的概念，那就是"意识"。在马克思主义哲学里，意识是人脑的机能，由此，我们看到了意识（包括心灵）对物质的依赖作用。而物质本身具体如何决定我的心灵，我们自己却无法确认。就像电脑显示器为什么这么显示，显示器自己也不会知道。甚至，我们也不需要确认我们的心灵是怎样由大脑产生的———一般情况下。

我们看到了心灵和意识都依赖于物质器官，这一点是相同的，但是我们必须看到心灵与意识还是有区别的。意识是一个一个具体的认知活动，与我们认知对象相对立，这个功能实质上是"意识到"、"思维着"的过程；心灵更多的是一个整体概念，既包括了潜意识，也包括了大脑里面的所有记忆和思维方法，更是我们的精神"存在"状态，具有感性的觉知，甚至与我们的身体相融合。也就是说,心灵既有感性层面,也有理性层面,是一个觉知整体。

接下来,我们再来谈心灵自由。什么是心灵自由?"心灵自由"就是"我自由",而"我自由"就是"我"的理想状态。接下来,我们的问题是什么样的状态是"我"的理想状态?而要弄清"我"的理想状态,首先要弄清"我"的呈现的样态。

"我"的呈现有两种,一种是感性呈现的感觉,另一种是思维主体的感觉。

对于感性呈现来说,我们可以称之为"心境",我们的"心境自由"表现为一种"美感",一种"自在"。具体表现多种多样,感觉或"平静"、"祥和",或"温暖"、"满足",或"生动"、"活泼",或"超然"、"惬意"等等,境界有差异,但是有一个共同点,心境比较平静有生趣,不太容易被外界干扰;或虽然有干扰,但能够自我调控,很快恢复,同时生机益然。

平时心境有两种极端,一是"心死",二是"心烦"。"心死"之人虽心平静,却拒绝外在的世界,所以了无生气。而心境自由的人心境平静,却气韵生动,充满温暖与愉悦。现实中很多人感到"心烦",心境动荡,往往不太容易平静下来。

心境自由是一种状态,也是一种能力。我们要让心境自由的状态持久存在,这就需要我们有一种能力。在日常生活中我们心灵往往是不太自由的,因为有很多外在的因素干扰,破坏了心境,感到了"烦"。所以,想要让心境自由,我们要有消除烦恼、恢复平静的能力。具体有哪些烦恼,需要哪些能力后面会讨论。

而对于思维过程来说,"我"的自由,应该是我具有自主性,没有被牵着鼻子走的感觉。思维的起点、过程、终点的选择都是在自我意志的操控之中,在这个过程中,我还可以进行自我反思、自我调整、自我选择,还可以自我停止。很多人会说,我们都在自由思考,但是实际上,我们很多时候思考的起点、过程和终点都有种不由自主的感觉,特别是有很多思维自己根本停止不下来。

造成我们思维不自由的因素很多,归结为内外两个方面,外在因素主要有两个,一个是某种利益的诱导,另一个是外在某种力量的支配,造成我们不由自主,或者迫于无奈,使得我们失去了主体性。内在因素主要是我们内心的价值取向、思维习惯,表现为一种偏执,甚至固执,最终无法控制和不能自拔,从而失去自由。

归纳以上两种自由,心灵自由的状态,应该就是在美的心境之中,自主地思考问题,或者不思考问题。就像佛教所描写的那样"心如止水,物来则应,物去则空"。而心灵自由的失去则是由于内外因素的作用,或者失去了良好的心境,或者失去了主体的自由。

接下来的问题就是如何让我们的心灵走向自由了。根据前面的分析,我们的心灵走向自由也应该从心境和思维两个角度来创设条件。

对于自在状态产生的美,较多的是一种心境,或者是一种意境,是我们的思维展开的底色。从心灵自在美的发展历程来看,其完全符合否定之否定规律,从无知之童真,到有知之烦,再到超然之美,有这三个环节、三个层次。

心灵的自在美首先应该是童真美。本来我们的心灵很美,这一点可以从儿童的脸上很容易发现。儿童脸上那种天真无邪、灵光闪闪、美滋滋的感觉,我们人见人爱。原因在于儿童的心灵刚刚具有意识的时候,心灵里面没有多少内容,自然没有污浊,所以心灵很清澈。即便是到高中阶段,阳光少年的脸上看上去依然很开心,我们从他们的脸上依然会发现那种心灵的本然之美。随着年龄的增长,环境的影响,记忆的增加,天性慢慢被人为所替代,原本纯净的心灵增加了很多东西,后天的利益争夺使得它们背离无善无恶的原点,在财富私有的背景下,往往趋向恶的这一边。所以,随着年龄的增长,很多人失去了这种童真的美丽。当处于此种美丽之中的时候,我们往往没有意识到,当意识到的时候那份美丽却已经离我们很远了。

所以,我们做教育的,首先要考虑的是能不能让孩子的童心保存的时间长一点。从这个角度来说,最好的办法,就是保护孩子的天性,不要让他们过早地沾上人间的俗气。为此,我们要把孩子当孩子看,让他们做他们这个年龄段该做的事情,让他们有更多一点自由的时间,不要让他们过早地思考成年人的事情,不要过多地承担成年人的责任。自从"从娃娃抓起"这句话某一天在教育界突然流行开来之后,儿童的肩上的担子一下子沉重起来,我们的教育成了童真的猎杀者。(保护童真这样的问题,研究的人很多,这里就不做展开了。)

童真是美好的,在现实社会种种因素的影响下,童真终究要离我们而去。所以,接下来需要思考的是能否在我们的心里重建美丽?

谈到心灵的重建,我们自然会想到美育。美育,主要是通过文学艺术来完成——当然其他课程也可以培养我们的心灵美。

现在从幼儿园到高中都有美术课,很多的时候,美术课学的是"术",通过对艺术作品的欣赏、鉴赏,提升我们的艺术修养,还有通过动手画画、做手工等手段学习、创造美。这样做，无疑是值得肯定的。但是，很多的时候美术课成了技术课，可能会造成美育的功能大打折扣。第一，学习某一门技术也许将来有用，但不是人人有用，而美的心境人人有用。第二，这样的技术未必能够能转化为我们美的心境，一个人画出一幅漂亮的作品，在心底留下的美丽，未必比得上我们去欣赏一次自然风景。所以，画家的心灵可以创造美的作品，但不一定有美的心境。

从幼儿园到高中都有音乐课，音乐可以让人增加美感，而且这种美是流动的美，应该值得肯定。但是当前在文化自由的观点下流行的音乐，还能对人的心灵起到净化的作用吗？这是一个值得思考的问题了。首先音乐人本身的榜样作用就不是很好，娱乐界根本起不到示范作用。随着社会分工，音乐慢慢技能化，成为一种出人头地的手段，有些人为了搏出名已经没有底线，甚至到了疯狂的地步。再就音乐本身而言，音乐的内容和形式很多的是现代浮躁的体现者而不是消解者，所以，音乐实际上在为这个时代的浮躁推波助澜。这一点，我们不得不重视。

文学不能直观呈现美的境界，但是通过我们的想象力依然可以构建出美的意境（需要直接经验作为材料）。我们的语文老师可以让孩子们去想象，去描绘。这样就可以在孩子的心中生出一种底色，一种意境。当然不同的文学都在产生意境，所以我们要考虑给孩子们的心灵究竟留下了什么。但是现在很多文学作品在市场化的运作下，迎合人们的低级趣味，已经失去了灵魂的引领作用，所以，我们要严加注意。

现在的总体倾向，在市场经济和文化自由的双重作用下，文学艺术的美育功能在淡化，而娱乐性和功利性被强化。正因如此，搞艺术的心灵不一定比不搞艺术的美。因为只有把追求心灵美作为一个目标，才会创造出心灵美。这是我们必须正视的现实。

心底之美的产生不仅仅是来自美育课堂，还可以通过其他途径来获得。比如，通过接触自然，或者欣赏自然风光的录像，我们可以欣赏和领略到各种自然的美丽，比如，日出日落，潮起潮落，四季更迭，花开花落，或平静如水，或变化多端，或雄浑壮阔，或精巧细致。其他课堂同样具有美育的可能，只要我们能把美的东西在课堂上展现出来，比如图像美、语言美、理性美等等。这样的美有时比美术课堂还更具打动人心的力量，对人的影响更深入持久。

我们的课堂教育并不缺乏美的元素，教育对美育的重视也是不可否定的，但是当前的美育侧重点在于让人欣赏美，创造美，但是如何让美成为人的心境,可能是不够重视的。这也是一个值得我们研究的课题。如果经常进行美的欣赏和美的创造,我们的心灵会受到潜移默化的影响,可能会在我们的心里留下美的记忆,产生那种意境。我们也会在某个时刻从心底呈现这种记忆,但是这样的记忆呈现是短暂的。

总结前面的分析,我们的教育不缺美的元素,但是缺少一种"美育"的思考,即如何让这样的美丽成为我们心灵的底色,成为我们的心态。正因为如此,我们看到众多的文化人,他们的文化并没有给他们带来美的心境,脸上看不到那种祥和与美丽,所谓的文化艺术最终也就成了一种工具。

如何实现从艺术美到心境美的转变,这需要一种自觉,需要一种训练。也就是说,我们要改变过去的心灵自由的教育方式,变自发生成为主动生成,变短时呈现为持久存在。

有什么方法可以让我们心灵的美变得持久呢?这就需要有意为之了。

我们如果能够通过静心、冥想,沉醉于那种想象之中,产生身心融合——从身体上感觉到那种美的"滋味",并有意识地把这种美感一直保留在心中,反映在脸上,并维持一段时间,成为一种品味,从而改变我们的心态,成为心灵的底色,并以此为背景展开我们的生活。这才是美的育成。这样的美的育成需要一个过程,需要耳濡目染,日积月累,需要文化熏陶与方法锻炼相结合,只是当前两个方面都做得不够,尤其是后者。

如果童心的美丽是本能之美,可能带有混沌初开的感觉,美育则是我们的有意而为,是对无知的否定,可能带有造作的感觉,但是毕竟改变了心灵的底色。接下来,我们追求更高层次的清明之美,这种美是我们对现实的超越,这种超越是建立在智慧的基础上,是对知识的否定,是对"无知"在更高层面上的回归,是一种慧觉,因为觉悟而超然,获得"大自在"。

何谓清明之美,这种美是清澈的、没有杂质的,来源于我们内心世界的解脱;这种美是明白的,不像儿童的混沌和朦胧,包含对世界的了达。这种美,实质上是理性美与感性美的高度融合。这种美现在的美育教育者知道的很少,感悟到的人更是稀罕。当前的教育则很少讲到,很多的时候我们把这种美归到宗教之中,因为这种美的获得可能需要伴随类似宗教徒的修炼,但是,我们在批判宗教的时候,忘了把这种美丽的心境从宗教中剥离出来。

接下来,我们也来谈谈这样的清明之美应该是什么样子的。这种美是怎样的,因为很少有人去寻找,自然很少有人感悟到,再说感悟到的境界也有差异,所以我这里只好借用佛教涅槃四德"常乐我净"来描述——我们不要去关注宗教的成分,只是去思考那个心境就行。佛教认为,一旦证入涅槃,就会具有真正的"常乐我净"四德。"恒常不变而无生灭,名之为常德;寂灭永安,名之为乐德;得大自在,是主是依,性不变易,名之为我德;解脱一切垢染,名之为净德。"说得简单一点,"常"是恒常,就是不变,稳定之意。"乐"是心灵的安宁之后产生的愉悦感,这种感觉淡淡的,来自内心灵深处,反映在脸上,就是那种充满阳光的自然的微笑,没有原因却非常的微妙,没有造作,非常平静,完全不同于那种刺激带来的快乐。"我"是本我,是大我,是自我做主,很浩然,没有惧怕,有一种"心包万物"的感觉,"我"与宇宙相同一。"净"是干净,明净,透彻,没有障碍,没有干扰的状态。这里是文字的描述,具体是什么,只有靠我们自己去证得、悟得。你没有证得、悟得,别人说了,你也不明白。就像佛"拈花一笑"时那样的心态,说不得。即便是我们证得,还要学会保持,要保持这样的心态,我们需要不断地修炼。

至于如何达到这样的心境,佛、道、儒都有所表述,佛教有很多宗派,方法也很不一样,最后只有达到"无色,无受想行识,无眼耳鼻舌身意,无色声香味触法,无眼界,乃至无意识界,无无明,亦无无明尽,乃至无老死,亦无老死尽,无苦集灭道,无智亦无得。以无所得故,菩提萨埵",简单说来,就是排除一切分别念头,本心才能呈现。这样的要求的确很高。儒家《大学》里也讲,"大学之道,在明明德,在亲民,在止于至善。知止而后有定,定而后能静,静而后能安,安而后能虑,虑而后能得。物有本末,事有终始,知所先后,则近道矣"。可以看到,儒家修身也是要"止"、"定"、"静"最后达到"心安"。道家要求返璞归真,如婴儿状。相对而言,佛教的描述更为具体,达到的境界层次较高。但归结起来,都是要做到静心,定心,观心,最后达到无念。这是对婴儿无知之美在更高层次上的回归。

人类对心灵清明之美的揭示往往跟宗教混在一起,但是作为一种美,我们应该祛除宗教的成分,还它本来面貌,把这种美展现出来,明白地告知孩子,我们的心灵原来可以如此之美。同时,也要把宗教的修炼方法和宗教的教义区别开来。各种宗教都有自己的修炼方法,如果能够把修炼方法从宗教教义中分离出来,我们就会多一种实现心境美的手段。其实,我们经常自己把自己放松,安静,反观自心,去除杂念,慢慢地,我们的心就会安定下来,最后我们会从内心深处产生出微笑来。只是可惜,当前的教育教学,这种本体之美被遗忘得太久了。

要感悟到这种清明之美,我们必须从有限性中超越出来。尽管我们生命是有限的,必须面对一件一件具体的事情,但是我们的精神却有一种能力,能够让我们达到永恒。而要让我们的心切悟永恒,我们必须放下暂时性的东西。所以佛教说"无所住而生其心"。这个时候，很多人会问，这样的放下，我们又如何生存？其实，"无所住"不等于不做事情，"心如止水，物来则应"，韩非子也说过类似的话语，那就是"执着无为就是有为，不执有为就是无为"，即我们要学会以超然的心做暂时的事情。所以，我们只有从世界观上来做个了达，才会明白这种超然之美。这种美是人性之美，也是神性之美——神性不过是人性的最高境界而已。在这样的境界里，我们什么也没有改变，改变的只有我们的心境，在这个心境之中，我们实现了有限与无限的统一。

到此，我们的教育似乎也应该发现了问题，找到了出路。首先，我们的学校要减少各种各样的"烦"，让孩子心灵得以安宁。其次，我们的教育要有一种境界，关注永恒，关注心灵，还必须教会实现心境美丽的方法。我们不一定要求孩子们成为修行者，但是我们让他们知道通向永恒的道路。现在教育有走向浅薄的趋向，斩断了从动物性走向神性的道路，迷失在通往神性途中。这一点，我们作为教育研究者必须清醒地意识到。

谈完了心境自由，我们接下来谈一下思维的主体自由。思维的主体自由可以从两个层面来理解，一是主体意志自由，二是主体自觉。

所谓主体自由，"我"感觉到"我"没有被强制，我的思想由我做主。所谓不自由，就是主体意识受到来自于外界的牵制和强制，让"我"放弃自己的想法或者想做的事情，这种外力明显是异己的。这种外在的压力，可能是一种规则，抑或是一种权力和其他强制力，也可能是一种无奈，特别是生活所必需的各种条件，虽无特别强制，但我缺乏必要条件只得无奈放弃。

主体自觉，是自我的觉醒，这种自由得以产生的主要原因是自我本身的觉悟，"我"知道自己该做什么，不该做什么。该做的，就去做，不该做的就不做。只有建立在这种自觉的基础上，我们最终才能获得自由。这种自由，能将该做的坚持到底，能将不该做的坚决拒绝，这是一种自我约束，自我控制。但是，我们生活中，常常出现该做的没有做，不该做的却偏偏做了，也就是我们的主体没有自觉。

这种不自觉的产生原因大致可以分为以下几类：第一类，因为主体懵懂无知，凭着感觉想当然地做事，错了不知道；第二类，明明是错的，却自以为对的，尚能听得进别人的建议，对自己的行为进行修正；第三类，明明是错的，却自以为是，根本听不进别人意见，一意孤行；第四类，自己知道错误，走下去没有好的结果，但是由于情感或者贪婪的原因，依然情不自禁；第五类，没有什么错误，就是对某种东西特感兴趣，可以为此不惜一切代价，影响了其他生活。现实生活中,我们看到绝大多数人或多或少带有理性的不足,价值的偏差,情感的影响,个性的偏执,都是主体思维不自由的不同表现。特别要指出一下,我们很多的时候,思维的自由是很成问题的,由于自身本来不自觉,也就无法觉知。所以,为了实现主体思维的自由——特别是思维的自觉,我们应该对这些问题,有所针对地展开教育。

对于第一类,因为主体懵懂无知的人,我们要让他获得自由,最好的方法就是让他增加知识,增加思维空间。对于第二类人,我们加强教育,提升理性,效果会明显些。我们的孩子大多数是这样的人,这就是教育的价值所在。对于第三类,我们可能无法改变它,但是可以用相似案例警示,对他产生一定的作用;还有就是要适当提供实践机会,让他产生挫败感,从而怀疑自己,批判自己,纠正自己。对于第四类人,要对情感进行理性分析,培养理性分析能力,加强价值观的引导,避免意气用事。对于第五类人,我们对兴趣和生活的关系要进行理性分析,培植人生智慧;要让他开阔眼界,知道生活的全部,避免极端化思维。

当前的教育,对于主体自觉的培养存在不少问题。对于知识教育可以提升人的理性水平,减少人的懵懂,其目的无疑是做到了。德性教育强调说理,也可以起到指明人生方向的作用,但是德育尚存很多问题。第一,德育在应试教育下得不到应有的重视。第二,德行要求标准过高,德育内容缺少把手,课堂上往往以理说理为主,检查则以卷面考试为主,这样的结果只能培养伪君子。第三,德育智慧的培养严重不足。由于德育缺少生活内涵,德性智慧无法有效生成。第四,功利化背景下缺少人生的超脱意义的揭示,教育成为我们沉沦的原因。

(二)如何提升心灵自由

心灵自由是一个综合概念,有很多层面、很多角度,因而提升我们的心灵自由需要多种方法的配合。

接下来,我们综合起来思考我们的教育应当如何培养人的心灵自由。

营造自然和人文环境,构建心灵底色美。心境离不开环境,环境对人的心境的影响是一个潜移默化的过程。所以,不管是社会建设,还是学校教育和家庭教育,我们都应该重视环境建设。对于学校来说,可能无法改变外在的大环境,但一样可以有所作为。首先,建设自然环境,美化我们的心态。

一座学校就应该建设成为一座公园,每天让生命的美丽映入我们的眼帘,从而美化我们的心境,日渐熏染,放松了我们的心态,激发了对生命的热爱,焕发了生命的活力。其次,建设人文环境,放松我们的心态。当前的学校教育搞得很紧张,每天从早到晚都是紧绷着的,造成孩子的心态很糟糕——现在,"郁闷"在学校里是一个常态。每个人都是从孩子时代过来的,如此糟糕的心态会在人的心底留下深刻的印象,最终会演变成一个民族的灾难。当前国民的心态很糟糕,这个责任虽然不应该都由教育来承担,但教育至少起了推波助澜的作用。从人文环境的角度来说,一方面我们把环境布置得惬意、舒适、意境高远,另一方面我们在管理上要注意人文性、民主性,让人感觉宽松些、包容些,课堂教育教学上,任务不能过重,节奏不能过快,并给予孩子一定的自主支配的时间和自由行动的空间,使得孩子生理和心理能量有释放的机会,只有这样才能消除孩子心中的紧张感,有益于被干扰的心灵得到良好的恢复。这样,孩子的心态会慢慢地变得美丽起来,自在起来,平和起来。

重视心境建设的能力培养,提升心理健康美。心境对于人生意义巨大,我们自小要让孩子们意识到这一点,让他们自小注意心境培养,并通过教育改善他们的心境,提升改善心境的能力。我们可以让孩子一起分析不同心境下人的心理感受,以及这种感受对于我们的生命、生活以及工作的影响,并一起讨论良好的心境状态应当是怎样的,并探索如何才能获得良好的心境状态。我们可以从传统的修炼法门中寻找营养,比如冥想、打坐、参禅、练气功、打太极。我们通过带着孩子一起练习,进而研究如何将这种感受保持为日常生活的心灵状态,并在这样美好的心态下,开展我们的日常生活。相信这样的教育将会改变人生,改变生活,进而实现社会和谐。

化艺境为心境,提升心境美。在进行美育的过程中,我们不仅要把美作为一个内容来研究,而且要把美作为一种手段来研究,更要把心境美作为一个目标来追求。所以,美育过程要把心境的美化作为一个重要的课题,特别是要加强艺术美如何转化为心灵美的途径、条件以及能力的研究。孩子们并不缺少发现美、感受美的能力,但是缺少把美固化为心灵的底色的能力,所以我们应当注意美育对心灵美的形成与固化研究。为了实现这个固化,我们可以与孩子一起感受各种艺境,一起描述在不同的艺境中的心灵感受,一起来研究怎样的感受才是自由的、最适合身体健康的,最适合生活与工作的,并一起探讨如何将这种心灵美境固化成为心灵的常态,从而成为心灵的底色。

实现对生命的超越,获得生命的自由。身体对我们的心灵会产生影响是一个无法回避的事实,身体的健康会影响到我们的心灵感受,所以,我们应该注意身体的健康,尽量减少病痛的折磨。但是话又得说回来,疾病又是不可避免的,我们要学会面对生老病死,获得生命自由。有时候身体状况已经如此,作为一个既成事实,我们无法改变,比如,我们生病了,这时我们难过了,但病痛的折磨没有丝毫减轻。所以我们的心灵还要学会从肉体的健康状态中独立出来,以一种乐观、放松的态度面对我们的生老病死,这样反过来会促进身体的健康,甚至帮助我们战胜疾病,恢复健康。也只有这样,我们在生命面前,心灵才会坦然。

提升心理调节能力,实现情感自由。自如地表达情感,并保持心理平衡,是我们心灵自由的理想目标之一。但是,现实生活中,心理平衡往往会经常被打破,每一个人都会有感情的起伏、情绪的波动,只是每一个人心理平衡被打破的容易度不同。有的人遇到一点点小事,心中就会掀起惊涛骇浪,有的人哪怕天塌下来依然处事不惊。这就是个人心态的稳定程度不同,调节能力不同。所以教育要让我们学会调节,提升调节能力。这方面的内容属于心理学研究的范围。当前,心理辅导工作已经开始进入课堂,但尚属初始阶段,心理课的开设也是这几年的事情。很多学校还没有专职的心理老师,很多学校还没有开设心理课。心理课的重视程度还远远不够。小学没有心理课;初中有心理老师,但不专业,而且还很少上课,只是有问题了可以去咨询;高中一个礼拜也只有一节课。很多学校把心理老师当成消防队,而不是把他当成建设者。我们应该从小就开始帮助孩子学会如何调节心理,不要等到问题出来了,才来灭火。因为心理问题的形成是一个潜移默化的积累过程,心理问题的化解也不是一朝一夕就可以完成的,所以应当从小引起足够重视。

扩展思维空间,提升理性自由。理性是消除懵懂,消除疑惑,获得心灵自由的重要途径。我们通过知识教育,消除那种心灵存在的懵懂,消除疑惑,提升我们的理性分析水平,从而让我们对世界多一分清晰,多一分明白。这时我们心灵感受到理性无碍的美感。当然,知识要成为我们的心灵自由的美,还有一个环节,那就是品味的过程,这个过程理性自由将转变为感性的满足和愉悦。我们要与孩子一起想象我们所知道的空间,一起想象知识带来的力量,这样在我们的心中将会把知识转变为一幅人间美景。这种清晰、明白、美丽就是知识带给我们的理性美。

提升抵御外界诱惑的能力,实现德性自由,感悟德性之美。我们活在世界上,我们的心灵很多的时候被各种名利牵着鼻子走,从而导致价值理性的迷失。某些时候,追求功利表现得积极主动,心灵失去了自由,自己也不知道，甚至他人告知，也不愿意改变。所以，我们要提升孩子的价值理性，实现德性自由。为了实现德性自由，我们要让孩子在心中高高树立起道德信仰的灯塔，并时刻成为行动的指南。要做到这一点，我们要让孩子明确正确价值标准，还要让他们学会反思，学会时刻面对心中的欲念，学会如何克服心中的欲望，只有如此他们才能获得德性自由。同时我们还要教会孩子帮助他人，只有经常乐于助人的人才能从狭隘的自我中走出来。到此，我们的心灵从内心的欲望中可以解脱出来，但是还不一定有美的感觉，如何让我们的心灵感受到来自德性的美呢？在于从心底感悟人生的真谛，通过价值理性生出对名利的"释然之心"，对他人的"关爱之心"，对生命的"慈悲之心"，如能这样，我们心中一定会有德性自由，也会感受到德性之美。

学会自足，纠正偏好和习气，做到主体自由。每个人都会有自己的兴趣和爱好，单就行为本身而言，价值上还无法否定，但是过多地在上面花费时间和精力，可能会影响正常的生活，影响自我发展与身心健康。比如，现代社会出现的各种"控"，从价值上看并不是不道德的，只是我们很多人太依赖它，离开它就不知道如何打发时间，感到很空虚、很无聊，说明我们内心没有自足，根本原因在于我们的生活智慧增长的脚步没有赶上科技的进步节奏，无法抵御外在的诱惑。所以，我们要培养孩子生活的智慧，拥有自足的心态，学会统筹自己的人生，统筹自己的生活。所以，教育要面向生活，培养生活的智慧，引导孩子的主体自觉。

培育超然心境，寻求永恒美。前面提到的种种心灵自由，还是有条件的自由，我们的心灵还有更为彻底的自由可以去追求，那就是超然心境。我们精神有一种能力，从有限之中超越出去，去追寻心灵的本底，这就是道家的"超然物外"、"与道同游"的心境，或者佛教的"无所住"之后的那个本然之心，或者"涅槃"之境界。这种境界是对暂时世界的放下，以暂时的心去切悟那个永恒。这种境界我们需要一定的修炼才能达到，虽然不是人人能够达到，但是我们应该知道这种境界与宗教无关。

人生圆融艺术美。人生很多的时候不是有知识、有德性就能解决问题的，也不是我们的超然可以回避的，还需要我们面对问题解决问题的智慧。只有具有了达的心境，兼具随机应化的能力，我们才会在人生舞台上得心应手，这时我们心灵才会拥有真正自由的感觉。

最后，我谈一下自己的理想人格，那就是具有佛家的悲天悯人的慈悲心，儒家的知其不可而为之的社会责任感，法家的法制观念，墨家的侠道柔肠，道家的无为心态，加上西方的人文情怀和科学精神。这样的人是饱满的人,超脱的人,有情感的人,有责任的人,也是现代的人。

　　行文到此,我们只是探讨了一个人的自由的内涵与外延,这也是我们教育的内容。只有弄清这个问题,我们的教育才有了把手,才知道课程的设置、教育教学的目标。当然,到此,我也只是做了一个初步的探讨,有待于进一步深化,期望有识之士一起来研究完善。

第三篇

教育过程本质性思考

——让过程充满智慧

本篇导言

　　我们前面讲过教育存在三大问题,一是理念缺乏分析,二是内容不够具体,三是过程缺乏智慧。当理念缺少分析的时候,理念给人感觉很美好,但行动起来往往误导大众,结果事与愿违。为此,第一篇我们对教育的理念做了分析,理清存在于我们观念中的种种错误。当内容不够具体的时候,我们的教育就会显得随意,或者无从下手。为此,第二篇我们对教育的内涵与外延进行了界定,让我们对教育的理念和内容有了较为深入的认识。

　　当教育教学过程缺乏智慧的时候,教育教学往往会变得很茫然。所以,第三篇主要任务在于解决教育教学过程中的核心智慧问题。

　　教育教学的过程是由一线教师完成的(其实家长和教育管理部门也是需要教育教学智慧的),教育的智慧体现在目标的筛选与定位,过程的实施与掌控,结果的考量与评价中,而这些问题其实是一贯的,因为有什么样的目标就会有什么样的操作过程,才会有什么样的评价。所以,本篇主要的任务是解决教育的目标定位、评价问题,由于当前评价的客观量化是一个暂时还没有得到解决的问题,所以开篇从评价开始论述,再从评价谈到方法。

　　教育的目标在于我们的自由,为了衡量自由的大小,本篇开始构建思维空间模型,运用思维空间模型来帮助我们理解课堂目标,指导课堂的展开,并进行有效的客观量化评价。

　　改变生活是教育的重要目的,而一个人的生活往往是受他的思维所控制的,所以我们的教育要回到思维方式上来。而人的思维就是逻辑的展开过程,所以,教育教学过程要关注孩子们逻辑思维的成长。所以,最后一章研究什么是生活逻辑,如何改变生活逻辑。

第十章　思维空间模型理论及其运用

[引言]本章通过分析思维空间构成的要素知识点、知识线、知识面、知识体，从而知道不同知识对于思维空间的贡献；通过对思维空间的建构，寻找到可以客观量化的对象。通过知识应有空间和课堂所展示空间，可以看到课堂绝对展示度和相对展示度，由此可以衡量教师的课堂理解；通过孩子们参与的知识空间可以计算兴趣提升的绝对值和相对值；通过计算孩子广度拓展和深度拓展指数，从而得出思维空间能力拓展指数；通过学生自评，计算个体思维空间拓展能力指数，计算思维空间拓展能力平均指数。这样为课堂的客观量化提供了可行方案，只是这样的全新的评课方式有待进一步完善。

　　通常我们评价一堂课，往往考虑以下几个方面：从知识、能力、情感三维目标来分析教育目标完成得怎样；从课堂形式来看这是一堂什么性质的课；从教学过程中看孩子的主体性发挥得如何，老师的素质如何；最后对这堂课从总体上给出一个评价。这样的评价能够说明一些问题，但是问题依然存在。

　　该不该评价不是一个问题，要不要评价知识、能力、价值观的达成情况也不是问题，该不该考察教学的方法和教师的素质，同样也不是问题。真正的问题在于：好不好的"客观性"在哪里？课堂教学到了什么"程度"算好？好不好的"程度"又"如何衡量"，如何比较？客观性问题需要解决的是评价对象问题；程度问题需要解决的是量化问题；"如何评价"需要解决的是在评价中如何做到量和质的统一。这几个问题不解决，那么评价要么找错了对象，目标迷失；要么就是主观猜测，评价武断。正因为这样，评课的时候我们听到叫好声一片，或者说来说去，不落实处，究其原因就是评价目标迷失，缺少量化指标。

　　当然，有人提出了所谓的课堂评价的量化表，对教育设计、教育过程、教育目标进行打分,这种量化纯粹是"主观评价的量化"——用"数字的大小"代替"优良中合格差"来表达课堂评价。这种量化不量化并没有本质的变化,这样的量化评价对于课堂教学并不能起到实质性指导作用。基于这样的思考,我们就会发现过去对堂课的评价仅仅是处于臆测状态。

现在的问题是我们的课堂评价能否进行客观量化——哪怕困难重重?

一、客观量化对象的确定

如何评价一堂课,如何上好一堂课,我们能找到很多的理论来支撑,这些理论也的确给了我们不少帮助。但真要细细地考究起来,我们会发现这些理论还是令人不够满意,给人的感觉往往还是不够踏实、不够真切。原因是,这些理论定性分析多于定量分析,假如有所谓定量分析的话,往往也是找错了对象。因此,过去的课堂评价通常是主观的,原因在于找不到客观量化的对象,到底有没有可以客观量化的对象呢? 如果有,又当如何客观量化?

(一)客观量化对象的选择

只有知道课堂教育教学需要达到的量,实际完成了多少的量,我们才能很好地对我们的教育效能做出客观量化评价。不同的教育教学内容都可以提高人的自由水平,而人的自由水平就其内在品质来说就是思想空间的大小。所以量化思维空间是课堂客观评价的关键。

1.思想是自由的内在品质

教育的目的在于提升人的自由水平,思想是人的自由的内在品质,我们对课堂教育效能的考核便由对自由的衡量转化为对思想的衡量,这样,思想的空间就是自由空间。

对课堂进行客观量化评价一直是大家所期望的,也是一直在思考的问题,但是从来没有找到合适的方式。究其原因,我们没有找到一个合理的量化对象,或者找错了对象。

真要客观量化评价课堂,不应该把评价结果量化,而应该量化评价教育内容。因为课堂评价，实际上是教育效能评价，也就是目标达成情况的评价。只有知道了课堂教育教学需要达到的量，实际完成了多少的量，我们才能很好地对我们的教育效能做出客观量化评价。

这样看来，量化评价教育教学内容才是量化课堂评价的关键，因此，现在问题也就变换为课堂教育教学的内容能否量化？我们知道世界上任何事物都是质和量的统一，那么课堂教育教学的内容也应该是质和量的统一。因此，可以量化不应该成为问题——只是量化的方式方法问题。

接下来的思考是，不同的课堂教育教学的内容是不同的，我们不可能量化知识本身的偶然性，而要寻找不同知识内在共同的东西，即知识背后的更为本质性的东西。

因此，作为量化的对象必须关涉教育的本质，而且同时必须具有普适性，否则量化没有意义。与教育有关的哪一个对象能够满足这样的要求呢？只有自由能够满足这样的条件。原因在于，自由是人类的最高也是永恒的追求，自由是人类精神的本质，自由也是教育的核心价值目标。一切教育的有效性最终都应该是服务于人的自由，提高人的自由水平。课堂教育无不如此，只是侧重点不同，内容不同罢了。

当我们把"自由"作为量化对象的时候新的问题又产生了。从具体内容来看，自由是各种各样的、各不相同的。比如，对外在世界的解释的自由、处理人与外在世界关系（包括人与自然、人与社会）的自由，面对自己的心理、情感所具有的自由，还有超越有限世界的灵魂自由等等。面对如此众多的自由，我们又该如何定量分析？

自由是一个总的概念，要对自由进行量化分析，就要量化自由的基质——构成自由的基础。接下来我们应该分析自由的基质是什么。我们人之为人，别于万物，在于我们具有思想，人与人的不同也是由于我们的思想不同。尽管自由形式多种多样，但不管哪一种自由皆源于人的思想，可以这么说，人的思想是一切自由的内在基础。即便是课堂教育要利用一定的外部条件进行操作实验，但最终还是表现为我们的思想对过程的接受。因此，我们可以说自由源于思想。当然，现实的自由除了思想之外，还需要其他因素，但就个人素质而言，思想是个人自由的标志。课堂教育对自由的提升最终体现在对人的思想的改变，因此，我们对课堂教育效能的考核便由对自由的衡量转化为对思想的衡量。

新的问题便因此产生：通过思想来衡量自由的增长是否可能？在笔者看来是可行的，为什么呢？因为思想是外在世界在头脑中的反映，在现实世界中都有一定的对应物,或者说一定的思想就是为我们在一定的对应物上实现自由提供了可能。这样一来,我们对自由的衡量就可以通过思想所提供的种种在对应物上获得的可能自由来确定——使得思想本身具有了对应的空间。

这样一来,我们似乎又绕回到原来的起点,不同的课堂教育教学内容却又成了我们必须量化的对象,只是我们的认识更为深刻了,我们必须从人的自由的获得的高度来看待课堂教育教学内容。

2.思维空间

思维空间是一个大家非常熟悉的概念,根据体积等于底面积乘高的数学原理,我们可以认为思维空间＝思维广度×思维深度,从而赋予思维空间全新的内涵,从而将过去对知识、能力、情感三维目标评价从定性分析进入了定量分析的境界。

接下来寻找不同思想内容对自由的贡献大小,就成为我们需要讨论的问题,这也将是本章的关键所在。

为了解决这一问题,首先对我们经常提及的一个概念"思维空间"进行建构。尽管思维空间这一概念并不是什么新鲜玩意,但是概念的新旧并不能说明什么问题,真正说明问题的是在这个概念中究竟注入什么新鲜内涵,运用什么新方法,能给我们什么样的新启示。

通常人们提及思维空间,是从数学当中直接迁移过来的,体积等于底面积乘高,到了思维空间,就是:

思维空间＝思维广度×思维深度

从思维的角度如何理解思维空间,人们往往是停留在感性的层面,或者停留在似是而非的结论上,或者仅仅停留在思维空间的抽象表述上而已。一旦对应到我们课堂教育教学,思维广度和深度作如何理解? 空间又如何计算? 教育教学方法如何提升? 课堂教育教学如何评价? 这样的问题,人们则缺少思考和提及——甚至压根儿没有思考过。自然地,这样抽象谈论的思维空间不可能具有本书所提到的那么多丰富的内容,当然也就不可能会有本书以下所提到的全新运用了。

如果以上的分析是可行的话,那么课堂的评价最后可以转化为对"思维空间"的评价。从思维空间的角度来评价课堂的质量大致可以归结为以下三个方面:第一个方面,一堂课让孩子增加了多少思维空间,这一方面主要表现为对外在世界的解释和理解（知识）；第二个方面，一堂课多大程度上提升了孩子扩展思维空间的能力，这一方面主要为思想的品质和开创未来的能力（创新能力）；第三个方面，一堂课多大程度上激发了孩子扩展思维空间的兴趣，这一方面主要表现为面对生活的态度和勇气（情感、价值观）。这显然已经是对我们以往所讲知识、能力、情感三维目标的进一步深化——量化，从定性的分析进入了定量的境界。

本章力图通过建构思维空间模型来达到定量分析课堂，从而为我们课堂教育教学和课堂评价提供一种理论指导，即便我们还不能从根本上解决量化评价问题，但至少对课堂教育有了更加深刻的认识，提供了一种全新的课堂量化方法，尤其是对课堂教育操作的思考将会上升到一个更为深刻的境界。

3. 空间与结构

思维结构支撑思维空间，思维结构的改变将会导致思维空间的变化，思维空间的大小则标志思维结构的合理性程度。

谈到空间，必须提到结构，因为空间是由结构构成的。同理，谈到思维空间不得不提思维结构。而谈到思维结构，自然会想到结构主义。

曾几何时，结构主义大行其道，教师写文章如果不提到结构主义，好像太没水准了。结构主义本身并没有错，但是任何理论都有其局限，结构主义也不例外。结构主义强调一个人的知识生成离不开原有知识基础和思维逻辑，这自然是正确的，我们并不反对，每一个人的知识和思维逻辑是教育教学必须尊重的基础。但是，我们不可能仅仅满足于此，我们的课堂还要改变学生的思维结构。怎样改？往哪里改？这就必须考虑不同思维结构的合理性，合理与不合理，只有在比较中才能发现。

如何比较思维结构，可以类比房屋结构。一幢房屋的结构合理带来的是使用效率的提高，同理人的知识结构的合理带来的是思维空间的增加、人的自由的增长。这样一来，我们可以看到结构和空间并不矛盾，空间靠结构来支撑，而空间的大小则标志着结构的合理性水平。按照这样的理解，思维空间与思维结构应该具有类似特点，思维结构支撑思维空间，思维结构的改变将会导致思维空间的变化，思维空间的大小则标志思维结构的合理性程度。因此，思维结构和思维空间是融为一体的，思维空间则是更加偏向结果，更加宏观。

这样,对于一堂课的教育教学的效能评价,剩下来的问题就是如何衡量思维空间了。

(二)思维空间模型

当确定以思维空间为量化对象之后,接下来的问题就是思维空间如何量化了。思维空间实际上是由一个个具体的知识空间构成,因此对思维空间的量化就转变为对知识空间的量化。

什么是思维空间? 简要地说,思维空间就是一个人思维过程中所能够想到的最大范围,思维空间的大小标志人的思维所具有的自由程度。这一点,我们可以从以下两个方面去理解。

首先,思维空间概念的提出意味着思想具有局限性。原因在于,就认识主体而言,每一个人的生命都是有限的,认识能力也是有限的,每个人只能以其所处时代的思维水准来认识世界和思考问题。再就认识客体而言,世界虽然无限,但我们只能认识有限的对象,即便是有限的认知对象的发展还有一个逐渐展开的过程,故此单个认知主体只能接触到有限的事物及其有限的阶段。总而言之,用有限的生命、在有限的时间里,凭着有限的认识能力,只能获取有限的认识。

其次,思维空间的局限性也意味着个人和人类的思维空间都在不断地拓展之中。随着时代的发展、实践水平的提高,人类的认知水平、认识能力相应地不断提高,认识对象也在不断扩展,事物本身也在不断地发展,决定了人类的思维空间愈来愈大,这也标志着人类获得了愈来愈多的自由。

课堂教学是在一定的时间里,运用有限的资源,面对一定的孩子,传授一定的知识,自然地就会产生一个问题——课堂效率。课堂效率体现在三个维度上,一是孩子的思维空间的增长(知识),二是思维空间拓展能力的提升(能力),三是拓展思维空间的兴趣的激发(情感)。这三个维度的量化评价都离不开思维空间这一核心。

思维空间是一个宏观的范畴,要量化分析思维空间,首先要量化思维空间的构成要素。从静态来看,思维空间就是知识的总和,也就是说知识是构成思维空间的基本元素,没有了知识,思维空间就是空的,或者说思维空间反映了我们在思考过程中所能调动的知识的数量以及知识之间所能建立的联系。故此,要量化思维空间,首先要量化知识空间——知识对思维空间的供应量。

　　知识在本书中所指的是人们在思维过程中所能调用的一切思维元素。在生活中，各种各样的思维要素都有可能成为改变生活的材料和元素，因此，这里所说的知识包括感性认识和理性认识，不管是正确的还是错误的，也不管是自己亲身实践获得的，还是通过学习或者道听途说得来的，不管是可以言表的，还是无以言表的，只要是我们能够想得到的。

　　知识如何具有空间？我们可以这样理解，思维是对客体的反映，是在思维中将认识对象的具体化，在思想上重建客观世界，也就是说客观空间通过人的认知形成思维空间。接下来的问题，知识如何构成思维空间？不同知识的空间又如何比较？这就要深入探讨知识与思维空间的关系，就得运用数学方法来分析不同的知识对思维空间的贡献，而要分析不同的知识对应的思维空间则需要分析知识本身的思维广度和思维深度。

　　思维空间是由一个一个的知识空间构成的，而每一个知识空间又是由一个一个知识点构成，知识点之间相互联系，形成一定的结构，具备了一定广度和一定深度，形成了知识空间。一个一个知识空间的总和构成了思维空间的实在内容。我们不妨假定：

$$知识空间＝知识广度×知识深度$$

严格说来，应该是知识广度和知识深度的积分：

$$知识空间＝\iint d\,知识广度×d\,知识深度$$

　　那么，一个人的思维空间便是许许多多知识的广度对深度的积分之和，用数学的方法表示：

$$思维空间＝\sum 知识空间$$

　　当然，模型设计不能过于复杂，如果太过复杂，模型无法使用，也就没有意义。事实上，思维空间的计算不可能像具体物件的体积计算那样明确。所以，我们选择一种最为简单的模型来分析，只要能满足我们对课堂评价的量化比较，能够让我们对课堂教学有一个更加清晰的认识，那就行了。

　　根据知识空间＝知识广度×知识深度，某一知识从广度和深度两个方面对思维空间进行影响，那么要了解某一知识的思维空间，就得从广度和深度两个方面来分析。谈到这里，我们还没有对思维广度和深度进行定义和分析。这里先给一个简单的定义，后面再慢慢展开。

　　所谓知识的广度也即是知识所涉猎对象的范围，如果从几何学的角度来看，知识的广度就是该知识在广度平面上的投影。而所谓知识的深度是对事物本质思考的层次，从几何学的角度来看，则是在深度坐标轴上的投影。

二、思维广度的构成要素分析

先就思维的广度来说，一个人思维空间的广度平面是由许许多多具体知识构成，不同知识的广度有大有小，而且大小相差悬殊，就像实际物体在平面坐标上的投影一样，有的知识在广度面上的投影是一个点，有的是一根线，有的则构成一个面。到底什么样的知识在广度平面上的投影成为一个点，什么样的知识构成线、什么样的知识构成面呢？

（一）知识点

什么样的知识是点？知识点的价值又在哪里？

有的知识在广度平面上的投影小到接近于一个点，究其原因是多种多样的。

第一，知识所描述的具体对象具有单一性，这种情况的发生可能是对整个事物不做详细了解，只是做最简单的判断。比如"这是一个乒乓球"，这种单一性的知识往往是由于我们对它的了解水平所决定的，因为任何事物都包含了很多的性质。这种单一性的知识是由于我们把事物作为整体考虑造成的，与物体本身大小无关。例如，"这是一个乒乓球"与"这是一个地球"在表述上是一样的，地球虽然实际上比乒乓球要大多了，具体内容也多多了，构成也复杂多了，但是这样看待地球和看待乒乓球，在我们的思维中都仅仅是一个点。这种情况类似物理学中在特定的环境下不管什么物体，我们不考虑它的体积、形状、颜色等性质，可以把它看作质点。这种情况常常发生在对该事物的初始认识阶段。这种知识点，在以后的实践和学习中很容易得到扩充，成为知识面，甚至知识体。说到这里，可能会有人说，地球比乒乓球复杂多了。这是客观事实，但这是基于我们对它有所了解之后而产生的。一个人对于某一具体事物的了解程度与事物本身的复杂性没有必然关系。一个乒乓球制造工程师，他对乒乓球的认识估计比他对地球的了解要多得多。所以，客观事物本身的复杂性和我们对客观事物具有的认识多少不能混为一谈。

单一性知识也可能是对某一事物某一性质，或者某一局部的描述，比如"这个乒乓球是白色的"，"乒乓球上有一个黑点"，这个时候认知对象不能再细分。这是由于认识对象的局限性带来的，这种局限性导致本无太多的东西需要去认知。

我们在比较某一知识点的思维空间的时候，有几点值得注意。

我们应该把某一知识的思维空间和该知识的获得过程区分开来。比如乒乓球是圆的，我们用眼睛一看就明白了，但是地球是圆的，那是人类经过多少年才发现的。显然，地球是圆的发现过程比较困难，我们在这个过程中如何发现这是一个方法问题，这是另外一个知识。当我们不去经历发现过程，仅仅是记住"地球是圆的"和记住"乒乓球是圆的"没有任何思维上的不同。

还有，我们有必要将知识具有的思维空间和知识具有的思维价值区分开来。类似"这是一个乒乓球"这样的知识点的价值主要表现在将"是什么"和"不是什么"区分开来。这种区分能力，应该来说，动物世界也是具有的，只是动物不能以语言的形式产生，但在它的判断选择中能够表现出来。比如，家养的猫、狗等动物能够知道"这是主人"、"那个不是主人"。而动物不会思维，所以，这样的判断自然不会形成思维空间。尽管这样的知识点不能增加思维空间，但是我们不能说这样的点没有思维价值。第一，人类的认识一开始就是从这样的基本记忆和区分开始的，离开了这样的知识点，我们的思维无法发展起来。第二，我们从无知到有知，从知之不多到知之较多的过程中，这样的知识点都有被我们进一步挖掘的可能。比如，当知道这是地球、那是乒乓球之后，我们开始追问、探索、研究，这时，一个知识点可以膨胀为一个知识体。第三，即便是我们在思维深度上有了发展，这些偶然性知识的存在还为我们提供了感性空间。但是，我们在肯定其价值的时候，还必须清晰地认识到，这样的点本身是没有思维空间的。

除了思维价值之外，思维空间仅仅只有一个点的知识还具有生活价值。每一个人的头脑中这样的点很多，因为我们无时无处不在接受着零散信息，这样的知识点对于生活大为有益。原因在于，生活不同于思维，生活不一定是立体的，有时还不是平面的，特别是在偶然性事件中，我们突然"面临"某一对象的时候，我们只需要知道"是什么"和"不是什么"，就已经足够了。

我们承认知识点的思维价值，但是我们必须知道其本身还不具有思维空间；我们承认知识点的生活价值，但是我们也要知道，生活不能只停留在这样的层面。从教育教学来说，我们更多地需要考虑思维空间的增长。如果仅仅满足于事物的区分的话，我们只会生活在世界的表层，无法达到事物的本质。另外，如果满足于这样的认知水平，我们大可不必到学校来读书了，还不如去逛大街来得好，因为逛大街时获得的零散信息丰富而具体，远比课堂来得快。

根据这样的分析，我们可以肯定简单的判断记忆是没有思维空间的。但是当前很多人认识不到这一点，还把这样的记忆当成一种多么了不起的事情。比如，当前有一种知识抢答游戏，比较典型的问题是"××"的"××"是"××"？居然这样的游戏经过包装上了电视，而且这样的电视节目还很多。这种知识抢答配上一定情景氛围，给人造成一种错觉，似乎博闻强记是一件多么了不起的事情。而实质上，这样的知识记得再多，也没有任何思维空间。可惜，这一点往往人们看不到，结果，这样的节目对广大观众具有严重的误导作用。一个国家和民族不能仅仅满足于这样的节目，对此，我们应该加以警惕。

（二）知识线

什么样的知识构成线？知识线又具有什么价值？

在认识中，我们也经常会把两个事物联系起来，比如，"乒乓球在桌子上"就表示了一种事物之间的联系，这样对两个事物的关系的认识就构成"知识线"。数学里面讲两点成线，假如这个线段处于三维空间中，可以分解为两个量，一个在水平面上，一个在竖轴上。类似的，在思维空间中，知识线可以分解为两个量，一是在广度平面上的投影——表达的是物体之间有关系，二是在深度坐标上的投影——表达的是逻辑关系。比如，乒乓球在桌子上，表示的是"乒乓球"与"桌子"的关系，就是纯粹的平面关系。再比如，"矛盾是普遍联系的根本内容"、"矛盾是事物发展的动力"显然与"乒乓球在桌子上"不一样，这表示的是不同逻辑层面的关系，在知识广度平面上投影为一个点，在知识深度坐标上为一根线。有时候，这样的两种关系同时存在，比如"因为乒乓球拍敲打乒乓球，乒乓球改变了运动轨迹"，既表达了乒乓球和球拍之间的联系，同时也告诉我们了二者之间的因果关系。为了更好地认识这两个分量，我们有必要把这两种关系区分开来，特别是第二种情况属于知识深度，不属于知识广度平面，所以暂时不作研究，留待知识深度部分讨论。

接下来我们分析下面两组关系:"黄河在长江的北方"和"长城在北京的北方",看上去二者的逻辑一致,但实际空间差距很大。但是,这样的情况在我们的思维中其实就是两个点的关系,空间的距离在思维中并无多少差距。这种差距只有把实际的路径上的点不断具体清晰的时候才会发生。比如在两个点之间出现了几个点,则在思维中表现得更加具体而丰富,似乎思维线延长了。因此,思维线的长度与认知对象的空间距离没有直接关系,而与思维线上出现点的数量有关。

再来看"我昨天买过一个乒乓球"、"我前年买过一个乒乓球",明摆着这是两个时间跨度不同的事件,但是,我们在比较的时候,完全可以不用考虑这个时间跨度。我们只是关注这样一件事情,在思维中,这种时间距离并无什么影响。就像一个人跟我讲清末皇帝的事情,与讲秦始皇的事情并无思维上的层次区别。当我们开始关注时间的时候,时间的长短才成为一个问题,但是时间长短那是数学问题,并不是思维问题。因此,思维线的长度与认知对象的时间间隔没有直接关系。

结合以上两点,可以看到我们日常讲到的时空问题在思维中却都是平面问题,这一点我们必须注意。

此外,要把个体对知识学习掌握的难度和人类知识的初始获得过程的难度区别开来。我们知道,要记住一年前发生的事情比记住昨天发生的事情要困难得多,同样,研究秦朝的历史比研究清朝的历史要困难得多。但是,学校教育和研究不是一回事,学校教育孩子,不是研究挖掘历史,教育的最后更多的是让孩子记住和理解人类已经知道的历史,增加一定的思维空间,这就足够了。所以,在课堂教育中,我们在学习周朝、唐朝和清朝的历史的时候并没有思维难度上的区别。

接下来,我们再来分析知识线的思维价值问题。知识线本身不具有思维空间,但是很有思维意义,比起知识点来说意义更大。

第一,知识线之间的联系(交叉、平行)在我们的头脑中形成了时空坐标。空间的三维坐标就是靠着这样的知识线构建起来的(这点就不多讲了,这是学过立体几何的人都知道的)。空间坐标是三维的,加上时间坐标就是四维的,我们头脑里展现了这个世界的时空画卷,形成了时空坐标,我们就可以把所有的知识整理有序——包括各种各样偶然性的知识点。康德曾经说过,"我为自然界立法",时空范畴是我们整理世界的基本范畴。康德的观点带有主观唯心的色彩,但他也说出了这样的事实——我们就是用自己的知识联系构建起了我们心中的世界——这个世界当然只是"我"心中的世界，受到"我"的认识的局限。

第二，知识之间的联系为我们认知世界提供了各种可能。我们探索世界就是探索各种可能存在的联系。知识之间的联系为我们探索事物的差异和共性提供了可能，知识线呈现的事物之间的相互作用、相互关联为我们认识事物的本质提供了窗口。

知识线除了思维价值之外，还有巨大的生活价值。尽管处于知识广度平面的知识线构建起来的认知世界在思维中还是平面的，没有什么深度，但是对于我们的行动意义巨大。我们的生活就是在时空中进行的——按思维的角度来说还是平面化的，在实际生活中，我们必须知道一个事物的具体空间位置才能满足我们的需要，只有知道事物的时间坐标才能知道它的来龙去脉，只有知道了事物之间的关联，我们才好处理各种日常事务。正是知识线以及知识线之间的关联，形成了时空感觉，满足了我们的日常需要。

这从另外一个侧面告诉我们，如果不能增加思维空间，能够拓展生活时空也是可以的。最糟糕的课堂就是，既无思维空间，又无生活时空。所以，我们的教育应该考虑思维空间和生活时空的构建——这样清晰的认识在我们的教育中至今缺乏。

我们在肯定知识线价值的同时，必须清晰地认识到，这种认识是平面的，不断地扩张也不过是偶然性知识的堆积，没有思维的空间。单线不能成面，更不要说成体了，所以单一的知识线也是没有思维空间的。但是，在实际的教育过程中，存在一种倾向，就是把这样的知识线看成思维，那就不对了。这种认识的典型表现就是在课堂中讲故事。有的老师很会讲故事，上课像说书一样，一个故事接着一个故事，但是不作必要的分析和理论的提升。整个课堂看上去似乎很有趣，很吸引人，但孩子听完故事就结束了，没有理性思维的提升，最多是增加了故事情节的记忆，这种课堂不能增加太多的思维空间。这跟生活中，有人家长里短的事情记住很多，并无本质区别，都是毫无思维空间和思维能力的，只不过是记住的内容不同罢了。所以，我们有必要上升到具有深度的认识。

（三）知识面

什么样的知识构成面？知识面是如何形成的？知识面又具有什么样的价值？

接下来，我们谈一下以"面"的形式存在的知识。所谓以面的形式存在的知识是指覆盖的范围是一个面的知识——对一类事物的集合的认识，而不是对单一事物的认识。比较一下下面的两句话我们就立马明白了，"这个乒乓球是圆的"，"凡是乒乓球都是圆的"，显然二者所指的对象是不一样的，第一句话指向的对象是单个乒乓球，第二句话指向的是所有乒乓球，许许多多的点的集合构成一个面。这也符合几何学常识，"无数的点加起来构成了面。"

显然，以面的形式存在的知识比以点的形式存在的知识更能够扩大我们的思维广度。从课堂来说，可以迅速提高课堂效率。据此，我们不难得到这样的启示：知识传授不要一个点一个点地列举，而要善于归纳、分类，这样可以做到"以面带点"，在有限的时间里迅速提升思维广度。当然也要看孩子的认知能力。在小孩子刚开始认识世界的时候就是要给他一个点一个点来确认的，到后面才能培养归纳能力，形成知识面。

如何化点为面呢？常见方法有二，一是分析，二是归纳。所谓分析，就是将一个整体分解为几个部分，然后再对各个部分加以研究。前面也提到过，对一个事物作为整体不加分析时，其实就是一个点。就像"地球是圆的"、"乒乓球是圆的"二者并无信息量的区别，只是当我们把地球当成一个物体去分析研究时，它的复杂性才会充分地显示出来。比如，地球物理、地球化学、生态学等等。对于整个世界也是如此，我们可以将它分解为物质世界和精神世界，物质世界可以分为自然界和人类社会。这样的认识有助于我们化点为面，从而扩展我们的思维广度。所以，我们要让孩子们学会分析。

除了这种将整体分解为部分的方式外，还有一种方式是归纳。所谓归纳，是在分析的基础上总结出事物共同的特征、本质。根据对象的不同，归纳分为两种。

一种是通过对事物的外部特征的归纳总结得到关于共性的知识，然后外推，这样的知识可以迅速覆盖到其他事物中去。这样的归纳在生活中很常见。比如这个乒乓球是圆的，那个乒乓球也是圆的，这个时候，我们就没有必要再一个个地看过去了，我们得出"所有的乒乓球都是圆的"，这样的归纳法能够迅速提升我们的思维广度。这样的归纳属于不完全归纳法，但在生活中非常管用，如果不这样，我们就必须把世界上的每一个事物一一加以认识，这显然是不可能的。类似地，太阳每天从东方升起，天下乌鸦一般黑等等都属于这样的归纳。

　　还有一种知识是对事物本质、必然性的归纳，这种知识的外推并不那么容易，因为必然性的表现形式——偶然性却很不一样，特别是上升到哲学层面时，这样的外推就更难了。比如"万事万物都包含对立统一"，肯定也是运用不完全归纳法得出来的，如果从认识的对象来说（或者从思维广度平面上看），实际没有多少增加，事物还是那么多事物，但是这样的归纳似乎使得我们原有的知识平面一下子都拔高了，从而带来了思维空间的巨大增长，但是实际未必。原因在于，我们对"对立统一"本身理解有难度，即便是中学生掌握起来也有一定的难度。比如，我们对一个小学生讲对立统一，他是无法理解的。这时，这个知识在他的头脑里仅仅是一个声音符号，不会有任何的覆盖面。即便是理解了这个概念，但是由于对立统一在每一个事物的表现很不一样，使得这种外推带有相当的复杂性，我们也很难真正理解和运用。所以，理论能够覆盖的面哪怕再大，在没有被理解之前还是潜在的，这个覆盖面对于不理解的人来说暂时是虚的。

　　如何扩大必然性、本质性知识的覆盖面，除了要讲清知识本身，即概念之间的逻辑推演（知识深度、内涵）之外，还得讲清知识的使用范围（外延）。要讲清知识适用的范围，如果一个点一个点去讲，永远讲不清——因为一个面里有无数个点，所以对知识的适用范围，我们不可能一一列举。为了提高效率，我们要善于归类，把一个知识的覆盖面归结为几个小的面——要求我们对知识具有的空间有一个清晰的逻辑划分，再从每一个面里选择典型案例来研究，这样可以在有限的时间里迅速增加思维广度。

　　如何计算知识的广度呢？显然点的数量无法用来计算面积，因为再小的面里也可以包含无数个点。根据以上分析，知识的广度面积，我们可以作如下简化：

知识的广度＝理论适用的范围≈理论适用分项

　　下面以"自然界是客观的吗"为例来说明。自然界是从哪里来的，可能有几种答案？如果举例的话，肯定有很多，但是把不同的答案归类的话，无非三种，一是自然界是客观的，二是自然界是我们的心灵产生的，三是我们心灵和我们的认知对象之外的第三者（如上帝、道、理）产生的。这样的分类就可以帮助我们以面带点，以点促面（见图 10-1）。

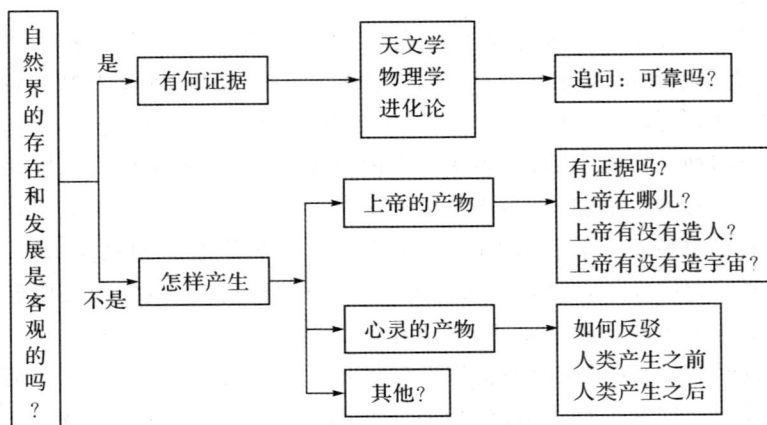

图 10-1

　　如果老师对知识空间没有清晰的认识,不作精心的划分,势必带来课堂效率低下、孩子课业负担加重的后果。如果老师对知识的覆盖面没有清晰的认识,想到哪里就讲到哪里,结果就会顾此失彼,某一方面知识做了很多讲解或者做了很多练习,再作任何讲解和练习已经是多余了,而其他方面却还没有顾及。以练代讲也是我们很多老师常用的招数,在很多孩子还没有理解知识之前,就让他们去拼命做题,希望通过做题来帮助理解,这是低效的,有时候完全是徒劳的。

三、思维深度

　　什么是思维的深度? 又当如何衡量?

(一)思维深度的本质

　　我们从点、线、面的角度分析了知识的广度问题,接下来我们来分析知识的深度问题,这也是前面我们讨论知识线时留下来的问题。知识深度的本质是什么?

　　所谓的知识深度就是知识在思维空间深度坐标轴上的投影,是深度上知识点之间的联系。

　　为了理解知识的深度,我们先来比较一下下面两句话:"乒乓球拍子撞击乒乓球,乒乓球改变了运动"与"力是运动改变的原因"。第一句话,说的是乒乓球和乒乓球拍之间发生了联系,这个联系又跟乒乓球运动变化之间发生联系,从中我们感觉到了因果关系。这种联系我们可以直观地感觉到。而第二句话是第一句话的本质的认识。如果我们进一步提出"F＝ma"的话,那是我们对这一问题的进一步深化——由定性走向定量。由此可见,从个别到一般,从现象到本质,再从定性到定量,标志我们思维的不断深化、认识的飞跃。而每一步认识的跳跃都对我们的思维能力提出了新的要求。所以,这样的思维步骤越多,在深度坐标上的投影就越高。如果说,F＝ma还可以测量的话,那么我们进一步思考 F 是怎样产生的,就将会使我们深入到物质本身,这又会促进我们的思想进一步发展。至于将"F＝ma"运用到实际生活中,那是我们将这一理论的可能空间走向现实空间,从而增加知识广度的过程。这个过程中,思维逻辑环节并没有增加,但是思维空间却大大提升。

　　认知深度体现了思维的水平,这种思维水平通过我们的问题来得以体现。就认识发展的过程来看,首先是描述某种现象,即发生了什么。就此现象从量上来描述,这是第一个层面的质和量的分析。当我们完成第一次质和量的分析之后,我们追问变化的原因——这就进入下一个层面的思考,并力求揭示其中的质与量的统一问题,这是第二个层面的思考。如此不断深入,思维越来越深。至于理论的具体运用则属于思维广度问题,如果理论不能解释世界,那就没有任何广度,即使有深度也不能形成思维空间。

　　不同的专业对于逻辑思维的要求是不一样的。从客观上讲,逻辑环节越多,对思维的要求越高,思维难度越大。每一个人的思维能力也是不一样的,认知逻辑环节越多,思维水平越高。根据这一点,每一个人的专业选择要符合自身的思维特点。

　　在生活中以及学校的教育教学中,经常会把思维难度与认知难度和技术难度混为一谈。所谓认知难度是我们认知器官(包括头脑和感官)的局限给我们认识世界带来的困难。所谓技术难度则是人们认识事物所需借助的工具水平。因此,教育过程必须把知识的获得过程和知识的理解过程区分开来,唯有如此,我们才能清楚教育教学的任务是什么。假如不作区分,在教育教学过程中力量会用错方向。下面介绍几种比较常见的误区。

　　第一种是把时空位置差异带来的认知难度等同于思维深度。比如太阳和其他的遥远的恒星,我们认识它们可能需要的思维水准没有什么不同,但是认识太阳无疑是最为容易的，因为它离我们最近。探索恐龙灭亡的原因也比探索大清朝灭亡的原因肯定要困难，这是时间距离造成的。

第二种是把观察对象的尺寸大小造成的认知困难等同于思维深度。比如微观世界，我们用肉眼看不到，用显微镜来观察就很轻松。在显微镜下看东西和用肉眼看东西是一样的，思维要求并无什么不同，只是工具不同罢了。这时，制造观测的工具的难度体现观察难度，操作仪器的要求体现认知水平。

第三种是把对事物内部联系的认知困难等同于思维深度。一个事物有很多层面，最表面的现象通常可以被我们直接观测到，而内部联系则不太容易。但是当我们把外层剥掉，里面的联系成为外部现象呈现在我们面前的时候，我们一样可以很容易地认识它，并无思维的特殊要求。典型例子是：地球的表面发生的现象和地核发生的现象的知识，我们在学习的时候，不存在思维能力要求的不同，就像"地球的表层叫地壳"，"地球的中心叫作地核"，逻辑环节相同，思维上都属于平面知识。但是话又得说回来，科技发展到了今天，我们已经可以上九天揽月，但是我们所能到达地球内部的深度还是非常有限，由此可见认识内部的联系和外部联系的难度却是显而易见的。当我们尚无能力直接观测事物内部，对事物的内部的认识全靠猜测与论证的时候，想象力和推理能力反映了思维的难度。但是，一旦我们把事物解剖开来，各个层面都一样呈现，那么思维难度是一样的。由此可见，认识事物获得知识的过程和我们学习过程显然是不一样的，我们要把二者区分开来。

一句话，只要是现象层面的知识，不管是内部还是外部，不管是离我们远还是近，不管是大还是小，在思维上的要求没有多少区别，难度区别在于认知过程，而非学习过程。从认知难度（包括认知手段）来看很容易理解为思维的深度，就认识对象来看其实都是思维广度问题。

经过上面的分析，我们应当得到这样的启示：我们一定要把教育教学过程和认识的获得过程区分开来，只有如此，我们教育教学才会做到有的放矢。如果我们仅仅是让孩子知道，那就侧重描述，简化过程。如果是培养孩子的操作能力，就注重实验过程。而如果侧重理解能力培养，则要强化过程中问题的推进和解决过程。如果要培养孩子的创新能力，还要培养孩子根据已经掌握的知识提出新的问题的能力，或者将抽象知识运用到新的情景中的能力。

上面的分析让我们对认知难度与思维深度有了一定的区分，同时也让我们对思维广度和思维深度有了进一步的了解。但是，我们对思维广度和思维深度的理解还是不够清晰，二者在思维空间中到底有何区别？具体对应的是什么？所以，我们必须放在思维空间中来理解，才有可能真正理解什么叫作思维广度，什么叫作思维深度。

为了更好地理解思维广度和思维深度，下面先以大家熟悉的楼房的框架结构为例来解释一下什么是广度，什么是深度。

假定楼层是水平的，立柱是垂直的（这样的模型便于分析问题，而且也符合常识）。对于楼房的每一层面都有一定的水平分量，这就是广度，而层与层之间的垂直距离就是层高，所有的层高之和就是楼高。不同层面的广度和高度的乘积表示不同楼层的体积。不同楼层的体积之和表示楼房的总体积。一般情况下，对于楼房的框架，楼面的广度大小不一定相等，高度也可能不一样，每一层的体积也不一样。在楼房里面的任何一个物体都可以在楼面和楼高上找到一定的分量，楼面上的分量就是广度分量，在楼高方向的分量，就是高度分量。楼面之间过渡的环节是楼梯，一般情况下楼梯的高度是相同的，楼梯的数量可以间接反映楼层之间的距离。这样一来，我们可以用楼面的面积表示广度，楼梯的数量表示高度。

这个楼房的框架结构是具象的，我们一说立马明白。思维空间则是抽象的，是否具有类似于楼房框架的结构呢？这需要我们进一步来分析。

为了便于对思维空间的理解，我们以人类对"水"的认识为例开始分析。比如当古代人说"水"的时候，只是知道哪些是"水"，即将"水"和"非水"区别开来，这是最低平面的认知，并进一步了解"哪些东西离不开水"，这些问题的认识都属于思维广度。这个层面的知识主要回答的是，水与非水的区别，以及水的所在。这个层面的知识逻辑结构就是"某某与非某某的外部特征有何不同"，"哪些属于某某"，"某某具体在哪里"。这些问题的回答离不开我们的感官知识。

当我们探索"水的本质是什么"、"水是由什么东西构成"的时候，我们进入了第二个层面。对那些掌握化学知识的人来说，水分子是氢和氧原子组成的，这又变成了平面的知识，因为他知道这是怎么回事，而对于对氢氧原子一无所知的人来说，这样的表达就是无法理解的。所以，尽管都是平面知识，却深度不同。这时，新的问题又产生了，两个平面知识的高度差在哪里？这个高度差是怎么形成的？

首先我们会发现，从回答"水在哪里"到回答"水的本质是什么"在思维上属于两个层面，这两个层面之间有一定的思维高度差，但是这种高度差在客观空间上并没有对应的"高度"，那么这两个思维层面之间的高度哪里来的？这个思维高度来源于我们对事物本质的猜想、论证的认识过程。对于水的内部构造的认识离不开这样的几个思维环节。水和非水的区别一定有其内在的规定性，那么这个内在的规定性是什么？这一问题的提出，开始猜测"水"的具体物质构成，相当于古希腊的"原子"理论水平。我们要知道水的内在规定性，就要知道水的基本单位，接下来的问题是"水的最基本单位是什么？"这个问题的提出实际上已经肯定了不同物质的内部结构的不同，进入了"分子"水平。当我们认为每一种物质具有特定的分子结构的时候，再次提出："构成水的基本单位可不可以再分呢？"这样会产生新的问题："构成水的基本单位是不是由其他更为基本的单元组成？"这样就达到了"原子"水平。当我们进一步思考："构成水与其他物质形态的基本单位有何区别与联系？"这样我们又可以联想到"整个世界由哪些具体的基本单位组成？"或者说"由哪些基本单元构成如此复杂的世界？"这样我们会想到整个"原子世界"。我们甚至可以进一步思考原子以及比原子更小的物质结构层次。这样一来，剩下的问题就是我们如何来寻找这些基本单元。一旦把这些问题破解，原子世界就清晰可见，分子世界和物质世界就豁然开朗了。这样我们也就看到了环环相扣的问题构成了两个知识层面的高度差。这样一来，我们感觉到了，知识层面的抬高、思维空间的增长靠的是提出的问题的数量、质量和解决这些问题的能力。因此，这个知识的高度完全来源于我们的思维能力，来源于我们对世界的探索过程。

如果我们直接告诉孩子世界有多少种原子，由原子组成分子，再由不同的分子构成具体的物质形态。这样的话，孩子虽然知道了一个不同层面的知识，但是却没有思维的高度。所以，要让孩子有思维高度，必须要有思维和探究的过程。不管是学习还是教育，理论教育的核心是让孩子学会问题的逻辑生成，培养发现问题、提出问题的能力。现在很多的时候我们停留在知识的教育上，没有真正重视问题的生成，结果看上去教了很多知识，结果却没有什么思维空间。

根据上面的分析，可以这样说，我们的思维空间大致是这样构成的：首先由不同层面的知识构成思维空间的广度，不同层面知识之间是有距离的，这个距离就是知识的高度（深度）。而不同层面的知识之间不是一步达成的，需要经过严密的思考，这个思考过程是客观逻辑的主观反映，这个逻辑过程就是知识层面攀升的阶梯，所以知识层面之间攀升的阶梯多少也标志着知识层面间距离的大小。

（二）思维深度的衡量

知道了思维深度的本质和来源，我们接下来开始寻找思维深度的衡量方法。从楼房框架的类比中，我们似乎找到了衡量思维深度的出路。

我们可以假定思维的大厦也是由一定的平面和一定的层高构成的，每层之间有一定的思维阶梯，假定每个思维阶梯高度一样，同时还能知道阶梯的数量，那么思维的高度就可以简化为阶梯的数量之和了。

以上是一个假定，这个假定产生了两个新的问题。第一，阶梯高度的总和标志知识层面的距离，但是每一个阶梯是不是一样高？第二，如何知道阶梯的具体数目？

对于第一个问题，我们会感到很棘手，因为，思维阶梯毕竟不同于现实的阶梯，我们不能用量尺去测量，即便是现实的阶梯也不是绝对一样的，一定是有误差的，只是通常我们忽略了而已。所以，在考虑思维阶梯的时候，我们同样可以忽略这个阶梯的误差，不必追求绝对精确。只要我们建立的思维空间的模型能够帮助我们进行量化分析问题，对开展教学设计、教学评价活动提供比较有效的指导就可以了。

对于第二个问题的解决还是有希望的。第一，从思维内容来说，思维是现实的反映，只要主观符合客观，现实的结构一定会在思维中同样存在。第二，从认知过程来说，尽管感性认识是人类达到本质、规律的向导，但是，一旦我们开始探索事物现象背后的原因，谋求对事物本质、规律、必然性的认识，人类的感官就止步了——感性知识仅仅作为思维的材料而存在，在对规律、本质的表述中甚至连一点感性知识的影子都找不到。将感性认识上升到理性认识需要经过"去粗取精，去伪存真，由此及彼，由表及里"四个环节，需要运用分析与综合的方法，必须发挥想象和推理的能力，最终将本质、规律、必然性以概念的形式表达出来，甚至以数学公式的形式确定下来。也就是说，知识的深度最终以逻辑的形式来实现，逻辑严密是这个过程的唯一要求，必须环环相扣，合情合理，体现思维的水准。这样一来，我们只要把认识的过程拆解为一个一个不能再拆解的逻辑环节，这样，逻辑的环节就是思维的阶梯，思维的深度就可以用逻辑的环节数来衡量。

当我们讨论认知逻辑的时候，还得注意区分客观逻辑空间和主观逻辑空间。作为认识对象的客观事物本身存在一定的本质、规律，这就是客观逻辑,这个逻辑是一定的。但是我们对它的认识是主观的,甚至是因人而异的。人们对客观对象的认识在多大程度上吻合这个客观逻辑,反映了我们对该事物的认知水平,也体现了我们认识的真理性水平。

对于同一事物,吻合程度因人而异。不同的人认知水平不同,造成不同人的主观逻辑与客观逻辑的吻合度差异巨大。比如,我们现在稍微学过一点科普知识的人,也能对相对论和黑洞说出个一二,但是,这样的理解与理论物理学家们所达到的认知水平完全不一样。在物理学家眼中的几十个甚至更多的环节,而到了大众的眼里可能就是一两个环节。这样简化的知识有利于增加大众对世界的理解,增加思维空间,但不能付诸行动——如要付诸行动,必须完善逻辑环节。

对于同一人,吻合程度也可能随物而异。这种差异性体现在同一个人对不同对象的认识水平的差异上,一个人对不同事物的本质、规律、必然性的认识水平不一样,揭示的逻辑环节数是不一样的。这就是术业有专攻。

正因为如此,我们常常可以看到,主观逻辑哪怕看上去都是环环相扣的,但依然可能与客观逻辑的环节数很不一致,这就暴露出来一个问题,就是主观逻辑数似乎可大可小(如理论物理学家眼中的黑洞与大众眼中的黑洞)。这种情况的发生,是与我们思考过程借用的理性知识有关。借助的理性知识越多、越深,推导的环节越多,表达的数学公式越复杂,自然拆解开来的逻辑环节就越多,知识平面之间的阶梯就越高。这种差异一方面反映了我们的认知能力的差异,同时也体现了我们的认知需求的差异。客观逻辑与主观逻辑的差异反映在课堂里就是知识本有空间与教师呈现的知识空间的不同,二者的差异反映出教师的功力。

这样建构起来的思维深度的模型对于我们的教育教学活动有何指导意义呢?知识深度对于思维空间的意义就像楼房的立柱对于楼房空间的意义,一旦立柱倒塌,即便是所有的楼面完好无损,楼房的空间也将不复存在。所以,我们在教授知识之前,必须知道所要教授的知识上下层面的关系。上下层面的关系首先是作为新知识的基础(旧知识)和新知识之间的逻辑关系,只有关注这个关系,新知识才能得以生发。其次是新知识发展的逻辑方向,这个方向暂时作为问题而存在,是留给孩子进一步探索的对象,这样的问题将促使孩子继续思考,培养创新意识。还有,不管是哪两个层面之间的阶梯,都必须环环相扣,缺失任何一环,上面的知识大厦都将会坍塌。

根据以上分析,我们可以这样来计算知识的深度:

知识的深度＝知识的逻辑环节≈知识逻辑环节数

四、思维空间的计算

知道了知识的点、线、面，以及知识的深度计算方式，接下来考虑思维空间的计算，并进一步思考这个思维空间模型的运用价值。根据前面的分析，知识空间约等于理论适用分项与对应知识逻辑环节数的乘积。

根据立体几何的原理，体积＝底面积×高，我们只要知道底面积和高就可以了。根据前面的分析，一堂课可以分解为一个一个具有知识深度的知识面，我们可以得出，知识体积等于每一个知识面与其对应的知识深度乘积之和。用公式表示：

$$知识空间 \approx \sum 知识的广度 \times 对应知识逻辑环节数$$

而每一个知识的广度、深度经过前面的分析，大致可以这样确定：

$$知识的广度＝理论适用的范围 \approx 理论适用分项$$
$$知识的深度＝知识的逻辑环节 \approx 知识逻辑环节数$$

所以，某一具体的知识的空间≈理论适用分项×知识逻辑环节数，一堂课可能要讲授几个知识点，那么一堂课应该具有的思维空间就是所有知识空间的总和：

$$一堂课的理论思维空间＝\sum 知识空间$$

根据以上分析，我们基本上可以计算某一具体知识，或者一堂课所具有的空间大小了。

五、几种不同的课型

根据分析我们可以得出课堂教育教学几种基本课型，分别是以点、线、面和体的形式存在，或者它们的组合，教育教学过程要区别对待。

经过前面的分析，一堂课的思维空间可能由很多的知识点、知识线、知识面或者知识体组合而成，我们比较课堂思维空间的大小，就是要比较一堂课拥有多少知识点、知识线、知识面以及知识体积。由于不同的课堂教育教学的目标不同，课堂形式很不一样。有的课堂旨在增加孩子的基本知识，以记忆为主,知识呈现以"点"的形式存在,这种课堂以直接呈现为主,容易理解和记忆。有的课堂旨在表达时空位置、相互关联,或者变化发展的时间序列,这时知识呈现以"线"的形式存在。有的课堂旨在强调知识运用范围,这个时候知识以"面"的形式存在。还有的课堂旨在提升理论水平,促进理性思维,提升能力,这时知识往往以"体"的形式存在。

点式教育要告诉孩子"这是什么",最好拿着实物给孩子讲,不要抽象。线式教育的线索要清晰,联系能直观最好。面式教育要归纳出共性,需要分析和归纳,最好以点为基础,然后运用不完全归纳法。体式教育,则既要有面,又要有高度。

一般情况下,孩子的认知能力发展也是遵循这样的基本路径。孩子刚刚认识世界的时候,理性思维无从谈起,开始只能认识一个点,然后认识线,有了基本归纳之后才能认识面,至于对事物本质的认识则更在后面了。所以,我们的教育教学内容、方法要根据孩子的认知能力来选择。

到了学校教学,再简单的课堂也会体现理性思维,再深奥的理论学习也要联系具体的现实,所以,现实的课堂应该是多种知识形式的组合和穿插,具体怎么做需要具体情况具体分析。

由于点、线、面三种形式比较好计算,本书以下不作展开讨论,接下来主要讨论以知识体形式存在的课堂评价问题。

在以知识体为主要目标的课堂中,不具有体积的知识点、线、面,一般情况可以忽略不计。特别是初高中教育教学过程侧重理性思维的情况下,知识点、知识线、知识面往往要么一笔带过,要么只为理性分析作铺垫。所以,以下为了简便分析课堂教育,对单纯的知识点、知识线,甚至没有高度的知识面暂时作忽略处理,也只有如此,我们才能展现一堂课的实际功效(当然,我们也可以根据课堂教育教学具体的内容来确定评价对象)。

六、思维空间展示度

课堂应当展示的思维空间与实际展示的思维空间反映了教师的功力,也反映了教师的教育水平,所以,有必要研究思维空间展示度。

(一)展示度公式

课堂教育教学内容所能体现或者应当具有的空间,我们可以称之为理论思维空间。老师讲授该知识的时候所展现的空间，就是课堂空间，也可以称其为绝对展示度。绝对展示度与理论思维空间之比就是相对展示度，由此可以看出教师的功力。

当我们衡量具体的一堂课的知识空间的时候，要注意区分两个空间。第一个空间是课堂教育教学内容所能体现或者应当具有的空间，我们可以称之为理论思维空间；第二个是老师讲授该知识的时候所展现的空间，就是课堂空间。

由于不同的老师个人功力不同，对课堂教育教学的理解不同，知识储备也不一样，结果，课堂选用的材料不一样，教育教学的方式方法也不一样，课堂所呈现的空间自然相差很大。每个老师所展示的课堂空间就是思维空间绝对展示度。如果我们用这个课堂空间与理论空间进行对比，这样，我们就会产生思维空间相对展示度。

$$思维空间展示绝对值 = \sum 课堂知识空间$$

$$思维空间相对展示度 = \frac{课堂展示的思维空间}{理论包含的思维空间}$$

通过这两个指标我们可以知道教师对课堂内容的理解水平，而对内容的理解往往反映出教师的知识功底。为了能够帮助大家对这一评价理论有一个感性直观的认识，接下来，我们用一个案例来分析。

(二)案例分析

通过对"自然界是客观的吗"这一问题的不同的课堂设计，我们可以发现不同的设计课堂的展示度相差很大。

哲学教材对"自然界是客观的"这一观点这样说明："自然界的事物是按照自身固有的规律形成和发展的，都有自己的起源和发展史，它们都是统一的物质世界的组成部分。宇宙间根本不存在什么上帝，当然也不会有上帝和诸神创造世界的活动。"

如何证明自然界是客观的呢？教材用了来自天文学、物理学和进化论的三个材料来佐证。根据天文学发展到今天，观测距离越来越远，但是始终没有看到上帝的踪影和天国的存在，教材据此否定了上帝的存在；根据人类观测到的范围，从地球到遥远的星系都具有同样的物质基础，遵循同样的规律,教材得出物质世界的统一性,自然界的存在和运行不需要上帝的帮助;根据进化论人是猿猴进化来的观点,教材否定了上帝造人的说法。

这样的论证方式只看到正确的结论,但是将人类对这一问题的几千年探索过程简化了,甚至忽略掉了。这样的课堂教育,即便让孩子接受了正确的认识,但因为对错误观念的不了解,结果依然无法让孩子鉴别正确与错误,最终还是无法避免错误的发生。再说,这样以科学的方式来论证哲学问题,本身还是不严谨的。

哲学思维和科学思维本是不一样的两种思维,科学思维需要实证,哲学需要借助科学实证知识,但是仅仅停留在这样的阶段,哲学就没有存在的必要了,哲学更多地需要反思。再说,运用科学结论证明哲学命题,往往论证过程运用的是不完全归纳法,而用不完全归纳法得出的结论依然值得怀疑。

要让孩子对"自然界是客观的"这一观点有一个完整的理解,我们必须以浓缩的方式重新还原人类对这一问题的完整探索的逻辑过程(见图10-2)。

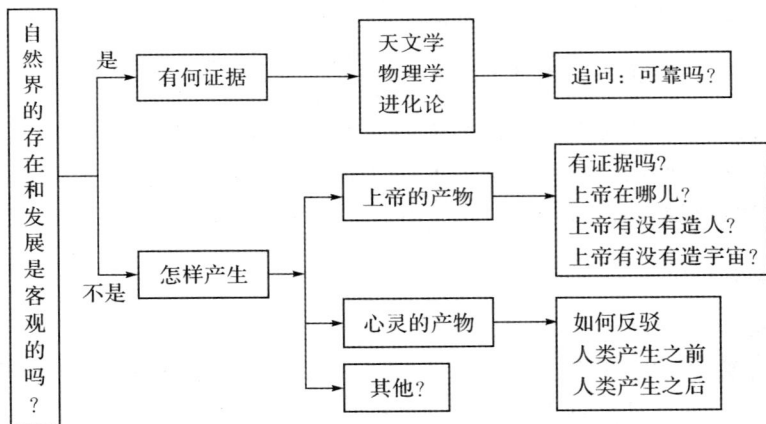

图 10-2

这样我们可以将平面化的知识化作立体化的探究过程,然后我们再围绕这些问题展开探究,这样我们的课堂空间肯定与教材所给出的思维空间不同。还原之后,我们直接的感觉就是,思维广度不一样了。原来的思维广度只有"1",现在变为"3",至于知识深度和知识空间到底有多大变化,要结合具体课堂的展开来讨论。接下来我们把这个还原后的课堂过程展现出来,同时结合课堂过程来分析知识空间的增加,然后计算、对比两种课堂所呈现的思维空间的大小差异。

课堂过程	知识空间的变化
本课一开始让同学欣赏西湖四季美景：三月桃花、四月的郁金香、七月荷花、九月荷花、十月桂花，（这些都是知识点）当同学们还沉浸在西湖美景之中的时候，提出这样的问题："当你面对如此美丽的风景，有没有思考过类似的问题：这些景致是真的吗？"，"早晨醒来，你想过没有：昨天晚上我睡着了，世界还存在吗？"这两个问题问得很"突然"，孩子很惊讶，一下子引发了他们的兴趣。	情景导入，引出问题。对于提出的问题，不作研究，就是一个知识点·进一步研究就具有成为知识体的价值。由此可见知识点的真正价值在于发展成为知识体的可能。所以发现这样的问题，也是课堂教育的重要内容。
孩子往往回答："没有。" 老师追问"为什么？"并告诉孩子"看到的不一定是真实的，哲学往往开始于对常识的怀疑"。 也有孩子回答"有"，我们可以让他们表达他们的想法。我们并给予肯定"具有哲学家的潜质"。 我们还可以进一步问，"历史上你们知道的还有哪些观点？"孩子不一定知道，我们可以举例： 王阳明"心外无物"、"心外无事"、"心外无理"的观点。 18世纪英国主教贝克莱说："我说我写字的桌子存在，就是说我看见它，摸到它。"贝克莱的观点归结起来就是："存在即被感知"、"物是观念的集合"。 基督教认为："上帝是宇宙的创造者"，"人也是上帝创造出来的。"	各种各样的例子都属于知识点，尽管没有空间，但是必要的知识点可以帮助我们加深对知识面的理解——不能理解的面也仅仅是一个点。
对于"自然界是哪里来的"观点有很多，我们不可能一一分析，而要善于归类。请同学们分分类。 自然界是怎么来的，各有各的看法，但归纳起来大致有这么三种： 1.自然界的存在和发展是客观的； 2.自然界是心灵的产物； 3.自然界是上帝（或其他客观精神）的创造物。	归类的作用在于"由点化面"。这样一来，我们对自然界哪里来的问题，由原来的点变为三个面。即知识广度平面由"0"增加为"3"。 由此，我们可以看到通过分析归纳可以由点化面，可以增加思维广度。
为了分类的严密，可以追问"会不会还有其他种类？"	这一追问虽然不能增加思维空间，但可以避免思维广度的遗漏。
上面我们给出了三种不同的猜想答案，我们需要一一加以论证。	这样我们把一个问题，分解为三个问题了。问题的分解为我们进一步讨论提供了可能。

续表

课堂过程	知识空间的变化
孩子喜欢来论证自然界是上帝的创造物。我们可以问孩子："我们假如要论证自然界是上帝的创造物，应该如何论证？"这样产生了三个问题："上帝有没有，存在于哪里？""上帝真的创造了宇宙？是宇宙的主宰？""上帝真的创造了人？"	这样，我们看到当对一个问题进行分析的时候，原来的一个面又变成了三个面。所以，我们可以理解"1"分为"3"。
当我们思考"上帝有没有，存在于哪里？"的时候，又有几个问题需要解决： 1. 假如上帝存在，可以以什么样的形式存在？ 2. 如果说有上帝存在，有人看到上帝没有？ 往往有人说没有看到，所以不能证明上帝存在。同学们往往追问："没有看到的是不是就不存在呢？"（这会给孩子留下广阔的思维空间。） 3. 既然没有人看到上帝，为什么有上帝的概念甚至形象？生活中很多"神"，这些神又是哪里来的？（可以展示基督教、中国的道教和佛教的图片） 不管怎么否定，我们都会发现上帝可能存在于"某个不为人知的地方"。 4. 思考，为什么我们从逻辑上无法完全否定上帝的存在，也无法完全肯定上帝的存在？ 我们会发现，人类思维的有限性与宇宙的无限性之间的矛盾，决定人类从逻辑上永远会给上帝保留一块地盘。	上帝"有"与"没有"皆有可能，从思维空间来说，面为"2"。 问题1可以促使孩子展开联想，甚至超越时空，拓展了广度——这个广度可以是所有的时空。我们可以确定广度平面为"1"。 问题2是对存在标准的思考，这是深度问题，理论深度增加"1"。 问题3是对观念产生的背后的原因的思考，这是本质的思考。可以通过对基督教、道教和佛教的不同特征分析，发现宗教受到地域文化的影响，我们看到了社会存在决定社会意识。这样，理论深度再次增加"1"。 问题4是对人的思维能力的反思，属于更深一个层面，所以，思维深度再次增加"1"。 这样一来，对于上帝问题的思考，我们看到思维空间为"3"。
关于上帝创造宇宙，我们需要解决的问题主要有如下几个： 问题1，《圣经》中说"天地是上帝所创造的，诸天借耶和华的命而造，万象借他口中的气而成。"你还知道哪些上帝造天地的观点？ 我们可以追问：这样的说法可靠吗？ 问题2，当前最为常见的观点就是宇宙大爆炸理论，我们可以播放宇宙爆炸的录像（discovery频道） 追问：这样能够说明自然界是客观的吗？ 问题3，追问：我们为什么不能完全驳倒上帝创造世界，其原因是什么？	当我们思考上帝造天地的种种观点的时候，思维广度增加"1"。 当我们追问观点是否可靠的时候，思维深度增加了"1"。 当我们讲述科学对于宇宙形成的观点的时候，思维广度增加了"1"。当再次思考这个观点合理性的时候，深度上增加"1"。 问题3，对前面两个问题都深化了，这时深度又提升了"1"。 这样一来，思维空间加起来就是"4"。

续表

课堂过程	知识空间的变化
人是哪里来的？有以下几个问题需要思考： 问题1，上帝造人的观点有哪些？ 基督教说上帝创造人，我国古代讲女娲用泥巴造人。 对问题1的追问：上帝造人的观点可靠吗？ 问题2，人是哪里来的？对于熟悉进化论的孩子们来说，这已经没有困难了。 连现代美国教会都说"上帝将整天在森林里游手好闲的猴子变成了人"。 追问：进化论能否完全驳斥上帝造人的观点？为什么？ 人类思维的有限性与宇宙的无限性之间的矛盾。	问题1，增加了一个面，即思维广度增加"1"。 两个代表性的点可以帮助我们理解。 这一追问，深度增加"1"。 问题2，又增加了一个面，思维广度增加"1"。 这一追问，深度增加"1"。 这样，这里的思维空间为"2"。
总结归纳：按照我们前面的分析，上帝存在和不存在皆有可能。但是现实只能有一种。你会更加信任哪一种？你会按照哪一种来安排生活？为什么？ 可能有两种，一种"可能"是概率为"0"的可能，另一种概率为"1"的可能。上帝的存在仅仅是逻辑上给他保有了一块地盘，现实中却没有他的存在需要。我们可以按照"没有上帝"的状态来生活。	思维进一步提升，深度增加"1"，将整体提升为以上每个面的思维空间。即整体思维空间增加量为"5"。 这样关于上帝创造世界的观点的论证的思维空间之和为"14"。 通过以上分析，很容易看出哲学思维能够"大面积"提升思维空间的高度，迅速增加思维空间。
接下来我们探讨主观唯心主义的观点：世界是由人们的心灵、观念创造的。 请同学们列举主观唯心主义在生活中的表现；请同学们展开想象的翅膀用归谬法来论证。"到底是先有意识，还是先有自然界？"对于这样的问题可以用反证法来证明。"假如世界是由人们的心灵、观念创造的。我们会推出……" "思考问题要不要大脑这一物质基础？" "没有我的心灵也就没有世界，那么没有我的心灵还会不会有我的父亲？" "如何保证每个人的心灵想出来的世界都一样？" 为了加深孩子的理解，可以播放关于人的思想情绪对内在物质依赖的录像。 在我们论证了先有自然后有意识之后，再论证意识产生之后能否主宰自然。请孩子思考如何证明？ 成功与失败的对比，看出人类只有顺应自然，尊重自然。	这样的列举增加了一个面。 各种各样的归缪基本上差不多，只要追问一个问题就发现了荒诞。所以，知识深度增加为"1"。 科学是对事物现象背后的本质的揭示，所以，深度增加"1"。 这一问题是对前面的问题的进一步探索，只是深度增加"1"。这样我们对于人的意识与自然界的关系的思维空间为"2"。

续表

课堂过程	知识空间的变化
最后讨论自然界是客观的科学佐证材料： 1.天文学没有发现上帝； 2.物理学世界物质统一性； 3.进化论讲人是进化来的，以此否定了上帝造人的观点。 这些材料其实在前面的论证中已经出现过了。我们值得一问的是"用科学材料证明自然界的客观性完全可靠吗?"原因是什么？ 通过这样的分析，用任何科学材料证明整个宇宙问题都属于不完全归纳法，因而不可避免都带有局限。	这里虽然讲了很多问题，我们都可以归为"科学材料"，不再具体展开，所以广度视为"1"，如果展开，广度可以视为"3"，反思的问题只有一个，深度为"1"。思维空间根据情况，可能为"1"，或者为"3"。按照本课设计，这里不作详细展开，因为其他自然科学老师已经讲过，所以，思维空间增量可以视为"1"。

最后，我们可以看出以上的课堂教学设计充分展现了人类对于这一问题的思考过程，总的思维空间为 $14+2+1=17$。这是我们对这一问题的最大思维空间了，也就是说"自然界是客观的"这一知识点的思维空间为"17"，课堂如果充分展示，那么课堂绝对思维空间为 17，展示度为 100%。而如果我们按照书本简单用科学材料说明，思维空间非常有限，展示度只有 1，与前述课堂设计相比，大小相差悬殊，相对展示度不足 6%。所以，不同的课堂设计对孩子思维空间的增长影响是很不一样的。

（三）启示

通过以上案例，我们看到可以通过化"点"为"面"，变"1"为"多"来增加知识面，可以通过步步设问，不断追问，迫使孩子反思，增加思维深度。由此我们也看到了课堂建构的方向，并为我们客观量化评价课堂指明了方向。

通过这样的分析，我们能够有什么样的启示呢？我们要想提高课堂的思维空间展示度，必须做好以下几点：第一，善用列举与归纳，化"点"为"面"，形成思维广度；第二，恰当分解，变"1"为"多"，增加知识面；第三，关注孩子的逻辑，步步设问，环环相扣，增加思维深度；第四，不断追问，迫使孩子反思，直到思维的尽头。只有有了这样的量化分析，我们的课堂建构才有了方向，评价才有了客观依据。

通过计算，我们可以得出思维空间的展示度，通过绝对展示度可以看到老师对该知识的课堂理解——要注意它与实际理解的区别。所谓实际理解,就是教师对这一知识的全部理解,课堂理解是对实际理解的取舍和组织。而相对展示度可以反映老师授课与理想课堂之间的差距。

这两个指标的出现为使课堂教学的客观量化评价走向现实提供了可能,但是也为评课增加了难度。过去评课往往凭感觉来对课堂进行评价,很多的时候是教研员或者所谓的专家对课堂的一种自我感受,欠缺了客观性。按照客观量化的评课要求,首先是要研究课堂教学内容,特别是所授知识的思维空间,然后再来研究课堂的思维空间,才能对课堂做出较为合理(客观)的评价。这样一来,评课首先不是直接面对课堂教学,而是研课,充分理解理想课堂的思维空间,在此基础上才能开始讨论课堂的思维空间,最后计算结果。这样评课,显然减少了随意性,增加了客观性。因此,客观化评课不仅仅要知道教学理论,更要会上课、懂研究。唯有如此,课堂评价才能走向实在、走向深入。

七、思维空间的发展力评价及启示

当前的评课强调主体参与,到底什么才是真正的主体参与? 评价课堂对孩子的思维空间的发展力的影响究竟应该从何处入手? 接下来我们要研究的问题是课堂对思维空间的增长能力和增长兴趣的提升的量化评价问题。

课堂评价除了要对思维空间的大小的增量做出评价之外,还要对思维空间增长力做出考量。孩子的思维发展力归结起来是"我要发展,我有发展基础,我会发展"。"我要发展"就是对思维空间的增长有兴趣。"我有基础发展",即思维空间增长是在一定的思维空间的基础上进行的,原有的思维空间的大小是一个人进一步发展的内在思维基础。"我会发展",就是懂得思维空间增长的方式方法。思维空间的增长前面已经作了量化评价,接下来,我们讨论课堂对思维空间的增长兴趣和增长能力的提升的量化评价方式。

(一)发展兴趣、发展能力、思维空间三者紧密相关

阿Q不会对相对论感兴趣,因为他想不到,也没有这个能力。课堂里,有些孩子因为接受能力有问题,结果学习兴趣逐渐丧失。也就是说发展

兴趣、发展能力、思维空间三者紧密相关。所以,不能用课堂的活跃程度来评价兴趣增长和能力增长。

所谓发展兴趣,即主体的发展愿望。发展兴趣与发展能力是不同的两个方面,但是二者有着紧密的关系。发展兴趣以发展能力为依托,一定的兴趣建立在一定的能力基础上,超出自己能力的兴趣往往很难维持,如果没有将发展愿望变为发展能力的话,这个愿望最终要放弃的。发展兴趣促使发展能力的提升,一个人有了思维发展的兴趣就会主动扩展自己的思维空间,提升自身的发展能力。

就课堂而言,学习兴趣增长往往与学习能力提升是同一过程。当孩子积极参与到知识获得、探究过程中,能力得以提升,这个过程往往也是兴趣盎然的;同样能力能够不断提升,孩子感觉到学习的价值,也会提升学习的兴趣。

发展兴趣与发展能力以知识储备为基础,离开它,兴趣和能力都是无源之水,无本之木。能力是具体的,思维增长的潜力就在于已知与未知的边界,知道越多,发展潜力越大。兴趣也是具体的,离开了具体的知识,兴趣是茫然的。发展兴趣和发展能力的提升是一个实实在在的感悟过程,是在知识获得、探索过程中,主体因熏染而提升。因此,考量发展兴趣、发展能力必须结合思维空间本身的增长来考虑。

根据前面的分析,我们自然可以得出"脱离思维空间谈思维空间的兴趣培养和能力提升是错误的"这一结论。

当前课堂评价存在着一种误区,把课堂的活跃当成了主体参与。这种评价方式不考虑思维空间的增长,用课堂的活跃程度、孩子参与的时间多少来衡量孩子的发展能力与学习兴趣的提升。这种评价方式产生的影响很是恶劣。为了体现所谓的"主体性",有些课堂搞得轰轰烈烈,为了增加课堂的活跃,不值得讨论的问题也在讨论,这种讨论纯粹是一种"表演"。更有甚者,将课堂文艺化,预先排练节目,这种情况在一些公开课上出现的频率还挺高。在听课老师的观瞻下孩子死命表演,课堂给人感觉"很好看",很具"观赏性"。下课了,孩子可能会一身轻松,"啊,课堂终于结束了!"但收获呢?轰轰烈烈的表象难以掩盖思维的贫乏。因为表演过程是一个程序化过程,属于知识线,思维参与度很低。离开思维的碰撞,问题不可能展开,思维空间就不可能增长。没有思维增长的活跃,是空洞的、肤浅的,有时候甚至还可能是一种胡闹。所以,从课堂活跃度来评价孩子的能力、兴趣的培养那是没有找准对象,既没有找到评价的质,也不可能找到评价的量。总之,课堂需要活跃,但不是这种表面活跃。

真正的思维空间发展能力评价应该回归到孩子的思维这一根本上来。孩子主体参与的根本是思维参与,是创造力参与。一个孩子的主体参与度要看他参与了多大的思维空间的建构、拓展,在这个过程中孩子受到了什么样的熏陶,学到了什么思维方法,自己发展了什么样的能力。所以,思维发展力评价还得结合思维空间的增长和思维拓展方法来分析。

由于思维广度和思维深度的增长方式不太一样,所以思维空间的发展力也得从这两个维度分别加以研究,所以接下来从广度和深度两个维度来讨论思维空间的增长的一般方法以及课堂对思维发展能力的影响。

(二)思维广度发展力评价

思维空间拓展能力提升过程,实际就是发展方式方法的养成过程,是一个不断熏染内化的过程,而这一切离不开知识的呈现过程。课堂知识呈现过程对孩子的思维发展能力有潜移默化的影响,故此,思维广度拓展能力提升评价就要考虑获得思维空间增长的途径、方法。知识广度的拓展简单来说就是寻找新的未知对象,思维广度的拓展能力就是寻找新的认知对象的方法、技巧,思维广度的拓展能力的提升就是在思维广度的增加过程中学会那些找寻新的认知对象的方法。

1.思维广度拓展途径和方法

通常人们认为知识获得的途径有两条,一是实践,二是学习,其实这是从个人知识获得的来源上讲的,我们自己还可以通过创建知识间的联系来拓展知识广度。思维广度拓展力评价必须考虑实践能力、学习能力以及创建知识联系的能力的培养。

获得新知识首先要知道到哪里去获得,这就是知识获得的途径问题。一般来说,增加思维广度的主要途径有以下三条:

第一,实践可以帮助我们获得直接经验。在实践中,通过自己的观察、思考得到的直接经验在思维空间里具有真切、实在的感觉。一个人的思维广度的拓展需要一定的实践能力和观察能力,即便是曾经通过学习获得的知识,一旦眼中看过,耳中听过,口中尝过,手中经过,也会有一种全新的感受。通常情况下,一个人在实践中获得的认识无助于人类思维空间的增加,但对于其自身而言,还是非常有利于思维空间的增长。当然也许我们观察到的新的现象会对人类的今后认识发展将产生不可估量的影响——只是概率微乎其微。甚至,很多的时候,由于观察到的知识都是偶然性知识,这些偶然性知识已经包含在已知的思维广度里面,这样的偶然知识对于思维空间的增长为零。所以,通过实践要获得有价值的知识,必须注意培养实践能力、观察能力,特别是发现差异的能力。从这点来说,我们考察课堂,就是要看教师如何提升孩子的实践能力和观察能力——特别是发现"差异"的能力。

第二,学习是获得知识的最快速的途径。课堂教育教学可以将人类对某一问题的认识过程以浓缩的方式呈现出来,可以让孩子们在短短的时间里获得对某一问题的全部思维空间(注意,"可以"拥有,但不一定能拥有)。从这点来说,思维的发展力就是学习力。就思维广度来说,这里有几个方面的能力必须教会孩子。首先,学会运用各种工具查阅资料,尤其是在知识爆炸的年代,信息都是海量的,我们必须具备收集信息、提取信息、处理信息、运用信息的能力。其次,要学会与别人分享自己所掌握的知识,这就需要学会"表达"。最后,要学会从他人那里获得知识,必须学会"倾听",同时还要主动从别人那里获得自己想要的知识,这就需要学会向别人"提问"。根据这样的分析,课堂上我们要注意培养孩子的"倾听"、"提问"、"表达"能力。这些方法不见得每堂课都可以发挥到淋漓尽致的地步,但是课堂的信息量和归纳的水平是课堂思维广度的一个标志,从孩子自己所呈现的信息的方式可以看到孩子思维广度的拓展能力的提升。

第三,学会建立知识间的联系,迅速增加思维空间。在已经获取的知识基础上,我们不再增加新的知识点,思维广度也可能有所突破,这需要知识间的横向联系,知识之间的联系可以产生新的认知领域。知识间联系的方式可能是多种多样的,从联系的范围来看,可以是知识的内部要素之间,比如物理学两个分支热学与力学之间产生联系可以形成了热力学;也可以是不同领域之间,如数学与经济学的结合产生了计量经济学;当然,也可以是任意两个知识点之间,比如功夫与熊猫。从联系的点的数量来看,联系可以是两个点之间的联系,也可以是三个或更多的点之间的联系。那么知识的数量(也即是知识面)越多,知识之间的联系的机会也越多。为了大家清晰理解这一点,我们可以通过数学计算来说明。假定一个人掌握 n 个知识点,则由任意两个知识构成的组合共有

$$c_n^2 = \frac{n!}{2!(n-2)!}（个）$$

由任意三个知识点形成的组合共有

$$c_n^3 = \frac{n!}{3!(n-3)!}（个）$$

由任意四个知识点形成的组合共有

$$c_n^4 = \frac{n!}{4!(n-4)!}（个）$$

......

通过计算我们可以发现,知识组合总的可能有 2^n-1 个,不难发现,一个人增加一个知识点,理论上知识点之间的可能联系差不多增加一倍。这样我们可以得出这样的看法,知识点很重要,一方面知识点直接让我们获得某一方面的认识,另一方面知识点的存在为我们的知识联系创造了可能。通过计算,我们更应该看到知识之间的组合数量比知识本身的数量要大得多,知识组合机会越多,知识拓展的可能也越多,由此可见,寻找知识组合的意义比单纯增加知识点本身的意义要大得多。当然,对于那些有价值的联系,在人们没有发现之前,它的价值还是潜在的,因而大多数情况下,对于那些不善发现联系的人来说,知识本身比知识间的联系更有直接现实的价值。当然,我们也要承认, 2^n 个组合仅仅是一种理论上的可能而已,很多的组合没有什么实质意义。即便它们都是有价值的,从人的生命有限性来看,增加的巨大创造机会也显得没有太多的意义——因为主观上和客观上都不可能让你把每一个可能都试验一次。但是,不管怎样,知识之间的联系提供的创新机会比知识本身的数量要大得多,这是毫无疑问的,我们一定要想方设法去寻找各种有价值的联系。

当知识与知识组合起来形成有机整体时,新的知识也就产生了。这一点可以从当前的科学门类中略见一斑,当前许许多多的专业就是在不多的几门基础学科与其他各个具体专业相结合的基础上产生的。工具的革新可能带来许多行业发展的机会,计算机的出现就为所有的行业提供了发展的契机。尽管知识的组合联系能产生前所未有的内容,给我们提供了巨大的创新契机,但是,对我们有用的不是那种随机的组合,而是必然联系或有现实价值的联系。不然的话,我们稍微想一下就能发现许许多多的组合,那也太容易了,事实上并没有多少人去这样做。如果我们真想有所创新的话,就不是坐着随机拼凑,而是认真地去寻找、去思索、去筛选,从众多组合中找到有价值的联系。当然,联系的价值需要我们创造性理解,有些看似毫无关联的东西联系在一起,可能会产生奇妙的效果。比如,功夫与熊猫联系在一起,可以形成《功夫熊猫》,这就是一个典型。

寻找有价值的联系,在今天显得尤为重要。一个人哪怕他的知识水平不高,只要善于发现这样的联系,他可以寻找别人帮他完成剩下的工作。根据这样的认识,不难理解这样的现象,中国孩子在大学之前书读得比美国的孩子要好,甚至大学阶段美国孩子也考不过中国孩子,但是在创新思维上却大大超过中国孩子,结果中国的孩子成了美国孩子的劳动力。

因此,发现有价值的知识联系的能力,关系到一个国家的创新能力,所以我们在重视知识点增加的同时,必须高度重视发现有价值的知识联系的能力培养。然而,我们的教育依然还在注重知识点的稳扎稳打,知识点是夯实夯牢了,但是发现知识联系的能力没有培养出来,潜在的思维广度没有得到应有的挖掘和体现。新一轮教改,增加了许多知识点,强调知识数量,知识的内容过多,孩子们疲于应付,难以形成联系,这将阻碍孩子们的创新能力的形成。

发现这种有价值的联系则需要能力。这种能力一方面依赖于天赋的灵性,另一方面则有待于教育和训练来开发。

知识之间形成联系大致有这么三种:第一种是组合式,也就是将本来没有关系的两个或多个知识组合在一块,使其发挥整体功能——这种功能可能是前所未有的。比如,铅笔和橡皮联系起来组合出带橡皮的铅笔,这是最简单的联系组合;《功夫熊猫》则是以功夫与熊猫为主附带其他许许多多要素的组合。第二种是求同思维,旨在多个知识点之间寻找共同点。第三种是求异法,旨在寻找事物之间的不同点,特别是相似事物之间的不同。求同法和求异法往往结合在一起,可以推动思维广度平面的形成,并可以引导思维深入探索事物的本质。

2.思维广度拓展过程中的思维特征

思维拓展以问题开路,拓展思维广度的常用问题有哪些?

前面我们知道了到哪里去寻找新的知识点,拓展思维广度,接下来探索拓展思维广度过程中主体意识应当具有的思维特征——思维特征以问题形式呈现。

知识面的增加,第一步要增加知识点,就是要增加我们尚未认识的对象。要拓展知识,最为常见的问题是,我们知道了什么,除了这些(我们知道的这些),还有些什么我们不知道?要发现新的认识对象,首先要找到已知领域与未知领域的边界，我们对未知领域的探寻往往是从这个边界开始外推的。这个边界可能是时间，也可能是空间，也可以是逻辑，当然也可以思维跳跃，另辟蹊径。但是，不管怎样，我们的思维都是以已有的认识为基础。有句话永远正确，"你永远想不到你想不到的事情"。因此，知道得越多，未知的东西也会越多。

当然，点的增加不一定就能增加知识面，因为知识点的增加主要是帮助我们以点带面，触类旁通，所以新的知识点要具有典型性。这就要求我们在课堂教学中要教会孩子从不同的角度来选择材料，材料的选择水平对思维广度、课堂效率影响很大，切忌同类例子重复太多。所以，这也是我们要评价的一个方面。

对于增加知识点的最为常见的问题是："你们看到过这样的现象吗？"，"除此之外，你们还看到过其他类似现象吗？"，"对于这一问题，还有不同回答吗？"或者"除了这位同学所说的，你们还有什么可以补充的吗？"如果觉得孩子所提到的例子不足以满足分类的需要，你还可以补充一些不同的答案。"我还知道有这样的情况，不知道同学们知道与否？"

接下来是对于具体的例子的分析和归纳，这时我们常用问题："这些例子有何相似性？有何区别？"在此基础上我们可以进行归纳，"我们可以将这些例子（或答案）归为几类？分类标准是什么？"（或者"对这一问题，可以有几种可能的答案？"），为了保证分类的合理性，可以接着这样追问："这样的分类合理吗？""这样的分类还有没有遗漏？"

以上是从逻辑思维上分析课堂中可能出现的问题，但是具体课堂则是丰富多彩的，到底怎样设计问题需要我们根据具体的内容进行变通。

3.思维广度拓展的能力表现

思维广度拓展能力最终可以分为三个部分，首先是信息获取、分析、归纳能力，其次是弄清概念的外延和理论适用范围的能力，再次是寻找相关知识之间联系的能力。这三种能力在思维广度拓展中应当具有怎样的品质呢？

前面我们探讨了思维广度突破的途径和思维广度突破过程中的思维特征以及与此相关的问题设计，而教育效果最终通过理性思维呈现出来，表现为思维广度拓展能力的提升。思维广度拓展能力最终可以分为三个部分，首先是信息获取、分析、归纳的能力，其次是弄清概念的外延和理论适用范围的能力,再次是寻找相关知识之间联系的能力。

信息获取、分析、归纳能力评价主要是看信息的足量和分类的严谨。首先,获取信息选用何种途径应该是孩子和老师的自由,我们需要关注使用的效果,即信息量的大小、足用。其次,将信息分析、归纳,可以将理论的适用范围进行简化集中处理,节省思维成本。比如,世界的本质是什么这个问题的答案是多种多样的,孩子们可以举出很多例子,比如,王阳明的"心外无物",贝克莱的"存在即感知",朱熹的"理生万物",黑格尔的"世界是绝对理念的产物",基督教的"世界是上帝的创造物",以及类似"世界是由水组成的"、"世界是原子构成的"等等。如果我们一一加以认识和分析需要很多时间,显然是不切实际的。我们可以与孩子一起讨论,一起来归类,最后,我们可以将各种各样的答案归为三类:第一类,世界的本原是物质的;第二类,世界是心灵的产物;第三类,世界是上帝或客观精神产生的。这样培养了孩子的分析与归纳的能力。归纳完了以后,我们还要提出这样的问题:除此三类之外,还有没有其他的可能? 最后大家分析只能有这三种可能,分析如下:世界要么本有,要么是人的心灵产生,要么是认识对象和认识主体之外的第三者创造了认识主体和认识客体。如何提高孩子分析、归纳能力,主要是让孩子寻找正确的划分标准,教师及时指出分类中存在的问题,促其反思改正,同时拷问分类的严谨,促进思维的缜密。

弄清概念的外延和理论适用的范围的能力主要表现在概念的理解和运用上。如果说,从信息的提取到分类、归纳的过程是由点到面的过程,思维上以归纳提升为目的,分析为手段。而弄清概念的外延和理论适用范围,则是从面到点的过程,强调演绎、分析和例证。在这个过程中,我们要确定概念"是什么",一要知道它的内涵,二要知道它的外延——思维的广度,只有这样我们才是真正理解概念,我们使用概念的时候才会得心应手。以"商品"为例,我们首先要知道商品的本质——用于交换的劳动产品,但是仅仅知道这一点是不够的,我们必须确定商品的具体外延——广度。要让孩子明白商品概念的外延,我们可以让孩子举例。孩子能说出很多来,商店里面卖的衣服,吃的零食等等。但仅仅如此还是不够的,因为例子永远也举不完。怎么办? 当我们想知道概念是什么的时候,就意味着必须知道它不是什么,即理解概念的"是"和"非"的区别,只有这样,我们才能真正搞懂概念的外延。所以,这时候我们必须去比较"是商品"与"不是商品"的区别。我们可以根据孩子所举的例子进一步追问。假如孩子说的是商店里卖的衣服是商品,我们就可以顺便追问:我们身上穿的衣服是不是商品? 有很多同学会说是的,我们就要同学们分析二者的区别,发现我们身上穿的衣服曾经是商品,但一旦退出流通领域,不再用于买卖了,就不再是商品。再比如,比较"医院里给病人用的氧气"与"自然界的氧气",为什么前者是商品,后者不是商品?原因在于前者是劳动产品,后者不是劳动产品。为什么要设计这样的两个问题呢?这跟商品的概念的内涵是分不开的。商品的内涵中有两个关键词,一是劳动产品,一是用于交换。通过这个例子,我们也找到了问题的设计思路,我们针对概念外延,问题的设计要根据概念的关键词来展开。在课堂教学中,老师要根据知识的概念确定关键词,根据关键词来设计与概念有关的"是"与"非"的判断,尤其是通过条件变换,形成强烈的对比,进而追问,让孩子的思维中的问题突出地暴露出来,促使孩子思考,从而提升对概念的理解水平,提升思维的清晰度和严密度。

第三个方面的能力,寻找知识之间有效联系的能力。有些知识间是表里关系,比如,联系的观念与矛盾的观念——矛盾是联系的根本内容;还有因果联系的概念,比如矛盾与发展的概念——矛盾是事物发展的动力。当我们把一门课的各种知识点有机结合的时候,形成的有效联系就非常多。有些联系未必有这种内在联系,但是我们可以找到相似性,如果我们能够很好运用的话也能帮助孩子们理解问题。比如,在讲共产主义是人类最高理想时,我将人类发射人造卫星与共产主义的科学性联系起来。人们对于人造卫星进入轨道不会有怀疑,因为人们相信科学,相信人们的理性。因为只要人们的行动符合客观规律,并满足规律发生作用的条件,我们就可以预测未来。那么,人类社会与自然界在这一点上是一致的,我们只要找到人类社会发展的规律就可以预测人类社会的未来。而生产关系一定要适应生产力的状况这一条规律是人类社会的基本规律,根据这一条,我们可以断言共产主义一定会实现——只要条件具备,只是目前条件还不满足,所以,共产主义是科学的理想。再比如,我们如何理解根本利益与具体利益、人类社会的竞争与合作关系,很多孩子强烈地感受到了社会当中的利益冲突,这个时候,我运用了这样一个比喻,假如有个针尖顶在你的身上,你受到的力与外在的大气压对你的作用力哪个大?大家都知道大气压力大,但是为什么我们感觉不到大气压力呢?因为,我们与它已经融为一体。很多的时候,根本利益、人类的合作就像大气一样,已经与我们融为一体。如果我们上课善于找到各种各样的联系,课堂就会变得非常的生动,孩子的思维就会开阔起来,理解也会深刻起来,思维空间自然就会大起来。这样的联系并不具有内在关系,但是具有相似性。有些联系连相似性也没有,特别是艺术创作过程中,原本毫无关联的事物放在一起,我们可以形成非常生动有趣的艺术作品,这完全取决于我们的想象力。

4.思维广度能力提升评价

途径和方法的选择恰当与否最终通过思维空间的增长量来衡量,思维广度能力提升评价则是通过思维广度拓展绝对值和相对值来表现。

前面讨论了思维广度拓展的途径、拓展过程中的思维方式,以及拓展过程中最终应该培养的能力,现在再回到课堂教学评价上来,我们还会发现面临着困难。当我们开始关注思维广度拓展能力的时候,课堂教学评价应当关注课堂教学究竟通过什么样的途径,训练、点拨了哪些思维方式,培养了哪些拓展能力。但是,由于课堂教学受到知识的限制,一堂课并不一定能够把以上的所有途径和方法都充分地展现、运用起来,也无法将每一种能力都提升起来。即便是面对同一个教学内容,不同的教师由于自身的水平和知识背景不一样,教育教学的思路、特点也不尽相同,因此,我们想从具体的途径、思维方式来评价课堂对拓展能力的影响显然比较困难。这时,我们对课堂教学效能评价又当从何处入手?我们应该撇开这些具体的途径、思维方式,回到问题的解决数目上来。问题解决的数量,反映了课堂对思维广度的拓展,孩子自身解决的问题数量增加可以看作是能力的提升——同时思维广度拓展途径、方法的选择的合理性自然也通过思维空间的增长得以表现。

这里我们同样有思维广度能力培养的绝对值和相对值。所谓绝对值,就是孩子学会了哪几种途径、思维方式,提升了哪几种能力,最后表现为自己解决了哪几个问题。而相对能力则要结合知识广度实际存在的问题数来衡量。因此我们可以用这样的公式来计算:

$$思维广度能力拓展绝对值 = 思维广度平面解决问题数$$

$$\frac{思维空间广度}{能力拓展相对值} = \frac{思维广度平面解决问题数}{思维广度平面实际存在问题数}$$

(三)思维深度发展力评价

我们已经分析了广度拓展能力的方法与评价,接下来开始探讨思维深度拓展方法与深度拓展能力评价问题。思维深度与广度对思维空间的影响方式有何区别?课堂对思维深度发展力影响如何评价?

　　什么是思维深度前面已经论述过了，思维深度主要表现在对事物本质的探究过程中，这个过程往往伴随着问题的提出、答案的猜想、试验和逻辑的证明过程。接下来思考如何评价课堂对思维空间深度拓展能力的影响。

　　1. 知识深度如何影响思维空间

　　知识深度的增加直接带来思维空间的增长，这种增长可以是同一知识本身，通过深度增长直接增加思维空间；也可以是不同知识之间，通过知识之间的联系、贯通，实现思维空间的增长。

　　要对思维深度拓展能力提升做出评价，首先要知道知识深度如何影响思维空间，我们才能知道课堂努力的方向、课堂评价的内容。

　　知识深度影响思维空间有这样两种可能，第一种，就同一知识本身来看，知识深度的增加直接带来思维空间的增加。知识深化带来思维空间的增长，又可以从两个角度来看，一是人类，二是个人。从人类的角度来说，某一学科的深化，只有站在它的最前沿，对该学科面临的新挑战、新问题了然于胸，才有可能创新。要实现这样的突破，教师要引导孩子关注学科前沿。当然，对于绝大多数孩子来说，这种关注最后不会有实际的结果，但是这种关注哪怕最终仅仅在一个人身上变为对人类思维深度的推动，作用也是巨大的，因为在他所突破的领域里，他的思维高度就代表着人类的高度，他的创造通过相互学习将转变为人类的共同财富，从而广泛提升人们的认识深度，增加思维空间。对于绝大多数不能推动人类思维空间深度发展的人来说，关注学科前沿问题也不是完全没有价值的，因为这种关注可以引发他们的思考和好奇心，而思考能力和思考的习惯却是具有广泛的价值（只是要注意，关注仅仅是让孩子们有问题意识，而不是让每一个孩子都成为理论研究者）。第二个角度是个人。就个体而言，认识深度的加深，不一定能促进人类认知的拓展，但是对个体思维空间的价值却是显而易见的。要想突破自己的思维深度，我们需要常怀"百尺竿头更进一步"的欲望，常问一个为什么（或者，下一个层面的本质会是什么？）这就会促使我们进一步去探索，去思考，从而深化自己的认识，扩大自己的思维空间。

　　通过以上分析，我们要想增长知识深度，一方面要培养孩子对学科前沿问题的关注，另一方面要从自己所掌握的知识出发，常问所知之后的内容又将是什么？一句话，追问知识背后的知识，这是知识深化的动力。

第二种,从不同知识点来看,某一方面的知识又是如何促使其他知识的思维空间的增长的呢?(这是知识间的组合问题)认识的加深对思维空间的增长的作用表现为两个方面:一是知识的共有性,二是知识的贯通性。所谓知识的共有性,是由于不同学科可能关注共同的研究对象,某一学科的深入可能会带来其他相关学科的突破,比如克隆技术的突破带来了医疗、卫生、农业技术等方面的变革。所谓贯通性是一门学科的深化,对别的学科没有直接的引用价值,但能够给别的学科带来方法指导。比如,哲学思维的改变会影响到我们对很多问题的认识。这是由于不同事物尽管千差万别,但都包含同样的哲学原则,每一个人思考问题都必须遵循同样的逻辑规则。因此,哲学和世界观能为各门学科和所有问题提供方法论指导,故能影响到所有知识点的认识深度。再比如,数学也能为许多学科提供运算工具,使其更具精确性,通用工具的发现和发展,如计算机的出现,能为很多学科或行业产生巨大影响。

根据以上的分析,我们在教学过程中,首先要培养孩子养成这样的思维习惯,即经常问一下自己,"我今天这门学科所学习的知识在另外的学科中能否找到运用价值?";其次,我们有必要教会孩子一些具有广泛价值的工具性知识和技能,改进他们的认识手段——当然,工具性知识和技能以足用为目标;再次,需要培养孩子学习数学、哲学的兴趣,从而提升学习所有学科的思维水平。尽管不是每一个人都可以成为哲学家和数学家,只是要让孩子们拥有一种思维自觉,主动运用哲学原理、数学方法来分析问题,来拷问我们的认识。比如,我们常问"这样的想法符合辩证法吗?",我们常问"这里能否运用数学方法? 能否运用数学模型来分析问题?"这样的思维习惯有利于提升我们的学科深度。

在知识创新过程中,知识间广度和深度上的联系一般情况下会同时发生,只是二者的意义不太一样。

思维广度的突破,主要表现在发现了新的领域。新发现的领域在思维中一开始还是平面的——甚至是一个知识点,但对思维的后续发展意义巨大。一是与已有的有深度的知识结合产生新的思维空间,将已有的理论和技术的价值更大程度地发挥出来。比如互联网发达的今天,有人发明了聊天工具、有人发明了微博、有人发明微信,这就是一种广度的拓展。但是我们必须看到,新的创意要转变为现实,必须依赖于技术的突破,也就是说知识的广度上的有效联系只有对于一定的知识深度才有意义。但是,我们不能因此否认创意的价值,现代社会技术到了一定的高度的情况下,创意的出现,就是找到了知识运用的范围,可以把原有的理论和技术的价值充分体现出来。也就是说,在深度一定的情况下,广度的增长可以增加思维空间。二是广度拓展发现全新的认知领域,产生新的理论,从而产生全新的认知空间,同样新发现的领域只有在新的理论建立之后,它的价值才能得到充分体现。比如,人类早就知道电和磁的存在,但是直到电磁理论产生之后,电磁的运用价值才得以充分的发挥。

相对于思维广度的拓展不一定带来思维空间的增长,思维深度的拓展则必然带来思维空间的增长,因为任何一个拥有思维深度的人,他的思维广度绝对不可能是空的。加上知识深度具有共有性和贯通性的特点,当某一专业深度提高以后,同时能够大面积地提高其他知识的深度,促使思维空间的增长。

总结前面的分析,我们可以看到广度拓展和深度拓展都很重要,但相比较而言,深度发展才是人类思维空间的支撑。我们珍惜那些奇思妙想的同时,对于那些思想、理论、技术创新的人才更是要倍加尊重。但社会的现实是,前者拥有的物质财富比后者多得多——一般情况下,理论创新不能直接变为可以销售的产品。

2.思维深度的拓展对课堂教学的要求1:探究式教学

思维深度拓展回到个体首先是一种探究兴趣,一种探究习惯。一个人主动发展知识的习惯往往与他获取知识的习惯——学习习惯紧密联系。因而作为一个人的知识增长过程中最重要的学校学习过程也应当成为孩子探究习惯的养成过程。

接下来应该讨论思维深度的拓展对课堂教学的要求,课堂如何才能提升孩子思维空间深度拓展的能力。也只有知道思维深度的增长的方式方法,才能知道思维空间有无增长,我们才能知道评价的标准所在。

思维深度拓展首先是从思维习惯养起。思维深度拓展回到个体首先是一种探究兴趣,一种探究习惯。这是一种对事物本质、规律性探求的习惯,这种习惯表现为对所遇问题有一种追根问底的欲望,即遇到问题,常常会问"这种现象的后面的原因是什么(也就是平时所说的'凡事多问一个为什么')?我怎样才能发现它?怎样才能把它表达出来?"

这种追问习惯很重要,没有这种习惯,深度发展的欲望就会缺失,自身发展的内驱力没有,知识就到此为止,再多的知识储备都不会成为知识深化的推动力量。从这个发展动力来说，深度发展的欲望可能比已有知识本身可能更有价值。所以我们要注重孩子的探究习惯的养成教育。

然而一个人的习惯不是一朝一夕所能形成的，需要一个耳濡目染、潜移默化的漫长过程，也就是说想要培养一个人的知识深度主动发展的习惯需要一个长期的过程。（可惜，现实不是这样）

探究习惯需要长期的探究式教学。课堂在平等、民主的氛围下，在老师的引领下，大家一起参与探讨、研究，孩子的探索兴趣、探究能力才会得以形成，得以提升。在这样的长期学习中，探索才可能成为一种生活习惯、学习习惯。

为了培养孩子的探究习惯，我们应该经常采用探究式教学。关于探究式教学，一般有这么几步，大同小异，第一步发现问题，提出问题，当然这一步少不了对问题的分析，即这个问题是否真的是个问题？主要思考的是问题研究对象的特异性以及意义。接下来是对问题可能答案的猜想，再接下来是对各种猜想的分析与证明——实践证明与逻辑证明，最后是对各种实践结果和分析结论的最后归纳，形成结论。

如何开展探究式教学不是问题，有人专门论述，这里不作详细展开，真正的问题在于，我们对探究性教育还不够重视，很多学校还在不断地强化应试教育。即便是新的教改也还在强化知识门类和数量，好像知识掌握得越多，孩子创新能力就越强。正是这种指导思想，导致课堂教学负担加重，探究式教学无法展开，只能采取灌输式教学。结果，孩子知识是增加很多，知识创新的习惯却得不到培养。这样我们可以理解为何中国的基础教育貌似比美国要强，而最后的创新力却大大不足这样的现象。究其原因，知识发展力和知识储备之间并不能画等号。（当然，知识发展力必须将发展兴趣和知识储备结合起来）因此，我们必须从"知识就是力量"误区中走出来。

3.思维深度的拓展对课堂教学的要求 2：逻辑发展力

只有具有逻辑结构的知识才具有思维空间，只有符合逻辑的纵向推演才能预知知识发展的方向，所以，课堂教学一定要注意逻辑培养，特别是合乎逻辑的知识发展能力培养。

知识深度发展除了发展兴趣和发展习惯外，还需要发展能力。一个人有了发展兴趣，还要有能力将兴趣转变为发展的现实，这个转变一方面需要一个人的知识储备，另一方面也需要一个人的思维能力。

从思维空间的角度来看，思维能力与知识储备是二而一的。知识储备即一个人所拥有的思维空间，只有具有逻辑的知识才具有空间结构，知识储备本身就是思维能力的表现之一。因此，知识深度的发展对课堂知识的呈现要求就是必须具备空间结构，特别要关注知识纵向推演，唯有知识合乎逻辑的推演才能构建思维的高度。

逻辑思维能力的培养除了要教授正常的逻辑推理能力，还要培养符合逻辑的发展能力。前者不需要多讲，后者需要重点指出，因为我们在教学过程中经常遗忘。符合逻辑的发展能力主要表现为沿着已知知识的逻辑方向继续追问，寻找下一个问题，这种能力是对新知识的预期和猜想，可以推动认识的发展，推动理论的进步和技术的创新。所以，课堂教学要教会孩子从已知知识推导出新知识。比如，我们知道了唯物辩证法的两个基本特征联系和发展，如何向矛盾过渡呢？这就是新旧知识之间的关联，也是知识之间的内在逻辑的发展。

知识空间的增加（广度和深度两个维度）还与知识间的横向联系有关，从课堂上来说，就是要注意知识间的关联研究，要注意孩子的知识迁移能力、联想能力的培养，注意学科之间的渗透，学科思想的提升。下面就课堂教育稍微展开一下，因为，我们要评价课堂对深度发展力的影响，就要知道课堂需要努力的方向。

逻辑推理能力既是学习的能力，也是学习的结果，也是教学的品质，课堂教学必须注意培养孩子的逻辑能力。具体注意事项不外以下几点。

首先，知识的呈现过程一定要有逻辑，在课堂教学过程中老师首先要强调以理服人。要做到这样，老师首先要把结论放在逻辑证明之后，而不是在论证之前。但是，经常有老师强词夺理，不讲逻辑。经常听到"因为A，所以A"的逻辑模式。比如，上帝的证明本来就是一个无限命题，很多老师常常这样论证：至今为止没有任何人看到过上帝，所以上帝不存在。孩子会问，世界上所有的东西我们都看到了吗？都认识了吗？显然没有，没有看到能等于不存在吗？因此，我们不能用看到看不到来证明上帝的存在。与其这样正面否认，还不如这样来说明，由于人的认识能力的有限性，使得我们对世界很难有个终极结论，上帝存在与否在现有的知识和逻辑下，无法完全肯定，也无法完全否定。但是在没有证明上帝之前我们就相信它的存在显然是错误的，我们当前只能按照我们的经验和已知的认识来面对生活。这样的逻辑不是很严密吗？不也保证了无神论的效果吗？甚至可以进一步分析，我们从逻辑上看上帝存在与否似乎都有可能，但是可能性有现实的可能,还有不现实的可能,这样,逻辑上保存的上帝存在的可能,其实不一定具有现实性,这样既达到了教育的效果,更是提升了孩子的逻辑水平。

第二,课堂教学要培养孩子在思维中重构世界的能力。一个人的思维的深度及其发展能力最终体现就是思想能够在多大程度上以逻辑的方式重构事物的真实,这个真实包括事物之间的联系、作用以及变化发展。而这种能力不是先天具有的,是在以逻辑的方式思考问题的过程中养成和提升的,所以,课堂教学必须关注这种能力的养成。

由于我们在思考问题时,面对的是丰富的具体的表象,要认识事物的本质和规律,必须发挥意识的创造性,透过各种具体的内容,抽象出共同的本质,形成一定的逻辑结构。在这样的认识过程中,我们用头脑来模拟事物的发展,必然伴随着假想与猜测。作为教师,我们要尽可能地启发孩子,让他们提出问题,做出猜想。一般情况猜想的答案比真实的答案要多得多,我们要得到可靠的答案,就必须对我们的猜想进行必要的反驳和论证。在猜想反驳论证的基础上,我们提炼出事物的相互作用和变化的结构图。比如,"财政收入太多或者太少会产生什么结果"这样的问题,老师可以和孩子一块探讨,慢慢地把如下的逻辑过程全部完成,而不是老师一个人讲完。这种带有逻辑与探究的教学过程能够提升孩子发展思维空间能力。这样的逻辑结构图(见图10-3)比文字更能让孩子形成思维结构。特别是人文学科我们要有意识地去尝试这样的教学——其实人文学科在事物发展过程中所包含的逻辑一点也不比自然学科少,只是思维的内容不一样而已。

这种重构的过程是一个探究、提炼的过程,是一个去粗取精、去伪存真、由此及彼、由表及里的过程。具体说来,就是我们在重构的过程中辨明真相和假相,剔出无关要素,找出关联要素,进而上升为一般和共性。在这个过程中,必须充分运用分析与综合的思维方法,遵从逻辑法则,环环相扣,唯有如此才能展现事物内在的本质和规律性。

第三,老师还应该结合知识讲解,加强逻辑规则的教导,培养孩子的逻辑推理能力。逻辑思维必须遵循逻辑规则,但是基本的形式逻辑的推理规则现在已经被中学教学遗忘,至于辩证逻辑的培养更是不用提了,这是非常令人遗憾的。离开了基本的逻辑规则的训练,孩子的思维的深度很难形成,自然科学还好一点,人文学科就比较糟糕,课堂的理论逻辑和生活逻辑都无从实现。所以,我们在课堂上应该重视逻辑规则的教导和逻辑推理能力的训练。比如讲到"矛盾即对立统一"时我设计了这样一个问题:"同学之间充满友谊,充满联系,联系的根本内容是矛盾,所以,同学之间充满矛盾。"结果孩

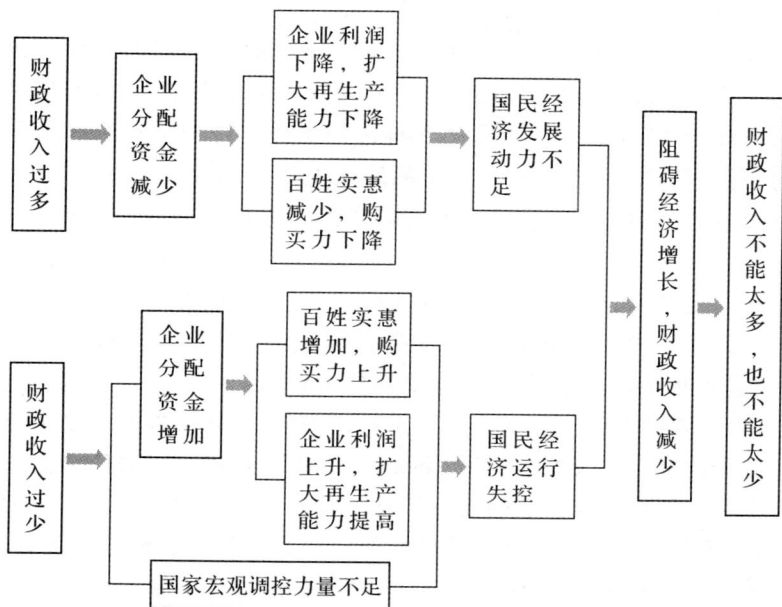

图 10-3

子都不能接受这样的推论。接下来大家讨论为什么不能接受这样的推理。讨论发现,在推理过程中,两个矛盾的含义不一样,一个是普遍概念,一个是具体概念,这就是犯了形式逻辑中"偷换概念",或者"四概念"的错误。在知识的传授过程中,我们要始终考虑孩子的逻辑和思维过程,要知道他们的逻辑会在哪里出问题,会出现什么问题,我们才能有所针对,提高课堂效率。

第四,锤炼他们的思维,提升思维的严密性,老师还要巧设陷阱,暴露孩子思维存在的问题。老师一方面要注意知识的逻辑呈现,另一方面要主动出击,设计逻辑陷阱,暴露孩子思维的不足。比如,我在讲到"劳动创造了人"这一观点的时候,我设置了这样的问题:"劳动在先还是人在先?"孩子很容易中圈套,不是讲劳动在先就是讲人在先。等到孩子回答之后,我们再来分析,两个事物在时间序列上有几种可能?孩子回答三种,我这时追问:"你们为什么只想到两种?"接下来再共同探讨劳动与人的关系,最后得出劳动与人同时产生、同时进化的结论。再比如,矛盾的同一性与斗争性,我们讲的时候,矛盾的同一性和斗争性是同时存在的,又讲矛盾的斗争性是同一性的前提。既然是前提,怎么又同时呢?这时孩子们肯定犯迷糊了。这时我们必须要讲清"逻辑在先"与"时间在先"的区别。

第五，教学过程还要尽可能地进行学科渗透。联系是拓展思维空间的重要手段，尤其是将有深度的知识联系到其他的认知领域的时候。就像高中思想政治课经济学、政治与哲学之间的相互渗透本来是经常的，如果可能的话，我们还要将自然科学与人文学科进行渗透。特别是在给理科孩子讲政治的时候，我们尽量结合自然科学的发展史来谈，那么一方面可以激发孩子学习政治的兴趣，另外也可以重温科学的发展历程，提升科学的思维方法。比如，在讲解"创造条件认识事物的本质"时，我是这样教学的。我先描写第谷个人生平、观测活动以及他对地心说的信仰，接着提问："影响第谷一生成就的因素有哪些？我们从第谷身上学到什么？"在此基础上，再提问："假如人类不断像第谷那样观察，会得到什么样的认识？认识会有什么样的局限？"，在此基础上，我们追问"假如你是开普勒，面对第谷的一堆材料会产生什么样的问题？"以及"第谷的材料对于开普勒有什么样的价值？"通过这些问题的分析得出完成认识的任务需要占有十分丰富而又合乎实际的感性材料，但是不能仅仅满足于这样的感性材料。当同学们思考这些问题后，再问："当开普勒开始处理第谷留下来的大量的材料时，应该怎样处理？会不会每一颗星星都同等对待？你认为应该怎样处理？"在同学们思考得出有所侧重之后，再提供当年开普勒先从火星入手研究的历史事实及其原因。从中归纳出："去粗取精，去伪存真"，"抓好典型"，接下来分析开普勒的贡献：开普勒三大定律的意义。从中归纳出："由此及彼"。在此基础上提问："开普勒三大定律是属于运动学还是动力学？能否说明行星为何如此运动？假如你是开普勒，在提出行星运动三大定律之后会怎样做？"从而得出真要了解事物的本质需要"由表及里"，怎样由表及里？大多数孩子说要猜想事物运动的原因。接下来我展示当年开普勒如何猜想的：太阳与星球之间存在着类似磁力的作用力，力的大小与距离成反比。然后请同学们开始反驳开普勒的假说。然后，我们再讨论"从开普勒身上我们应该吸取什么经验和教训？"到此，"后面的任务由牛顿来完成，请问由开普勒第三定律能否直接推导出万有引力公式？如果不行，还缺什么？"同学回答还需要牛顿第二定律，我马上展示"我之所以站得更高，是因为我站在巨人的肩膀上"请同学们思考，然后，我要求同学们运用牛顿第二定律和开普勒第三定律推导万有引力公式，结果发现，一个班50个孩子没有几个能够完成。原因是，当孩子将公式推导到

$$F = 4m\Pi^2 / K(R^2)$$

这一步时化不下去了。到了这一步，我们可以得出力的性质与质量有

关,这时需要运用物理学的对称思想,$4\varPi^2/K$ 是一个常数,一定与太阳的质量成正比,现在可令 $4\varPi^2/K = GM$(M 是太阳的质量),这样可以最后得出

$$F = GMm/R^2$$

伴随着万有引力公式的推导过程,我们同时进行哲学方法论的分析,我们不但让孩子知道了认识事物本质必需的两个条件是什么,而且让他们全面真切地了解了科学发展的逻辑过程,懂得了科学发展过程中必要的具体方法。显然这样的政治课堂对于思维空间的发展能力有更大的提高。在这样的讲解过程中,哲学观点不再是抽象的教条,而是有用的智慧。

学科教学要把问题探究的方法提升到一般方法论层面,哲学、方法论的教学不应该仅仅是政治老师的任务,而应该是每一门学科老师的自觉。学科教学要培养孩子的学科思想和科学方法,提升知识的逻辑层次。至少我们要孩子知道探究过程的基本方法:提出问题,思考可能的答案,答案分类,接下来对不同的分类的答案加以逻辑证明和实践证明,最后确定正确的答案。当然,光知道这样的方法还不够,关键是要在生活、学习中学会运用,从而拥有智慧。

第六,注意课与课之间的过渡逻辑。课与课之间的逻辑往往被众多老师所忽视。我们应该启发孩子、引导孩子在已有的知识基础上探索与此相关的问题,这样可以将已有的知识往下发展,从而提升我们的逻辑发展力。比如,在完成"主观能动性是人区别于物的特点"教学之后,我们可以设问:同学们,当我们确知人与物的区别在于人有主观能动性,按照逻辑,我们接下来可以探讨的问题应该是什么? 我们可以让孩子讨论,最后得出以下几个问题:为什么人类需要主观能动性? 为什么人类能够产生能动性? 能动性形成过程是怎样的? 人们应当如何来发挥主观能动性? 这些问题是已有知识的逻辑延伸。这样的点拨可以培养孩子发展知识的能力和探索问题的自觉性。

4.发展兴趣和发展能力的衡量

思维空间的增量是静态的、暂时的,通过老师的讲解就可以实现。而知识拓展兴趣和能力的提升与知识的传授方式有关。如何计算,下面提出了四个计算公式。

经过前面的分析,我们知道了思维空间深度的发展对思维空间的影响,除了直接增加该知识的思维空间外,还可以通过知识的联系增加新的知识

空间；也知道了知识深度的拓展首先需要内在动力即发展兴趣，同时需要知识储备和思维能力。思维空间的增量计算以前已经做了考察，但是，思维空间的增量是静态的、暂时的，通过老师的讲解就可以实现。而知识拓展兴趣和能力的提升与知识的传授方式有关，所以我们要结合教学过程来考量，即考察知识空间是如何增加的。兴趣指数可以从孩子的关注来看，孩子的发展兴趣可以从课堂的问题参与度来看。

$$深度发展兴趣提升绝对指数＝主动参与深度问题数$$

$$深度发展兴趣提升相对指数＝\frac{主动参与深度问题数}{深度问题总数}$$

所以，我们要看孩子的课堂兴趣，不能看课堂的热闹，还要看参与的问题数——离开问题参与的课堂热闹都是胡闹。假如，课堂很热闹，但是参与的有效问题为零，那么深度问题一个也没有解决，兴趣培养等于零。

根据前面分析，思维空间的拓展力关键在于思维空间深度的拓展应该由孩子本身来完成。这样一来，我们衡量课堂对思维空间拓展力的影响，主要是看在一堂课中孩子们参与了哪些思维空间的建构，拓展了怎样的思维深度。所以，孩子们在课堂中探索的表现反映了能力指数的提升状况。探索的表现我们可以用他们解决的问题数量来衡量，从而形成课堂深度拓展的衡量的两个指标：深度拓展力提升绝对指数和深度拓展力提升相对指数。

$$深度拓展力提升绝对指数＝孩子自己解决的逻辑环节数$$

$$深度拓展力提升相对指数＝\frac{孩子自己解决的逻辑环节数}{理论包含的逻辑环节数}$$

（四）思维空间拓展能力评价公式

前面的讨论让我们对思维空间的广度和深度拓展的方式和衡量方式已经有了很好的了解，结合起来，我们就可以理解思维空间的拓展能力。

总结前面的分析，我们不难得出以下一个算式，即思维空间拓展能力指数算式为：

$$\frac{思维空间}{拓展能力指数}＝广度拓展能力指数×深度拓展能力指数$$

一堂课孩子思维空间拓展能力的提升就体现在参与完成的思维空间中，因此其思维空间拓展指数算式为：

$$思维空间拓展能力指数＝\frac{自己发展的思维空间}{理论本身包含的思维空间}$$

这一指数可以作为评价课堂教学孩子能力提升的指标。不同的孩子思维空间拓展能力是不一样的,在一堂课中的收获也不一样,个体思维空间的拓展指数算式为:

$$个体思维空间的拓展能力指数 = \frac{个体自我发展的思维空间}{理论本身包含的思维空间}$$

对于一堂课来说,不同个体需要单独计算,如果要将不同孩子的能力提升作为课堂评价对象,那么我们要对每一个孩子的能力提升指数进行平均,用公式表示:

$$思维空间的拓展能力平均指数 = \frac{\sum 个体思维空间拓展指数}{班级人数}$$

这样的计算在现实的课堂评价中显得太过复杂,操作有一定难度。

行文到此,我们已经对思维空间的数学模型以及课堂的量化评价有了一个基本认识,我们可以利用思维空间绝对值、思维空间展示度比较老师的功底,也可以运用思维空间发展能力指数、兴趣指数评价课堂的理念,也可以运用个体思维空间拓展能力指数和兴趣指数来衡量个人的思维质量,运用思维空间拓展指数衡量个体的创造力,也可以运用思维空间拓展能力平均指数来衡量课堂整体效能,甚至用参与度来衡量思维拓展的兴趣提升。有了这些量化指标,我们可以说找到了一条通往客观量化评价的途径。但是由于本书首次提出这样的方法,不足之处在所难免,很多理论问题和操作问题还有待进一步完善,在此笔者只是起个抛砖引玉的作用而已,如果能够引起大家的兴趣并加以进一步研究,那是再好不过了。下面笔者设计一张客观量化评价过程以及评价表,供大家参考。

(五)课堂客观量化评价过程与量化评价表

过去评课由于搞错了量化对象,结果都是主观评价,这样的评价给人的感觉过于武断。客观量化评价如何进行?下面给出一个方法,供大家参考。

第一步	听课教师研讨知识内容,确定不同层面的广度和深度,构建知识结构图	计算知识不同层面的思维广度、深度,计算思维空间
第二步	听课教师研讨课堂知识呈现,确定课堂所呈现的知识广度、深度,构建课堂所呈现的知识结构图	计算课堂空间

续表

第三步	计算课堂展示度	课堂绝对展示度 课堂相对展示度 可以以此衡量教师对课堂的理解
第四步	研讨孩子们所参与探索的广度平面问题数和深度问题数	计算兴趣提升的绝对值和相对值
第五步	研讨课堂推进的方法,孩子解决问题的数量	计算孩子广度拓展和深度拓展指数,从而得出思维空间能力拓展指数
第六步	每个孩子根据自己思维发展过程评价能力增长指数	计算个体思维空间的拓展能力指数
第七步	孩子们自评能力增长值	计算思维空间的拓展能力平均指数

结合以上指标给出对一堂课的最后评价(一般来说,第六、七步可以不作要求)。

第十一章 基于生活逻辑的课堂教育

[引言]每个人的思维逻辑是不一样,这种思维差异决定了他的思维空间的建构,也决定了他的生活,所以,不管是要改变一个人的思维空间还是要改变他的生活,都要关注个体的具体的思维逻辑。这个逻辑不同于一般的逻辑,我们称其为"生活逻辑"。简而言之,生活逻辑指的是一个人在生活中解释生活现象、解决生活问题时的思维程序、思维模式及操作方式。生活逻辑是课堂教育的起点,也是课堂教育的归宿,课堂的质量最终体现在多大程度改变了孩子们的生活逻辑上。

思维空间是对课堂本质的思考,接下来我们要开始探讨课堂的具体操作了。课堂操作要注意的方面太多,这里只讨论与课堂思维空间最为紧要的内容——课堂的逻辑问题。

课堂逻辑可以说是课堂的生命,是课堂效能的核心。不管是课堂的建构,课堂的推进,还是孩子认知的提升,生活品质的改变,都离不开逻辑思维。课堂要有效率,必须要有思维空间,而思维空间的形成——不管是广度还是深度的形成都离不开逻辑。

所以,我们的课堂要关注逻辑。我们关注逻辑,是不是只要关注纯粹的逻辑学?如果只要关注纯粹的逻辑学,课堂教学的内容指向就单一了。显然,事情没有那么简单。

随着新一轮教改的进行,"生活逻辑"已经引起大家的注意和重视。"生活逻辑"这个概念我们对它感到既熟悉又陌生,逻辑也好,生活也好,我们经常碰到,但是二者结合之后,我们却对它说不出什么,甚至还感觉有点拗口。但细细想来,又觉得其中似乎有许多深意有待于我们挖掘。同时从理论逻辑走向生活逻辑又是决定课堂实效性的关键,正是如此,本书试图先对"生活逻辑"一探究竟,然后寻找从理论逻辑走向生活逻辑的有效途径。由于本人从事政治学科教学,很多案例就从本人的教学实践中直接获取,敬请大家理解。

一、生活逻辑的形成与特点

何谓生活逻辑？生活逻辑有什么特点？与我们平时所说的逻辑到底有何不同？生活逻辑是怎么形成的？

生活逻辑是和理论逻辑是相对而言的，因此要弄清生活逻辑的含义，就应该将生活逻辑和理论逻辑进行必要的对比。

不管是生活逻辑还是理论逻辑，都包含"逻辑"二字，所以，我们首先来谈谈"逻辑"。逻辑向来具有多义性，一谈到逻辑，我们可能会想到很多，比如：思想、思维、理性、规律性等等，尽管如此，我们可以从主观和客观两个角度来认识。从客观上来讲逻辑就是事物发展的规律性，从主观的角度来说，逻辑就是我们的思维规则。二者之间存在着联系，即正确的认识必须做到主观逻辑符合客观逻辑。这样单纯讲逻辑，更多的是普遍性的推理规则。

(一)理论逻辑

理论逻辑就是事物的本质结构或发展规律的主观呈现过程。

有时我们会将逻辑与某些具体的内容联系起来，比如，将某门学科与逻辑联系起来就形成所谓的学科逻辑，比如物理学逻辑、生物学逻辑、经济学逻辑等，与政治课相关的就有法律逻辑、经济学逻辑、哲学逻辑等，它们都是理论逻辑。

何谓理论逻辑？首先，理论逻辑不是像形式逻辑或数理逻辑那样纯粹的推理规则——但是应当遵循这些逻辑规则；其次，就理论存在的形式而言，每一理论都有自己的特有的概念、原理或定理（律），那么理论逻辑则表现为该学科特有的概念、原理之间的演变关系，理论逻辑是我们探索事物本质和规律的手段；再次，就理论本身而言，理论是对某些领域事物的本质、规律性的研究，力求在思想上重构事物的特征，理论的逻辑应当力求与事物的发展规律相一致（当然并非所有的理论都是科学的）。与其相关，在认识事物的过程中，理论只关注事物发展的必然性问题，而不关注个别的偶然的现象——现象最多作为入门的向导而已——至少在理论的表述上是没有现象的成分。一句话，理论逻辑就是事物的本质结构或发展规律的主观呈现过程。

　　比如"经济学常识"课程中我们讲货币的产生，不管从横向还是纵向的角度来说都是非常丰富多彩的，各个国家和民族都有自己的货币形成史，这是现象层面的。经济学需要知道的是货币产生的原因，因此在经济学中我们只需要关注货币的产生、发展的内在逻辑，不需要关注每一个现象、每一个细节——假如要研究的话，也只能作为佐证材料，详细的细节那是历史学家研究的对象。"经济学常识"如此揭示货币产生的规律：随着商品交换的扩大，原来的物物交换变得困难，人们需要尽量减少交换次数以获得交换的成功，于是出现了一般等价物。人类在长期的交换实践中，发现各种各样的一般等价物都存在这样那样的问题，然后人们提出理想的一般等价物的标准：体积小、价值大、便于携带、久藏不坏、质地均匀、容易分割，最后通过反复实践发现金银最适宜充当一般等价物，当金银固定地充当一般等价物的时候，就标志货币的产生。再后来，货币作为交换媒介，人们不关心它的材质，因此可以用纸币代替，纸币是货币符号，电子货币则是将符号变为信号。见图 11-1。

总结人类的货币产生发展过程及其内在逻辑

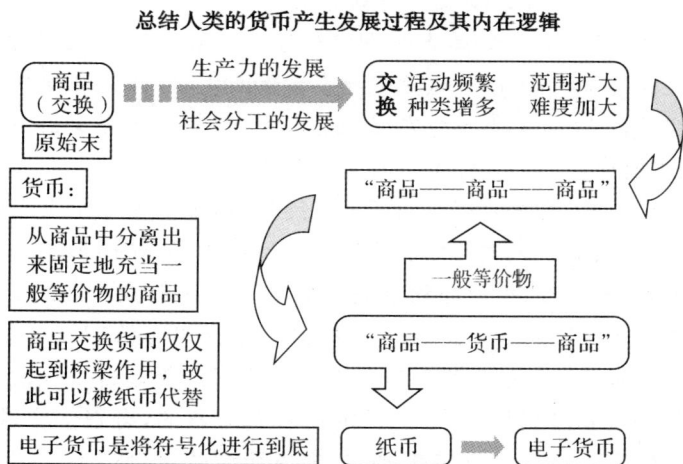

图 11-1

　　理论属于主观的认识范畴，理论的形成过程是透过现象看到本质的过程、是从特殊到普遍的过程。教育应当重视理论的价值，但是，当理论呈现在孩子面前的时候，毕竟是抽象的，我们在理论中找不到现象的痕迹。可是我们面对的生活却是客观的、具体的，呈现在我们面前的首先是五彩缤纷的现象,这就决定了生活与理论有着本质的区别,从而决定生活逻辑与理论逻辑有着根本性的差异。为了对生活逻辑有个清晰的认识,我们有必要去了解一下生活的特征。

(二)生活逻辑

我们需要研究的生活逻辑即是主观的生活逻辑,指的是一个人在生活中解释生活现象、解决生活问题时的思维程序、思维模式及操作方式。它是课堂教育的起点,也是课堂教育的归宿。

什么是生活?我们可以将生活理解为人的生命在自然和社会环境中能动的展开过程,对于生活我们必须注意以下几点:第一,生活的主体是人,人具有主观能动性,不同的人其内在要素不同,能动性不同,从这一层面来讲,人只会在"自己的世界"过"可能的生活"。第二,人的生活发生在自然、社会环境中,生活的过程就是人与自然、人与人、人与社会相互交往和相互影响的过程,因此,人的生活会受到各种各样的客观条件的制约,比如他所处时代的政治、经济、文化背景以及自身家庭条件等,因此人的生活是在一定的现实条件下完成的,是一个具体的历史的过程。第三,生活是现实的,生活虽然受到规律的制约,但由于生活中充满着偶发因素,故此规律只能作为必然性而存在,可以决定某类事物发展的最终方向,但不能决定某一事物的最终结果,更不能决定一个人的生活的具体表现。

因此,每一个人的生活都不同于别人的生活,加上每一个人思维能力不同,因此不同的人对于现实的生活的反应也不尽相同,从而形成了每一个人独特的世界观、人生观、价值观和知识结构,从而形成与众不同的生活逻辑。

从前面对于逻辑和生活的解读中我们不难得出生活逻辑的双重意蕴:客观的生活逻辑和主观的生活逻辑。客观的生活逻辑是现实生活的内在的本质的必然的联系,即规律性。生活的内容是丰富的,有很多个领域,客观的生活逻辑应当由具体的学科来研究,形成所谓的理论逻辑。理论逻辑往往带有普适性,可以作为工具用来分析其对应的一类现象。理论逻辑是我们课堂教育的内容,也是我们很多老师所重视的内容。主观的生活逻辑既是我们研究的对象,同时又是我们教育的目标——因为生活逻辑是决定我们生活质量的关键——每一个人都是以自己的生活逻辑去面对生活,因此关注孩子的主观生活逻辑才能提高课堂教育实效性——达到改变孩子生活的目的。因此,孩子的主观的生活逻辑才是我们教育过程的目标所在。(以下我们谈到的生活逻辑在不加注明的情况下指的都是主观的生活逻辑。)

什么是生活逻辑？生活逻辑即是一个人在生活中解释生活现象、解决生活问题时的思维程序、思维模式及操作方式。

（三）生活逻辑的形成

生活实践是生活逻辑形成的根本源泉,在不同的生活实践中形成不同的生活逻辑。

到此,我们可能对于生活逻辑还是不能很好地理解,所以下面我们结合生活逻辑的形成来探讨生活逻辑的特征。

生活实践是生活逻辑的形成的根本源泉。每一个人与生俱来皆有一种"趋利避害"的本能,而经过多次实践之后,最后成为一种生活的方式,其中内在的逻辑是：

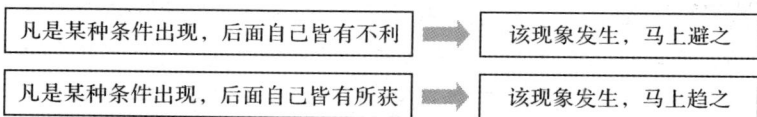

| 凡是某种条件出现，后面自己皆有不利 | ⟹ | 该现象发生，马上避之 |
| 凡是某种条件出现，后面自己皆有所获 | ⟹ | 该现象发生，马上趋之 |

这里面的逻辑很简单,当次数多了,我们就会形成条件反射。凭简单的感觉建立起来的这种生活逻辑没有太多的理性,这种逻辑往往是经验的、缺乏理性思考的。

在此基础上,人们会想办法取得成功,有时一次经验就可能给人以启发,并将这种经验迁移到其他地方去,比如：我去年春天买股票赚了很多钱,我想今年春天再买一定也会有钱赚。上次我帮助人,得到老师的表扬,这次我又做了好事,老师肯定也会表扬我。这里面的逻辑结构是：

| 某次在某种情况下取得了收获 | ⟹ | 这次有了这种情况，也可以获得收获 |

这种逻辑没有任何的分析,建立在经验照搬或经验迁移的基础上,有时仅仅建立在一次经验的基础上,带有很强烈的侥幸心理,下次成功的可能性不一定很大,但是有时可能暗合了某种规律,真的获得了成功也不一定。教育就是要知道这样的逻辑存在的问题,并引导孩子如何修正这样的逻辑的

问题,从而导向成功。

在这种逻辑中,参考的经验可能是自己的,也可能是别人的,这样可以形成这样的逻辑:

| 某人在某种情况下取得成功 | ⇒ | 我也遇到了这种情况,按照他的办法也可以成功 |

这里就有一种类比的逻辑,只是看到了某种相似性,并没有思考别人与自己的具体不同,当然结果未必就能令人如愿。这对于我们的课堂的要求就是要学会分析自己与别人条件的差异,指出这个差异将会对我们的逻辑推导产生怎样的影响。

比这种简单经验迁移复杂一点的是经验归纳。比如人们在秋天的早晨看到有雾之后,经常会刮风,于是得出这样的结论:三朝迷雾刮西风,至于三朝迷雾与西风之间有什么样的联系那就不知道了。类似这样的生活逻辑是很多的,如"瑞雪兆丰年","菜锅油着火不能用水去灭"等。在这些生活俗语当中体现的逻辑是这样的:

| A现象发生B现象往往也发生 | ⇒ | 有了A现象发生B现象就会发生 |

这种生活逻辑也没有什么严格的科学理论支撑,表达的只是现象与现象的先后关系,到底相互之间有什么样的关系不清楚,而且其中的本质或规律倒显得可有可无。比如,"三朝迷雾刮西风",为什么三朝迷雾之后要刮西风?三朝迷雾之后一定刮西风吗?这些问题往往不必研究,只要这样的判断能够为生活提供指导就可以了。的确,像"三朝迷雾刮西风"这种生活逻辑符合统计学原理,在大多数情况下三朝迷雾之后会刮西风,在生活中往往很管用,可以指导我们的生活。

按照以上的生活逻辑来解释和解决生活问题不可能保证事事成功,但有些在长期的生活实践中被人们广泛地接受,并且还取得不错的效果。比如中国人的多吃素菜和豆制品的生活习惯是比较健康的饮食习惯,或许这种生活正好与身体新陈代谢规律相吻合,但是从形成的过程来说,人们并不能说出其中的科学依据,只能说这样做效果比较好而已。有时候,我们还会根据经验进行系统整理,建立经验的体系,比如中医学。中医学有一套似乎完整的理论体系,但从本质上说,也是建立在经验基础上的。如果从理论水平来看,这种生活逻辑可能没有什么道理,但是这种生活的逻辑以广泛的生活经验事实为依据,虽然没有揭示出内在的本质,但是已经暗合了本质,因此,按照这样的逻辑生活的话,成功的几率比较高。这样的逻辑为我们提供了一种处理生活的工具,为我们成功打开生活之门提供了一把钥匙。

在生活中,我们有时还得接受一些社会规范,我们按照这个规范去做事是应该的,比如做人要讲诚信,不合乎诚信的事情就不该做。其逻辑结构是这样的:

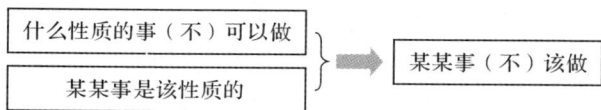

什么性质的事（不）可以做	
某某事是该性质的	➡ 某某事（不）该做

在生活中人们接受的社会规范一般不需要非常严密的逻辑,更达不到理论的层面,但是具有很强烈的训诫作用,给人心灵强烈的冲击作用。比如"天网恢恢,疏而不漏","善有善报,恶有恶报,不是不报,时候未到"等让人知道做违法和不道德的事情是不好的,最好不要去做。这种逻辑可能出现的问题在于大前提道德规则的合理性,和小前提的性质判定是否合理。我们关注孩子的道德生活的时候,要关注逻辑推导过程,帮助他们学会分析。

但是社会规范必须成为自己的行动准则才有用,实际的行动中人们会有自己的道德信念,并在自己的道德信念的导向下进行活动,其中的逻辑形式是:

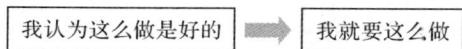

我认为这么做是好的	➡ 我就要这么做

"我认为这么做是好的"可能是建立在理性的分析的基础上,对什么是好已经有了深刻的思考;也可能建立在一时冲动的基础上,仅仅是我"以之为好",无逻辑可言,纯粹是为自己的行动找借口。这个行动的"借口"正是我们应该分析的对象。

以上的生活逻辑理性成分不高,甚至从逻辑学的角度来说是没有什么逻辑的,但是这恰恰是真实的生活逻辑。即便如此,我们也不能说它没用,它们已经是我们生活的习惯方式,在我们的生活中发挥着不可替代的作用。事实上,在生活中,很多事情我们不需要探究什么规律、本质性的东西,而且本质性的东西往往离生活显得很遥远,比如,像"社会存在决定社会意识,社会意识对社会存在具有反作用","价值观对生活具有导向作用"这样的观点离我们的生活很远,很多人可能不能理解它,因此也就不可能像"善有善报,恶有恶报,不是不报,时候未到"这样的话语具有打动人心的力量,因为生活是要讲究实用的。

从现象到现象的生活逻辑尽管能管用——可以说很多人就是这么生活

着的,但是生活的逻辑停留在现象的层面不利于生活质量的提升和生活空间的拓展,有时连基本成功也很难保证。在这个时候,我们的生活逻辑需要上升到一个新的档次——以理性认识为基础来建构生活逻辑。

比如,价值规律是经济活动的基本规律,商品的价格由价值决定,并受到供求关系的影响,当供不应求时,商品的价格会上涨,反之价格下跌。整个逻辑过程如下:

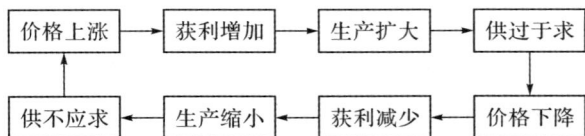

```
价格上涨 → 获利增加 → 生产扩大 → 供过于求
   ↑                              ↓
供不应求 ← 生产缩小 ← 获利减少 ← 价格下降
```

虽然我们知道这样的必然性知识,在生活中也是不能直接拿来用的,还需要具体问题具体分析。假如现在牛奶产量供大于求,价格下跌,这时养牛户知道了供求关系变化的完整逻辑过程,他就有了更多的选择,不再是在价格下降之后本能地去屠宰奶牛。他可以这样思考,把牛养下去,等待别人大量屠宰奶牛,牛奶生产缩小之后,牛奶供不应求价格上涨。这样做可能会更加理想。其中体现的逻辑过程是这样的:

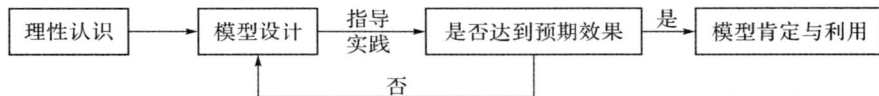

```
理性认识 → 模型设计 ──指导实践──→ 是否达到预期效果 ──是──→ 模型肯定与利用
              ↑                         │
              └──────────否─────────────┘
```

在这个逻辑过程中,理性认识成为我们建构模型的基础,可以给我们提供事物发展的大致方向——请注意不是具体过程,即便如此,我们已经可以避免了很多盲目性。但是理论在不同的人那里具体的理解是不一样的,有的人看到这一环节,有的人看到别的环节,选择的结果也就不一样。模型的建构与理论不同之处在于,模型必须面向问题,也就是通常所说的理论必须与实际相结合。但由于不同的人所面对的问题环境以及实践的需要不同,选择结果也不一样。比如,同为奶牛养殖户,都想把牛养下去,但有些家庭有本钱支撑下去,而有些家庭没有本钱承担这个风险,盲目坚持会得不偿失。比如,假如农户要等到几年以后才有赚钱的可能,牛都已经老了,坚持也是没有意义的。总而言之,这里面需要具体问题具体分析。在生活中,我们不可能保证一次建构的模型就能适合自己,需要不断地反思和调整,直到问题的最终解决。在模型选择的过程中,反思是非常重要的一个环节,只有反思,才有可能发现原有模型存在的问题,才能不断地发展出新的模型。同时,我们也会在反思中总结出一种构建模型的智慧,提高生活逻辑的质量和水平。

比如,在待人处世中,我们逐渐地发展出一种人生智慧。对待张三我们用劝说的方式可以改变他的问题,但用这种方式到李四身上不行,反而用强制的方式更有效;在王五身上我们通过点拨就能解决问题,而赵六需要反复的提醒。最后我们得出不同人用不同的方式,乃至提炼出具体问题具体分析的方法论。慢慢地人们会在实践中形成如下的处理生活问题的思维习惯,见图11-2。

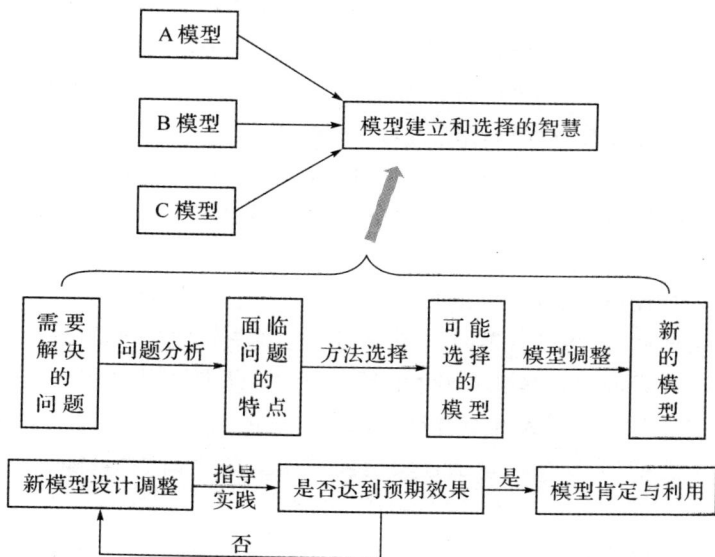

图 11-2

我们不难发现,在生活中,一个人生活经验越多,生活中建立起来的有效模型也越多,在处理新问题的时候可供选择的模型越多,建立有效模型的速度也越快,解释问题和处理问题的能力也就越强,生活适应能力自然也就越强。

(四)生活逻辑的基本特征

生活逻辑受到个体生活的影响,带有个体性、经验性、技术性、局限性、发展性等特点。

通过对生活逻辑的形成过程的分析,我们不难得出生活逻辑具有以下几个特征:

第一个特征:个体性。每一个人的生活逻辑都是不同的,原因是多方面的,就客观方面而言,每一个人具有不同的生活背景,具有不同的生活需要,决定了需要不同的生活适应能力;就主观方面而言,每一个人的认知能力不一样,知识背景不一样,思维能力不一样,世界观、价值观、人生观也不同,决定不同的人即便面对同样的问题也会有不同的选择和处理方式,因此生活逻辑个体差异明显。

第二个特征:经验性。生活逻辑不像理论那样抽象,面对的是具体的生活问题,带有个人经验总结的特征,在思考的过程中,个人的经验往往是逻辑的一部分,即便以理论为前提的生活逻辑,也已经不再是纯粹的理论——只有进入个人的经验世界的理论才能发挥作用。

第三个特征:技术性。生活逻辑不是以建构理论为目标,而是以解释生活问题或解决生活问题为目标,生活逻辑是人们面对生活的把手,解决生活问题的技能。

第四个特征:局限性。以上几个特点决定生活逻辑带有很大局限性,首先就科学层面而言,生活逻辑不一定科学,也不一定是完整的系统的,有的还是自发的朴素的生活体验;就价值层面而言,也未必是高尚的,有的还是个人的本能和喜好。个人的所有局限都会在他的生活逻辑中体现出来。

第五个特征:发展性。生活逻辑会随着个人的生活阅历、知识水平的发展而发展。

总结以上分析,我们不难看出生活逻辑与理论逻辑的区别是巨大的,我们切不可将生活逻辑和理论逻辑混为一谈。同时,我们也看到了生活逻辑存在的问题和理论逻辑的价值,我们可以运用理论逻辑帮助我们修正、建构更加有效和合理的生活模型,改变和提升我们的生活逻辑,从而改变我们的生活。

二、用理论逻辑改造生活逻辑何以可能

要运用理论逻辑改造生活逻辑,首先要知道理论逻辑走向生活逻辑的内在机理是什么?注意事项又是什么?

根据人类的认识规律,理论逻辑和生活逻辑发生关系可以有这样两种方式,一种是从个别走向一般,另外一种就是运用一般来指导个别。我们首先来看一下从个别走向一般何以可能。在本书中提到生活逻辑可以有主观和客观两种理解,首先就理论逻辑和客观的生活逻辑应该是一致的,它们之间有着同构关系。比如,我们拿牛奶的生产与供应来看:

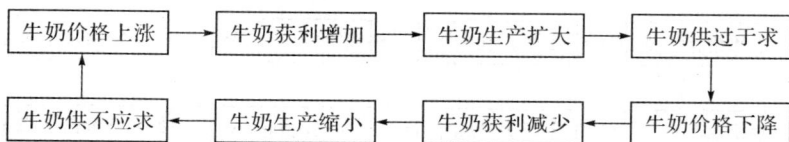

牛奶价格上涨 → 牛奶获利增加 → 牛奶生产扩大 → 牛奶供过于求
牛奶供不应求 ← 牛奶生产缩小 ← 牛奶获利减少 ← 牛奶价格下降

同样的逻辑可以发生在任何产品的生产和供应上面,比如:

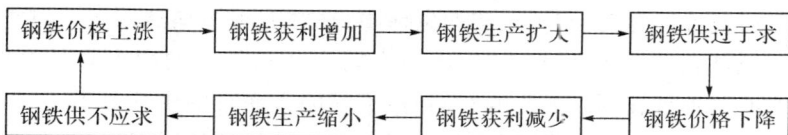

钢铁价格上涨 → 钢铁获利增加 → 钢铁生产扩大 → 钢铁供过于求
钢铁供不应求 ← 钢铁生产缩小 ← 钢铁获利减少 ← 钢铁价格下降

我们从中可以看出不同产品的生产和供应有着同样的循环结构,于是我们可以得出这样的理性认识:

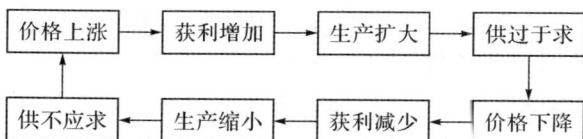

价格上涨 → 获利增加 → 生产扩大 → 供过于求
供不应求 ← 生产缩小 ← 获利减少 ← 价格下降

我们发现从牛奶、钢铁的生产和供应的变化过程抽象出共性的东西,在这一过程中我们要抛去现象的东西,仅仅剩下一些本质结构,一种事物发展的脉络——必然性。

正是理论和生活有着这样的一种同构关系——理论是对一类事物的本质规律的认识,因此理论可以从一般走向个别,我们可以用它来指导与此相关的生活问题——将理论作为基础来建构我们的生活逻辑。

我们运用理论建构模型可以知道事物的发展方向,对事物的未来有个预测,从而可以避免盲目性。比如,还是以上面的理论为例子,假如我是一个奶农,现在牛奶出现了供过于求的状态,那么我将如何决断? 首先我要确知我可以运用的理论:

```
价格上涨 → 获利增加 → 生产扩大 → 供过于求
   ↑                                        ↓
供不应求 ← 生产缩小 ← 获利减少 ← 价格下降
```

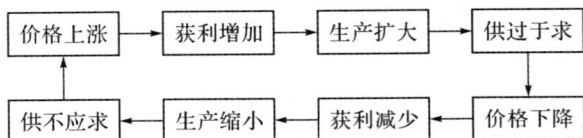

接下来我应该将理论逻辑还原为生活逻辑：

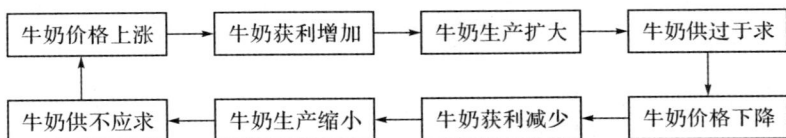

```
牛奶价格上涨 → 牛奶获利增加 → 牛奶生产扩大 → 牛奶供过于求
     ↑                                              ↓
牛奶供不应求 ← 牛奶生产缩小 ← 牛奶获利减少 ← 牛奶价格下降
```

但是从理论逻辑走向生活逻辑并不是这么简单的，因为事物的规律只能作为必然性而存在，到了现实的生活中，往往有很多偶然因素。对于事物真实的发展轨迹我们不可预料，比如牛奶生产和供应的拐点在什么时候？会不会有其他外在因素的影响？同时，不同的人面对的生活是不一样的，这时每一个人只能运用所掌握的理论，根据自己的特殊情况，设计具体的生活模型。当我们设计自己的生活逻辑模型的时候，必须对自身的具体生活进行深刻的分析。首先我们应该确定我们可以运用的理论，接下来是确认处于发展的哪一个环节，然后再分析这一个环节下不同条件可以拥有的不同选择，最终根据自己的条件从中选择适合自己的方案。

下面我们继续以牛奶生产为例来分析模型建构。我们现在面临的问题是：牛奶生产过剩，奶农该怎么办。我们运用已有理论：

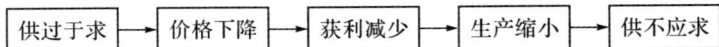

```
供过于求 → 价格下降 → 获利减少 → 生产缩小 → 供不应求
```

可以知道供求变化的基本趋势，可以知道现在处于供过于求的状态，在可以预见的将来是价格降低、获利减少，这时，很多奶农不可避免地要转产，甚至杀掉奶牛。作为一个具体的奶农只有这么几种选择，一是杀掉奶牛避免进一步亏损；二是留下一部分，等待下一次价格上涨；三是留下全部，暂时忍受亏损。第一种选择可能再也没有获利机会了，如果有机会很有可能是在下一次牛奶涨价的时候，你再开始买奶牛来养，估计等到你的奶牛产奶的时候价格又开始下跌了。这样你可能永远赶不上趟。第二种、第三种选择养牛现在都是亏的，也许为自己留下了希望，在于亏损的程度是不一样的，当然将来的希望也不一样。但是问题在于，你能亏多久，你能否等到下一次拐点的出现。这就要考虑自己的奶牛寿命和自己的资金数量了。如果自己手上根本没有资金，还是赶紧出售奶牛或杀了奶牛；如果有资金，那就根据手上的资金来考虑养多少奶牛、支撑多少时间。图 11-3 就是思维模型。

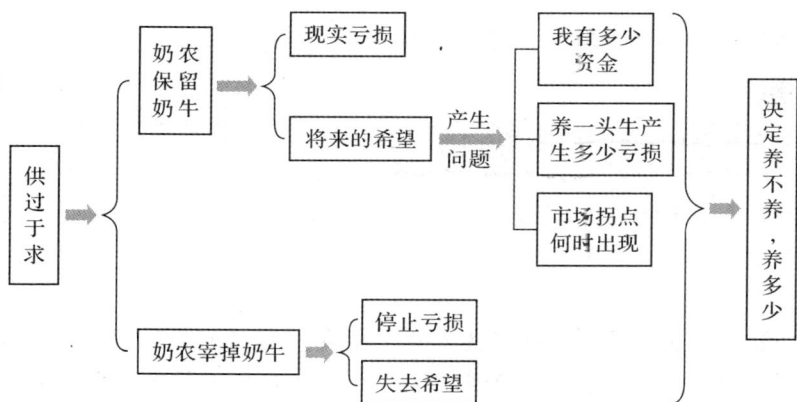

```
供过于求 ──→ 奶农保留奶牛 ──→ 现实亏损
                        └──→ 将来的希望 ──产生问题──→ 我有多少资金
                                                    养一头牛产生多少亏损    决定养不养，养多少
                                                    市场拐点何时出现
         └──→ 奶农宰掉奶牛 ──→ 停止亏损
                        └──→ 失去希望
```

图 11-3

由上可见，我们发现在理论逻辑走向生活逻辑的时候，可以给我们提供一定的预见，这种预见来自于事物发展的内在同构关系，但是我们面对实际问题的时候却仍然充满着偶然因素，这就需要我们深思熟虑。理论逻辑能否帮助我们成功走向生活，不仅仅取决于我们的理论水平，还取决于我们对未来的预测以及我们对各自面临的背景的认识是否准确。

三、生活逻辑的构成要素与提升方式

我们知道了生活逻辑的产生以及可能存在的种种逻辑问题，接下来探讨如何改变、提升生活逻辑。要改变生活逻辑，就得知道生活逻辑构成的基本要素，并从这些要素入手改变生活逻辑。

课堂如何对人的生活逻辑发生影响，无非是在课堂里改造或提升旧的生活逻辑、建构新的生活逻辑，从而达到让教育对象过上"新的生活"。下面借用政治课堂中的一些例子来探讨如何实现这样的目标。

根据前面的分析，生活逻辑的构成与提升有四个要素是必不可少的。第一个要素是生活经验（包括已经存在的生活逻辑），第二个要素是理论逻辑，第三个要素是课堂逻辑，第四个要素是反思。经验是让我们逻辑生活化的载体，理论逻辑是生活逻辑品质提升的内涵，课堂逻辑是生活逻辑发展的手段,反思是生活逻辑改变的内在动力。所以,以下从四个方面来思考提升生活逻辑的有效途径。

(一)经验要素的选择

经验要素是构成生活逻辑的血肉,是构成生活逻辑的基本要素。课堂上可能的话增加一些直接经验,但更多的是要利用各种间接经验。间接经验是别人的生活逻辑,成功也好,错误也好,通过分析、思考它,可以增进、改善我们自身的生活逻辑。

经验是生活逻辑形成的最为基本的要素。通过前面的分析,不难得出经验是我们生活逻辑建立的基础,没有经验就不可能有什么生活逻辑。

经验包括直接经验和间接经验,就人的生活逻辑形成来看,首先需要直接经验,在此基础上,间接经验才能发生作用——因为人们都是从自己已有的认知出发去理解别人的经验的。如果可能的话,我们可以尽量增加孩子们的直接经验,比如,操作性、实践性课堂可以增加感性经验,有时课堂学习过程也可能留给孩子终身记忆,合作学习也可以给孩子经验的收获。

我们不否认课堂可以给孩子一种人生经历,但从人的发展来看,课堂上可以利用的间接经验比起直接经验来说要丰富得多。一般课堂不是以增加孩子的直接经验为主要目标,因为直接经验的生成需要具体的实践,而实践不是课堂的主要手段,所以,间接经验具有巨大的课堂价值。在课堂上,各种各样的间接经验可以帮助孩子打破个人经验的局限性,感受到更加广阔的生活空间,领悟到世间的百态和人生的多彩,从而为课堂空间的展开提供广阔的资源,为构建新的生活逻辑提供经验元素。

就具体操作来说,首先,深入挖掘孩子自己的经验,感悟不同的生活逻辑。每个孩子都有自己的生活经验(对自己而言是直接的,对别人而言就是间接的),同时受到主客观条件的限制,一个人只能经历和感受到一种生活。比如,一个成功的孩子在他的经验里面没有失败的感觉,一个失败者不知道胜利的滋味,我们可以让同学们谈谈自己的经历,谈谈他们的心理感受。这样做首先起到沟通心灵、加深了解的作用。同学们在相互聆听的过程中,感受到了不同的人生经历,好像别人"帮我们过了一种生活",让我们获得了"这种生活"的经验。可以这么说,一个人感受到一种生活,一百种不同生活的人通过交流就可以让一个人感受到一百种生活,从而看到一百种生活逻辑,发现自身生活逻辑的片面性。在经验交流中,独特的真实的人生经历更能够吸引人、打动人,切合课堂理论教育的经验能够比较容易地成为理论发展的基础,更容易建构有效的生活逻辑。比如,在讲"要用发展的观点看问题"时,我们可以让孩子谈谈自己从初中到高中以后心态的变化。在重点高中有着一批这样的孩子,在初中时非常的优秀,进入高中以后有着非常强烈的失落感,这就要给他们分析,每一个人都在发展,每一个人的发展在不同的阶段发展是不一样的。知道这些,孩子们才会知道如何进行行心态调整。

第二,深入了解孩子的人生经历,找到他的生活逻辑生发的根源,才有可能改变他的生活逻辑。生活是孩子生活逻辑形成的根源,只有了解他们的生活,我们才能知道孩子的逻辑过程,才能找出其中的问题,从而指导孩子思维的发展。比如,曾经有个孩子喜欢与老师顶嘴,他先后跟物理老师、外语老师、年级组长等发生冲突,后来到我的课堂里他也开始顶撞,我没有跟他硬干到底,而是到此为止,跟他打太极。我想他的习惯可能跟他的家庭有关,后来,我与他的母亲接触多了,发现问题就在他的母亲身上。他的母亲对他要求太高,在她看来孩子做好了是应该的,考一百分是应该的,做到了也不表扬,因为那是应该的;考不到一百分是不应该的,考不到一百分就应该批评。结果是,孩子从来听不到表扬,听到的总是责备。母亲还经常在自己的孩子面前说别人的孩子好,她看自己的孩子则全是问题。这位母亲还很啰唆,一讲话往往没完没了。这样的妈妈能不让小孩烦吗?这个孩子在小学到初中阶段比较顺从,因为那时比较容易达到母亲的要求,但是后来孩子越来越难满足母亲的要求。当孩子发现不管自己怎么努力也不会达到母亲的要求时,终于在忍无可忍中爆发出来,开始顶撞家长,当顶撞成了习惯的时候,自然见谁就顶谁。后来,我们跟孩子谈心,跟家长交流,共同努力,最后改变了他的这个习惯。

第三,将世界拉进课堂,拓展孩子们的经验世界,构建广泛的生活逻辑。一个人的经验是有限的,所有孩子的经验总和也是有限的,所以我们还需要想办法拓展和丰富他们的感性世界,想方设法补充各种各样的材料,这就需要尽可能地将整个世界拉入我们的课堂。这一点在人文学科中显得尤为重要。比如哲学课,整个世界都可以纳入讨论的范围,从普京、希拉克这些不同国家的领导人,到邓中翰这样年轻成功的归国留学生,都是课堂中可以运用的生动教材;焦点访谈、谈话节目、动物世界、科学频道等也是我们课堂的常用节目;古今中外的文化史都是我们讨论的对象,一切社会热点问题都是课堂讨论的话题。一句话,课堂没有禁区!这样一个个生动的信息打开了生活的大门,让我们的孩子领略生活的多姿多彩,增加孩子心理感受。只有在此基础上,孩子才能从狭隘的自我生活中解放出来,进而运用所学理论建构广泛的生活逻辑。

第四,我们还要善于从人人熟知的经验中提出发人深思的问题,重新认识经验,深化生活逻辑。当人们按照常识进行思维的时候,往往陷于一种定式,这个时候,作为老师能否打破定式来提升孩子的生活逻辑呢?这就成为我们的一项任务。比如,在讲授"自然界是客观的"这一课的时候,我首先给孩子们欣赏杭州的美景,三月的桃花、四月的郁金香、七月的荷花、九月的睡莲、十月的桂花,突然停下,我提出这样一个问题:"当你们面对如此美景的时候,你们有没有人怀疑它的真实性?"当我提出这样的问题时,孩子们的眼睛一下子都亮了,他们都发出"哇,连这个也值得怀疑吗"的声音,显然这一问题出乎孩子的预料,一下子抓住了孩子的心。后来这一堂课非常成功。

综上所述,我们应当在课堂中扩展孩子的生活经验,从孩子的生活经验中找出生活逻辑的生长点。

(二)理论要素的呈现

理论是提升生活逻辑的工具,理论的水平决定生活逻辑的最终高度。课堂教育从来不缺理论,但是理论的呈现方式却是我们值得研究的话题,因为不同的呈现方式带来的教育教学效果是不一样的。

就课堂而言,我们所要传授的理论来源于教材,但是作为理论载体的教材在现实的教育过程中存在着诸多问题,需要我们老师创造性地加以克服。

第一,克服知识呈现的结论化,还原知识探究的过程性,唯有如此才能展示逻辑推理过程。现在的课本往往以总结的方式来呈现知识,缺乏知识的探究过程。比如,在讲"自然界是客观的"这一课时,我们只是说明自然界在人类产生之前是客观的,在人类产生之后也是客观的,将人类几千年来对于主客观的关系的思考过程全都忽略掉了。对于这样的问题,我们应该重新还原人类的完整探索的逻辑过程——以浓缩的方式呈现逻辑发展过程,只有这样才能培养孩子的理论逻辑。

第二,克服语言陈述的抽象化,呈现思想的逻辑结构。教材中语言表述是有逻辑的,但是孩子不会感到有逻辑,或者逻辑性不够直观、明确——原因在于思维水平。前面关于财政不能过多也不能过少的例子就是很好的说明,这样的逻辑图示给孩子比较清晰的逻辑。

　　第三,克服案例理解中的片面性,完整展示案例全部意蕴。教材有时为了体现某一观点用了一些例子,但是没有完整地显示其中蕴含的意义,具有片面性,这将会误导孩子的理解。比如在"矛盾即对立统一"这一课中有一个漫画,漫画中两个人吊在横跨气球的一根绳子的两端,问谁敢剪断这根绳子,当然谁也不敢,因此说明二者之间是相互依存的关系。很多人讲到这里,往往是只看到统一而看不到对立。事实上,有对立的地方一定有统一,有统一的地方一定也有对立。到底是统一性还是斗争性维持了双方的存在呢? 很多老师理解为统一性,实际上这两个

他敢剪吗?

人之间存在的相互作用,这种作用改变事物往下掉的趋势,这种作用是排斥关系,而不是依存关系。所以,书本的理解和老师的理解,缺少完整性,导致理解的错误。

　　第四,要修正教材存在的问题,完善知识逻辑体系。书本的理论和逻辑本身难免有问题,比如,人民群众是历史的创造者,这个题目首先如此定义人民群众:人民群众是对历史起推动作用的人们,接下来说人民群众是历史的创造者,这样一来,岂不就变成了循环论证? 而英雄人物本来是人民群众的一部分,如何看待英雄和普通人民群众就成了一个问题,而这个问题书本偏偏没有去讨论,却要我们否定英雄史观,这样的逻辑显然是不严密的。当把人民群众定义为对历史起推动作用的人们的总和的时候,剩下来的仅仅是解释历史了,于是就有人民群众创造了物质财富和精神财富、推动历史发展了。这样的哲学还能提升孩子多少逻辑? 还有为了片面强调德育效果,总希望孩子有一个高尚的目标,这样在论证的过程中造成逻辑上牵强附会,或者含混不清。比如,我们说每一个人都是以自己的利益为出发点,集体的出现是为了个人,但是,我们又说集体是根本。试想一下,事实上,每一个集体都可以打破,但个体是独一无二、完整不可分割的,集体的根本性在哪里? 再比如,市场经济需要集体主义,但是市场活动中的竞争关系必然造成优胜劣汰,竞争的双方如何讲集体主义? 因为处于竞争关系的双方根本就不是集体关系。所以,我们可以看到,教材的这些问题不解决,在课堂上,我们老师何以理直气壮?

　　第五,不要过于强化"三观",应该倡导思想逻辑的培养。现在有一种倾

向，就是强调"三观"教育，弱化思想逻辑。正确的观点只有建立在思想的基础上才能牢固和有用，只有经得起逻辑的拷问，才值得信服。没有思想基础，"三观"哪怕是正确的，也只能算作迷信，对生活无多大用处。相反真正有思想的人，即便"三观"有一点问题，思想纠错能力会把它纠正过来——人类的历史就是不断纠错的历史。基于这样的认识，笔者认为让孩子学会思想应当是课堂教育的最高目标，理性分析过程应当高于结论的灌输。当然，笔者并不否认"三观"改造的重要性，只是强调"三观"的改造必须以思想逻辑为基础而已。

一句话，面对书本存在的问题，老师不要一味地迷信书本，而要敢于批判，指出其中的问题，想方设法弥补其中存在的问题，将孩子引导到正确的方向上去。

正是书本中存在着以上提及的缺陷，加上教师对于教材的思考不到位，理论逻辑在课堂中存在着逐渐被淡化的趋势。特别是在一些公开课中为了体现所谓的生活逻辑，体现孩子的主体性，理论往往轻描淡写地一笔带过，然后围绕现实问题轰轰烈烈地开展讨论，这样做表面上很热闹，课堂也被冠以主体活跃的美名。静下来之后，我们是不是应该考虑一下，没有了理论逻辑又何来生活逻辑的提升？没有理论的透彻理解，我们凭什么走进自由的王国？总而言之，逻辑是理论的生命所在和价值所在，理论逻辑的水平决定生活逻辑的水平。经验表明，课堂教学过程教师越是能够展现自己深厚的理论功底、丰富的人文底蕴和自己的深思熟虑，孩子们越会表现出强烈的兴趣；理论逻辑越显示力量，课堂讨论就越能深入。

（三）课堂逻辑过程的推演

考虑了生活材料，考虑了书本知识的逻辑，怎样将这些内容在课堂中有效呈现出来？这就需要有效的课堂逻辑。

课堂要达到提升孩子们生活逻辑的作用，就必须具有应有的逻辑。课堂逻辑涉及的方面很多，下面就几个比较重要的环节来展开。

第一，学科教学要体现完整的学科体系逻辑。完整的学科体系逻辑可以培养孩子宏观、整体逻辑。比如"哲学常识"将对整个世界的问题归结以下三个问题：世界是什么？世界怎么样？人与世界关系如何？接下来，我们先看第一个问题，世界要么是物质的，要么是精神的，只有两种可能，这样就有了物质和意识的概念和物质与意识的关系问题。物质世界无非自然界和人类社会两部分,通过对两部分分别加以论证,最后归纳得出:整个世界是客观的。对于第二问题,唯物辩证法如此回答:世界有两个基本特征——联系和发展。围绕联系,展开联系的种类讨论;围绕发展,讨论运动与物质的关系,运动与静止的关系,运动、变化和发展的区别;接下来再讨论运动的规律性问题,从而引出规律的概念。联系仅仅是一种影响关系,到底是如何影响、如何制约的? 于是引出了矛盾是联系的根本内容,围绕这一概念展开讨论矛盾的特殊性、普遍性原理、主次矛盾、矛盾的主次方面的原理、内因外因的辩证关系原理、前进性曲折性原理等等。对于第三个问题,可以做如此理解:人与世界的关系,首先分析人与物的不同,得出人具有主观能动性,于是就有了什么是主观能动性? 为什么要发挥主观能动性? 主观能动性如何发挥? 主观能动性具有三个方面:想、做、精神状态,围绕"想"展开了关于意识的讨论,围绕"做"展开实践论的讨论,围绕人的精神状态,展开人生观、价值观的讨论。哲学常识还有一个逻辑,那就是世界观决定方法论,有什么样的世界观就有什么样的方法论与它相适应。这样的知识体系可以将知识的内在逻辑展现给孩子,从而提高孩子的逻辑水平。

第二,注意课与课之间的过渡逻辑。课与课之间的逻辑往往被众多老师所忽视。我们应该启发孩子、引导孩子在已有的知识基础上探索与此相关的问题,这样可以将已有的知识往下发展,从而深化我们的逻辑。比如,在完成"主观能动性是人区别于物的特点"教学之后,我们可以设问:同学们,当我们确知人与物的区别在于人有主观能动性,按照逻辑,我们接下来可以探讨的问题应该是什么? 我们可以让孩子讨论,最后得出以下几个问题:为什么人类需要主观能动性? 为什么人类能够产生能动性? 能动性形成过程是怎样的? 人们应当如何来发挥主观能动性? 这些问题是已有知识的逻辑延伸,这样的点拨可以培养孩子发展知识的能力和探索问题的自觉性。

第三,课堂过程的逻辑。课堂逻辑是提升孩子思维质量的关键,最好能够围绕课堂的逻辑框架来进行。课堂展开首先要建立在对教材的逻辑处理的基础上,如果没有对教材的逻辑处理,我们的课堂不可能有什么逻辑可言。比如,前面提到的"自然界是客观的"、"财政是多一点好还是少一点好"的问题,我们可以沿着这样的逻辑框架讨论。由于行文要求这里不再重复。课堂过程的逻辑体现在设问上,课堂过程对设问的要求是:层次清晰,环环相扣,步步深入。

第四,课堂要善于挖掘理论和教材的内在意蕴。理论和教材的内在意蕴是文字后面隐藏的东西,这一方面也是理论的逻辑延伸,同时也是将理论逻辑与生活逻辑结合起来的切口。比如,我们讲到社会存在决定社会意识,社会存在主要包括自然地理环境、人口、生产方式,接下来,我们可以讨论一下不同国家的生活观念生活方式的形成原因,未来强国可能有哪些? 它们还欠缺什么? 这样的问题很能吸引孩子。根据前面的分析,清晰理解理论的外延,可以增大思维广度,增加思维空间。

第五,善于发现孩子每一个知识点理解上可能存在的逻辑问题。有些知识,孩子在理解上可能会存在问题,我们加以修补可以提高孩子逻辑的精细度。比如,我们谈到事物之间是普遍联系的,不存在孤立的事物,我们可以这样设问:是不是世界上任何两个事物之间都存在联系? 有很多孩子给出肯定的回答。这时,我们可以举例反问:"昨天街上发生了一起抢劫案,跟你有什么关系?"孩子一下子就明白了。再比如,我们讲到"矛盾即对立统一"这一课时,生活语言和哲学语言是不一样的,这样设问:"矛盾的斗争性让世界丰富多彩,所以我们要以阶级斗争为纲",同学们就会发现生活中的斗争和哲学里面的斗争是不一样的,这样可以将理论认识深化。

(四)反思是逻辑发展的内在动力

一个人生活逻辑的发展,是对于过去逻辑的改变,我们要改变自己的逻辑,只有通过自我否定才能实现。自我否定只有在反思中才能发生,所以,课堂教学只有促其反思,才有可能实现生活逻辑的改变。

反思可以称为生活逻辑发展的内在动力,也可以说是内在根据。只有通过反思,我们的逻辑才会得到修正。在课堂上我们应该善用反思,找出生活逻辑中的错误,尽可能地让孩子的生活逻辑变得科学合理。

要对生活逻辑进行反思,首先得反思民族文化——因为文化已经成为我们共同的生活逻辑。尽管社会存在决定社会意识,但是当一种文化一经产生,积淀日久,就会成为我们的不太变更的生活习惯,从而形成我们的价值取向和思维模式,反过来对社会起强烈的反作用,左右社会的发展方向。当我们出生在一个社会中,经过这种文化的耳濡目染,自然而然地就接受了这样的一种文化,这种文化就成了我们赖以生存的基础,表现为我们共同的生活方式,因此文化反思具有普遍意义。

不同的文化导致不同的生活方式,民族与民族的差异主要就是生活方式的差异。由于每一种文化都有其缺陷,这种缺陷就变成了制约我们发展的束缚,限制了我们的发展空间,人就成了这无形的文化牢笼里的一只鸟。当然,这个笼子是我们用自己的思想给自己打造而成的。只有通过反思,用我们的思想去冲破这个文化的牢笼,才能增长我们的思维空间和生活可能。反思的目的就是打破这个牢笼,找到文化给予的限制,解开文化给我们的束缚,从而改变我们的生活。当我们通过反思找到文化中影响社会发展、制约我们生活的因素,并改变这些因素的时候,我们的命运将会因此而改变。因此,我们可以说文化反思能帮助我们找到通往自由的道路。而缺乏文化反思的人,好像井底之蛙那样生活在文化所许可的空间,以为世界就是这样,终身不知,并不断地通过习惯来加固这个牢笼。所以说,文化反思是从根本上去改变生活,改变人生,因此文化的反思,带有根本性。例如西方的文艺复兴,我国的"五四"时期的新文化运动,都带来了生活方式的巨大变革。因此文化反思带有整体性和根本性。

所以,在课堂中我们应该直面我们的生活方式,直面我们的传统文化。比如,儒家、佛教、道教我们知多少? 对我们还有多少影响? 中国人的人情观念有什么优缺点? 对现代文明会产生什么影响? 中国人的中庸思想与中国睦邻友好的外交方针之间的联系是什么? ……如此众多的问题都是我们应该好好思考的。再比如现实社会的"美女经济"、"欲望经济"、各种各样的"吧文化",现代的自由观念与社会的价值导向之间的关系应当怎样处理,等等问题都是涉及我们孩子生活逻辑的根本内容。这些文化问题的反思可以提升孩子的生活逻辑的价值理性。

文化比较和文化批判是文化反思的最佳利器,通过对不同的民族文化的优缺点比较,我们可以为自己找到更加宽广的发展空间。纵观当前的教育,文化反思恰恰是教育和文化娱乐界广泛存在的盲点,结果是社会缺乏一种理性的思索,导致价值理性的贫乏,呈现出一种浮躁的气息,这是应当引起注意的问题。

接下来是我们需要对个体生活逻辑进行反思,根据前面的论述,我们的生活逻辑有各种各样的,有的从严格意义上来说根本不符合逻辑规则,正是如此,我们有必要运用所学理论对于我们的生活逻辑进行反思,指出其中的逻辑问题。

很多老师面对学生的回答不会接话,原因就是不能及时找出他们思维逻辑中存在的漏洞。孩子们的日常对话中隐含的逻辑基本上就是这些,我们善于及时指出其中的问题，就可以纠正他的生活逻辑存在的问题。

对于类似

| 凡是某种条件出现，后面自己皆有不利 | ➡ | 该现象发生，马上避之 |

| 凡是某种条件出现，后面自己皆有所获 | ➡ | 该现象发生，马上趋之 |

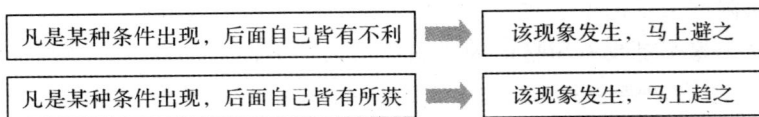

这样的逻辑，这种本能的反应有时可以取得成功，有时也会适得其反，所以我们让学生举出不成功的例子就能驳倒这样的逻辑，从而告诫他们不能凭感觉行事。我们还可以分析某次成功的条件，再问现在条件还具备吗？

对于类似

| 某次在某种情况下取得了收获 | ➡ | 这次有了这种情况，也可以获得收获 |

这样的逻辑，问题在于将偶然性当成了必然性，按照这样的逻辑来处理生活，生活成功率不会很高。还可以举例说明，比如守株待兔。这样，孩子们就很容易理解。

对于类似

| 某人在某种情况下取得成功 | ➡ | 我也遇到了这种情况，按照他的办法也可以成功 |

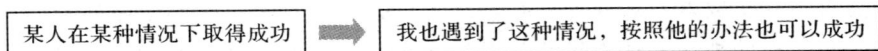

这样的逻辑，我们可以追问，你和他有什么相似性？有什么差异性？我们能不能照搬别人的经验？这样可以促其反思。

对于类似

| A现象发生B现象往往也发生 | ➡ | 有了A现象发生B现象就会发生 |

这样的逻辑，说明A现象与B现象之间有着某种相关性，但是这种相关性并不意味着有什么必然性。我们应该告诉孩子应该找到内在必然性，从而避免盲目性。而对于下面的生活逻辑我们更是要加以分析。

对于类似

| 什么性质的事（不）可以做 | | |
| 某某事是该性质的 | ➡ | 某某事（不）该做 |

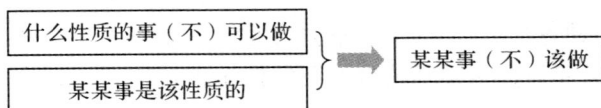

这样的逻辑，是一个典型的三段论推理，我们首先要分析大前提的正确性，假如是正确，接下来还得讨论小前提的正确性，从而解决这一逻辑中可能存

在的问题。

对于类似

| 我认为这么做是好的 | ➡ | 我就要这么做 |

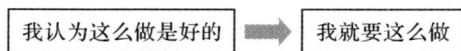

这样的逻辑,可以分析得出这一逻辑明显存在着强烈的情感色彩。我们不能凭感情用事,只有这样才能增加行动的理性。总之,在课堂中对于以上的生活逻辑进行分析,无非是要让我们的孩子减少盲目性,增加理性,能够从必然王国走向自由的王国。

当然,用理论来建构生活模型可以减少错误的发生,增加理性色彩,但是不等于说建立在理性和理论基础上的生活逻辑就一定没有问题。所以,我们也要让孩子学会对自己建立起来的生活逻辑进行反思。

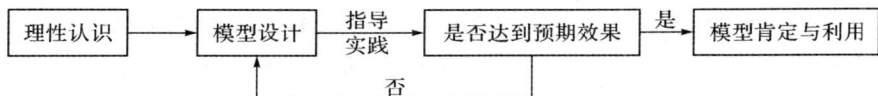

| 理性认识 | → | 模型设计 | 指导实践 | 是否达到预期效果 | 是 | 模型肯定与利用 |
否

比如刚设计的模型尚未运用于实践的时候,我们应当尽可能地考虑各种因素对于未来的影响,学会在各种可能的模型中找到最合乎自己需要的模式。对于经过实践证明是错误的生活模型,我们应该反思失败的原因是什么,到底是我们所用的理论错了,还是我们的设计有问题,还是外在条件改变了,我们的模型没有跟着相应地改变。在实践中证明可行的模型在下次实践中可以作为参考的对象,但是我们还必须跟着条件的改变而作适当调整。

| 可供选择的模型 | → | 模型设计 | 指导实践 | 是否达到预期效果 | 是 | 模型肯定与利用 |
否

在建立模型的过程中,我们应该经常提供一些孩子没有想到的因素,帮助他们考虑更加周全,设计更加严密,只有这样,生活逻辑才能更好地指导生活。当孩子提出一种解决模型之后,我们可以再问一些问题,迫使他们更加周全地考虑问题。比如:

```
                    ┌─ 现实亏损          ┌─ 我有多少
          ┌─ 奶农   │                    │    资金
          │  保留   │            产生     │
          │  奶牛   └─ 将来的希望 问题 ──→├─ 养一头牛产  ──┐
  ┌─ 供   │                              │   生多少亏损    │   ┌─ 决定养
  │  过   ┤                              │                 ├─→ │   不养，
  │  于   │                              └─ 市场拐点        │   │   养多少
  │  求   │                                 何时出现  ──────┘   └─
          │
          └─ 奶农宰掉奶牛 ──→ ┌─ 停止亏损
                              └─ 失去希望
```

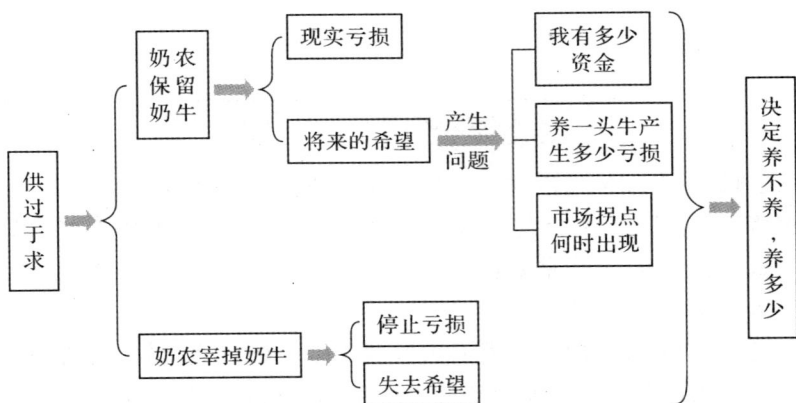

　　在这样的逻辑设计中，我们可以设问：假定孩子设计的拐点是三个月，那么我们可以问，养一头牛亏三个月大概是多少钱？你的资金会不会发生不足的情况？比如，养牛的生产资料价格上涨怎么办？你的家庭还有没有积余？你的家庭会不会有突发事件？比如你跟家人身体状况好不好？你可能进行银行贷款吗？你可以向亲朋好友借款吗？还有拐点会不会推迟？这样可以迫使孩子对自己的方案进行调整、完善。唯有如此，才会完善方案，走向实用。这样的设计过程提升的是思维能力，也培养了学习兴趣。

　　如何迫使孩子反思他的生活逻辑？我们首先要想方设法让他们将自己的观点充分呈现出来。要做到如此需要充分的表述，充分的表述需要足够的时间，所以，课堂节奏不能太快。当他们将观点呈现出来之后，我们才可以运用分析、反诘或者辩论等技巧，追问到他们前后矛盾、无话可说为止。当他们自感荒谬，思维处于窘境之时，自我批判就开始了。

　　运用分析法，展示思维的每一个环节。分析，就是我们要让孩子们把思维过程的每一个环节都呈现出来，展开越充分越好，只有充分展示逻辑环节，孩子们的思维才会清晰起来。通过分析，一方面，我们可以帮助孩子们细化认识，延展思维的广度，增加思维的深度，提升逻辑的严密性；另一方面，我们可以针对他们的逻辑环节进行敲打，找到漏洞，促其反思和纠正。所以课堂教学过程中，我们一定要让孩子们有机会充分表达自己的观点。

　　反诘。生活逻辑是自己建构的，有问题的逻辑只有在追问中才会暴露出来，所以，在孩子把自己的逻辑思路呈现之后，我们要善于发现其中存在的问题，特别是隐含的逻辑问题。我们可以根据他的思路进行追问，追问到无路可走时，这时，你再问他的逻辑思路哪里出了问题？出现问题的原因是什么？应该怎样改变？这样的反诘，可以帮助他们纠正生活逻辑中存在的错误，提升思维品质，这样的提升还会影响到更多的认知。

辩论。辩论是语言表达的最高艺术形式，在语言交锋中展现自己的观点，在追问中反思、提升自己的逻辑。只是，当前辩论的使用还不够普遍。我在想，如果初中、高中，甚至大学每周课表上加上一节辩论课，应该会大大提升我们民族的语言表达能力和逻辑思维水平，甚至还会有其他意想不到的收获。

图书在版编目（CIP）数据

教育哲思：明师之路 / 姜新著. —杭州：浙江大学
出版社，2014.10（2018.10 重印）

ISBN 978-7-308-13918-2

Ⅰ.①教… Ⅱ.①姜… Ⅲ.①教育工作－研究 Ⅳ.
①G4

中国版本图书馆 CIP 数据核字（2014）第 228728 号

教育哲思——明师之路

姜　新　著

责任编辑		王　波
封面设计		十木米
出版发行		浙江大学出版社
		（杭州市天目山路 148 号　邮政编码 310007）
		（网址：http://www.zjupress.com）
排　　版		杭州中大图文设计有限公司
印　　刷		浙江省良渚印刷厂
开　　本		710mm×1000mm　1/16
印　　张		19.5
字　　数		330 千
版 印 次		2014 年 10 月第 1 版　2018 年 10 月第 3 次印刷
书　　号		ISBN 978-7-308-13918-2
定　　价		39.00 元
